凤凰师轩
FENGHUANG SHIXUAN

行知工程 Education
精彩课堂系列

真实的品德课

朱淑秀 著

江蘇鳳凰教育出版社
Phoenix Education Publishing, Ltd

图书在版编目（CIP）数据

真实的品德课/朱淑秀著. ——南京：江苏凤凰教育出版社，2015.12（2023.11重印）

ISBN 978-7-5499-5557-2

Ⅰ.①真… Ⅱ.①朱… Ⅲ.①思想品德课—课堂教学—教学法—小学 Ⅳ.①G623.152

中国版本图书馆 CIP 数据核字（2015）第 289490 号

书　　名　真实的品德课
作　　者　朱淑秀
责任编辑　沈静明　雷利军　张晓兰
出版发行　凤凰出版传媒股份有限公司
　　　　　江苏凤凰教育出版社（南京市湖南路 1 号 A 楼　邮编 210009）
苏教网址　http：//www.1088.com.cn
照　　排　北京世纪鸿文制版技术有限公司
印　　刷　唐山富达印务有限公司
厂　　址　唐山市芦台经济开发区农业总公司三社区
开　　本　787 毫米×1092 毫米　1/16
印　　张　17.75
字　　数　290 千字
版　　次　2015 年 12 月第 1 版　2023 年 11 月第 3 次印刷
书　　号　ISBN 978-7-5499-5557-2
定　　价　88.00 元
网店地址　http：//jsfhjycbs.tmall.com
邮购电话　025-85406265，85400774　短信　02585420909
E - mail　jsep@vip.163.com
盗版举报　025-83658579

自序：课的怀想

什么是课？什么是好课？我以为，好课激荡人心，给人力量，给人启示，给人追求的方向，给人信念……

从小到大，我听过许多课，也上过许多课。有些课，至今还不断地让我怀想，怀想的不是在这节课上学到的知识，也不是学到的技能，而是那一幕幕生动感人的画面。那一幕幕，让人久久难以忘怀，回味无穷。

中学时代，我喜欢初中数学老师的课，简洁、生动，尤其喜欢每次课前发下来的作业本，作业本上刚劲有力的“好”字红得特别显眼，看到它，我就很振奋，因此，我的数学成绩一直遥遥领先，中考时，我的数学成绩全县第一。读龙岩师范高等专科学校的时候，我特别喜欢哲学老师的课，这位老教师上课认真、严肃，尤其难得的是，为了辅助我们理解哲学概念，她经常自制教具，或用简笔画教学。

身为人师后，有些课在感动学生的同时也感动了自己。其实，这些课无非因为自己深入研读教学内容，先感动了自己。在课上，教师用自己的情感来感染学生，不断引导学生从不知到知，从不会到会，从浅层次解读到深层次理解，体验渐渐深入，情感不断凝结，最后达到情感共鸣。教师对学生的真情付出，换回了学生对教师的真情相待。

作为教师，我也不断参加各种培训学习，听了许多专家的课，其中给我留下深刻印象的是，2009 年在南京师范大学参加学科带头人培训时听到的成尚荣老师的课，具体内容我记得不多，但是他对儿童的关注，他提出的“儿童立场应是现代教育的立场”的观点却深深地影响了我，由此促成了我去探索儿童文化，研究教师的儿童观，也促成了我写作这本书。精彩的是，成老师的课不用幻灯片，他侃侃而谈，生动形象，融会贯通，只是偶尔翻阅自己积累的文摘，我们兴致勃勃地听着，看着，记着。下课了，我们争相跟他合影，争相翻阅他的文摘。成尚荣老师一辈子都在备课，时时刻刻都在备课，这，正是我们要学习的。

什么是好课？好课展示的往往是教师的人格魅力，好课有宽松和谐的氛围，民主开放的氛围，安全接纳的氛围，好课有浓浓的真情实感，好课能震撼人心。

作为教师，每个人都在追求上出一门好课，每个人都把追求真实的好课作为自己的奋斗目标，我也如此。谨以此为自序，和同行共勉。

朱淑秀

目 录

第一章

入场——走进真实的品德课

第一节 对品德课教学现状的忧思

一、来自课堂的调研

品德课包括小学品德与生活、品德与社会和初中思想品德课，当前，对品德课堂的研究大多停留在教学策略、教学模式上，对学生方面的研究还很少见，如对“课堂上学生的感受如何”“学生对课堂有什么期待”等的研究很少。笔者曾经在日常教学教研中，对学生在课堂上为什么不举手发言的原因进行了调查，结果显示：在有效调查的493人中，怕回答错的有206人，约占学生总数的41.8%；怕同学嘲笑的有54人，约占学生总数的11%；不敢当众说话的有71人，约占学生总数的14.4%；真正是因为不会而不举手的有132人，约占学生总数的26.8%；选择“其他”的有30人，约占学生总数的6%，这一现象足以引起教育工作者的思考：当前的品德课堂营造的是什么氛围，作为直接进行德育的品德课堂，真的实现课程应有的价值了吗？

事实上，课堂是一个复杂的环境，它犹如一个小社会，尤其是刚入职的新教师的课堂普遍存在“乱”的现象。笔者作为教研人员，曾经于学年初到五所学校进行新教师课堂教学状况的调研，通过看课、座谈等调研方式，发现只有两位教师的课堂管理是令人满意的：其中一位实际上已经从教10年，不算新教师了，其课堂管理驾轻就熟；另一位是一年级的教师，听学校反映，这位教师非常认真，班级常规抓得好，眼保健操比赛获得年级第一名。其他新教师课堂驾驭得普遍不太好，常常要花时间来整顿班纪。有两三位教师的课堂秩序很混乱，其中一个，大家都认为她没有组织能力，不自信，导致学生不听她的，教学无法进行。笔者还听某所学校的家长反映，在他孩子的班级，除语文、数学学科外，其他学科的课上孩子们总跑来跑去，很难组织。

二、品味复杂的课堂环境

学生在校的时间，大多数是在课堂上度过的，课堂是教师和学生生命成长的地方。课堂可能是一个温馨的家园，教师用爱心和智慧经营着这个家，这里充满着理解、信任、友谊、关爱，学生在这里付出了辛勤的汗水，分享着成功的喜悦；课堂也可能成为一个险象环生的地方，这里有伤心、遗憾、抱怨、责怪、嘲笑，甚至是攻击，学生在这里战战兢兢地生活、学习。作为一个“小社会”的课堂，环境是十分复杂的，它的主要特点如下。

第一，自相矛盾。从一个全新的视角来看，课堂其实是一个极其拥挤的地方，它更像地铁和公共汽车，而不像一个学习场所。在这样拥挤的环境中，还经常禁止学生交流；要求学生必须在并非独处的情况下表现得像在独处；学生彼此陌生，甚至是彼此对抗的，而且可能来自完全不同的文化背景，但被期望能和谐地一道学习……

第二，多维度。与邮局或餐馆这些进行单一活动的场所不同，课堂是多种事件的发生场所。课堂内，学生读书、写作、讨论，他们发生争论、庆祝生日、设计游戏等。教师不仅要教学，还要点名、发各种材料、收作业、解决纠纷。不管怎样，课堂必须容纳众多的活动。

第三，事件同时发生，多种活动同时进行。

第四，即时性。事件发生速度快，课堂事件瞬间发生，每种举动不可能都在教师预料之中。学生因为争夺学具而发生口角，抱怨邻座爱讲话，一个通常很沉默的学生在小组讨论中突然发表认真却又不相关的评论等。每个这样的小事件都需要教师做出快速反应，即时决定课堂该如何进行。

第五，不可预见性。即使进行了周密的计划，也有很多课堂事件无法预料。

第六，公开性。课堂缺乏隐私。每个人的行为都能被其他许多人看到。教师在几十双眼睛的注视下，很难抽空私下一笑或不为人察觉地叹口气；同时，教师也不断密切监督学生的行为。为了对抗这种有时并不受欢迎的监督，学生悄悄展开一种“积极的私人生活”，来进行个人的日程安排。传纸条、看杂志、涂鸦等，所有这一切，他们都不希望教师有丝毫察觉。然而，即使他们能避开教师的目光，也还有来自同伴的注视。

第七，能记性。经过一学年乃至更长时间的共处，班级学生建立起了共同的历史。学生会记住过去的事，无论是好事还是坏事。他们记得谁被吼了，谁被选为班委；记得老师对作业的交代；记得谁还剩“一次机会”，就要被“留”了，而且，最后教师没有“留”他，学生也能记住。班级记忆意味着今天发生的事会影响明天事情的发生，也意味着教师必须努力塑造能够支持（而非阻碍）未来活动的历史。①

课堂本身复杂的环境，决定了它潜在的教育价值。正视真实的课堂环境，勇于面对课堂里存在的问题，才可能开展真正的品德教育，营造一个健康向上、相互尊重、互相包容、井然有序、富有成效的环境，让良好的品德和高尚的情操浸润学生的心田，时时在学生心中产生温暖的涟漪。

当今的品德课堂，存在着种种假象，尤其是在公开课、示范课、研讨课等课堂上，教师和学生都“伪装”起来了，课堂上学生很乖，很听话，教学过程进展很顺利，没有冲突，没有卡壳。实际情况真是如此吗？其实学生个性不一，生活经历不一样，也许有的严谨，有的散漫，有的踏实，有的浮躁，有的心情不太好，有的兴奋，有的激动，也许有的忘了带课本，有的没有来得及吃早餐……现实生活中会发生多少事情，课堂上就会有多种意想不到的事情发生。如何让学生在课堂上变得真实起来，暴露各种问题，让教师能面对真实问题，有智慧、有针对性地开展教育活动，从而实现“真德育”？这值得我们思考和探索。

三、品德课教学存在的问题②

品德课堂教学倡导讨论、调查、情境模拟与角色扮演、操作、实践、游戏、探究等活动教学。这些活动对改变教师的教学观念和教学方式，加深学生对学习内容的体验与感悟，增强师生之间的交流互动起到了不容忽视的积极作用。但是，由于教师对活动的本质与特征认识不到位，过度追求形式，忽视活动的价值取向，偏离了活动宗旨和课程目标，以致品德教学出现异化现象。

1. 走马观花，浅尝辄止

有些教师过于偏重学生活动的数量、频率及活动的趣味性，将原本应该由学生主动探索的活动变成了走马观花，浅尝辄止。如有的教师在四十分钟的课上安排了八个活动：看录像讨论，看书上插图讨论，读法律条文讨论，交流遵守交规情况，交流安全隐患情况，设计安全标语，讨论如何遵守交

---

① 卡罗尔·西蒙·温斯坦，安德鲁·J·米格纳诺著. 小学课堂管理［M］. 梁钫，戴艳萍译. 上海：华东师范大学出版社，2005.

② 朱淑秀. 活动教学异化谈［J］. 教学与管理（小学版），2011（3）.

规，编顺口溜。八项任务都不轻松，让学生应接不暇，始终处于做任务的状态中。在这种情形下，学生在形式上是活动的主体，实质上却被动地为活动所牵制。教师提出一项任务，只让个别学生回答后，就赶紧把话题收回。学生没有思考的时间，没有探索的空间，也没有多元交流的机会；教师没有引导和组织评价的时间。这样的活动是不可能让学生获得体验、提升认识、升华感情的。

活动教学以主动学习为基本的学习方式，这类学习方式的运用是有条件限制的，它受到多种主客观因素的制约，如学生原有的知识经验储备、学习内容的特点、教学时间和教师作用的发挥等。活动的展开不是目的，而是为了便于学生在活动中理解和内化知识。为了克服为活动而活动、为体验而体验的局限性，必须精选活动，强调让学生在活动中“悟”。活动精简，才能做到尊重学生，解放学生，让学生成为活动的主人，使学生在自主活动和主动学习中获得身心的和谐发展。在主动的探索性学习活动中，教师的作用不但没有被削弱，其主导作用反而加强了。教师成为学生活动的“高参”，需要引导学生总结活动中的实际感受、成功或失败的原因、活动过程中形成的各种观点和认识、活动实施的具体方法和程序的合理性等。教师还要组织学生有针对性地对活动实施过程中存在的认识问题、活动方式问题和行为问题展开深入的讨论和广泛的交流，并通过学生的自我评价和相互评价，帮助学生形成正确的认识和观念，反思自己的行为。

2. 目的不明，层次凌乱

活动教学具有开放性的特点：活动时空开放，活动内容开放，活动过程开放，活动结果或活动产品开放。活动的开放性是为了保证活动主体能够自主活动，从而提升学习质量。但是有些教师过度追求开放的形式，使活动空有华丽的外表。细细推敲会发现，由于教师没有完整地把握教材体系和学生年龄特点，导致活动缺乏内在的联系，甚至有些活动可有可无，目的不明、层次凌乱的现象比比皆是。就刚才的课例来看，交流安全隐患情况与交流遵守交规情况可以归并，作为一项任务提出来。活动先后顺序也要根据学生实际考虑，先了解学生课前调查情况，即让学生交流安全隐患情况和遵守交规情况；之后让学生看书，从中了解有关法律条文；然后让学生讨论如何遵守交规，并编制守交规顺口溜，可以把顺口溜设计成交通安全标语；践行和遵守大家共同编制的守交规顺口溜，并开展每日自我评价。这样才能实现道德认知向道德践履的转化。

还有些教师忽略了课程设置的完整性和连续性，致使活动凸显不出年段性。如二年级品德与生活课和五年级品德与社会课，都有关于民族教育的内容，在日常听课中，常看到教师这样教学：让学生选择自己喜欢的民族，收集有关资料，在课堂上分组汇报，有舞蹈组、演唱组、服装组、美食组等。二年级下册关于民族教育的内容主要是让学生知道我国共有五十六个民族，感受我国是一个辽阔的、多民族的国家；初步了解一些少数民族的文化和风俗习惯，感受我国民族文化的丰富多彩；懂得尊重少数民族的风俗习惯和独特文化。五年级上册关于民族教育的内容主要是让学生学习民族文化，要求学生初步理解民族形成的原因，懂得文化多样性的积极意义以及各民族对中华民族大家庭的贡献，形成各民族间相互了解、相互尊重、团结友爱的情感和态度。五年级的教材还增加了能力目标要求，“进一步提高识图能力、收集资料能力和语言表达能力”。由此可以看出，不同年级的教材，虽然内容主题一样，但目标要求不同，目标层次也不同。因此，活动要根据学段的不同有所区别，低年级活动时间短一些，活动任务简单一些，中、高年级逐渐延长活动时间，提高活动任务的难度。

3. 过度演练，活动失真

品德课强调要做些活动准备，活动准备是师生双方共同进行的。准备的目的是为了丰富课程资源，让学生亲历实践。但是在实施过程中，原本要让学生亲历亲为的活动准备却变成教师包办代替的提前教学：学生的汇报要反复演练，学生表演的节目由教师排练，许多任务由教师代劳，以此换来课堂上活动的顺利完成。这种活动我们称之为“表演性活动”，看起来精美，却有强烈的失真感，总让人感觉缺了什么。实际上是缺少了课堂的灵动，缺少了学生真实的体验、真诚地交流，缺少了教学的自然生成，缺少了教师的智慧。

过度演练，活动失真大概与优质课过高的要求有着密切的关系。许多优质课的评价标准让教师感到难以达到，让教师对活动课教学更加畏惧，只好把功夫放在课前。但是在常态教学中，教师兼任多门课程，过高的要求也许会适得其反。

因此，活动教学评价应删繁就简，应具有灵活性和可变性，应让教师自己设计评价标准，进而尊重教师教学的创造性，增强教师教学的针对性，以此改变活动教学过度演练的现象，从而使课堂教学真实自然。

4. 主体错位，本末倒置

学生是活动的主体，教师必须珍视丰富多彩的儿童生活对儿童品德形成和社会性发展的价值。但是有些教师生本意识不强，把原本应该贴近学生生活实际、促进学生道德践履的活动变成了只为公开课服务，为教师发展服务的活动。

教学应寓教于活动中。活动是为了促进学生发展，无论哪种形式的活动都应该具有积极的教育意义，不能只为活动而活动，更不能因为活动不当而产生副作用。对于品德与生活、品德与社会课程来说更是如此，品德与生活课程的核心是引导学生热爱生活，学习做人；品德与社会课程的核心是帮助学生融入社会，学习做人。为此，在品德课教学过程中，活动应注重科学性和教育性：首先，活动内容必须具备科学性，要用正确的思想观点引导学生掌握真正的科学知识；其次，活动方式、方法也应该是科学的，符合学生身心发展规律的；最后，活动过程应该具有教育性。活动过程中的每个细节都是教育的资源，活动材料的选择、环境的布置、课堂的氛围、教师的行为、师生关系、生生关系等都能对学生的可持续发展产生重要而深刻的影响，教师应该珍视学生每时每刻的生活和感受，否则容易使活动教学主体错位，本末倒置。

5. 名为展示，实无分享

学生良好品德的形成、能力的提高是建立在活动和交往的基础之上的，学生活动的成果需要展示和交流。通过交流，可以让学生分享经验和体会，同时能促进学生反思。可是，在许多展示交流活动中，学生往往有展示，无分享。其现象可分为三种：第一种是学生有表达的欲望，却没有倾听的耐心和习惯；第二种是用学生“一言堂”代替教师“一言堂”，教师没有组织互动交流，课堂上没有问题让学生思考，学生交流之后也没有得到评价；第三种是名为经验分享，实为资料介绍，学生收集的资料多是文本资料，又没有经过提炼，只是把资料内容口述给大家听而已。

展示交流是为了让学生分享活动的体验、活动过程中形成的观点和认识、活动操作的方法及程序等。分享是多向的沟通、彼此的给予、共同的拥有，这种分享要以倾听为基础，学会倾听，才能学会沟通，学会理解，学会包容，学会等待。另外，学生的汇报只是个人的经验，教师要充分关注每一个学生，及时捕捉有用信息进行拓展，巧妙组织生生、师生互动进行修正、补充、完善，适时应用评价进行有效引导，这样，才会使“一个人的快乐变成大家的快乐，一个人的收获变成大家的收获，一个人的认识变成大家共同的认识”，这才是真正意义上的分享。

第二节　真实品德课提出的背景

一、基础教育课程改革

国家第八轮基础教育课程改革于2001年全面启动，我国基础教育课程改革提出的新课程的培养目标如下。

新课程的培养目标应体现时代要求，要使学生具有爱国主义、集体主义精神，热爱社会主义，继承和发扬中华民族的优秀传统和革命传统；具有社会主义民主法制意识，遵守国家法律和社会公德；逐步形成正确的世界观、人生观、价值观；具有社会责任感，努力为人民服务；具有初步的创新精神、实践能力、科学和人文素养以及环境意识；具有适应终身学习的基础知识、基本技能和方法；具有健壮的体魄和良好的心理素质，养成健康的审美情趣和生活方式，成为有理想、有道德、有文化、有纪律的一代新人。①

国家基础教育课程改革的理念和策略如下。

第一，倡导全面、和谐发展的教育。改变课程过于注重知识传授的倾向，强调形成积极主动的学习态度，使获得基础知识与基本技能的过程同时成为学会学习和形成正确价值观的过程。

第二，重建新的课程结构。改变课程结构过于强调学科本位、科目过多和缺乏整合的现状，整体设置九年一贯制的课程门类和课时比例，并设置综合课程，以适应不同学生发展的需求，体现课程结构的均衡性、综合性和选择性。

第三，体现课程内容的现代化。改变课程内容“难、繁、偏、旧”和

---

① 钟启泉，崔允漷，张华．为了中华民族的复兴　为了每位学生的发展：《基础教育课程改革纲要（试行）》解读［M］．上海：华东师范大学出版社，2001.

过于注重书本知识的现状，加强课程内容与学生生活以及现代社会和科技发展的联系，关注学生的学习兴趣和经验，精选终身学习必备的基础知识和技能。

第四，倡导建构的学习。改变课程实施过于强调接受学习、死记硬背、机械训练的现状，倡导学生主动参与、乐于探究、勤于动手，培养学生收集和处理信息的能力、获取新知识的能力、分析和解决问题的能力以及交流与合作的能力。

第五，形成正确的评价观念。改变课程评价过于强调甄别与选拔的功能，发挥评价促进学生发展、教师提高和改进教学实践的功能。

第六，促进课程的民主化与适应性。改变课程管理过于集中的状况，实行国家、地方、学校三级课程管理，增强课程对地方、学校及学生的适应性。

基于这样的理念及策略，国家建构了新的基础教育德育课程体系。小学低年级有品德与生活课，小学中、高年级有品德与社会课，初中有思想品德课。

笔者把以上课程统称为品德课程，品德与生活课程具有生活性、活动性、综合性、开放性；品德与社会课程具有综合性、实践性、开放性；思想品德课具有思想性、人文性、实践性、综合性。

以上课程在课程性质上无本质区别，但根据学习对象的不同，其课程建构和学习方式还是有很大差异的。

二、课程组织的关注点

品德课教学应立足于课程组织。

“课程组织是将课程要素和课程内容合理编排的过程。”“课程组织主要包括两个层面：课程内容的组织与学习经验的组织。”在依据课程标准组织课程内容与学习经验的过程中，必须把握统整性原理与衔接性原理。“所谓统整性是指整合学科分割所造成的知识支离破碎的状态，以防止学生的知识体系窄化、僵化和脱离生活实际的发生。换言之，统整性是指对课程内容和学习经验进行横向的组织，它包括认知、技能、情意的统整与科目的统整。”“所谓衔接性是指课程各要素所形成的关系，这种关系表现为水平关系和垂直关系，如学科内容与学习单元的顺序关系是垂直关系，课程内容中各要素之间所形成的关系是水平关系。”①

课程组织的统整主要从以下几个层面展开。

“第一，学科关系的统整：旨在消除学科分离或界限分明的课程体系中不同学科之间水平关系的学科联络或科际统整，它包括学科与课外社团活动的统整，学校课程与校外活动的统整等。

“第二，学科内容的统整：科目内部的微观统整，或提纲挈领地把原来孤立的但具有相关性的课程要素加以统整，如把事实性知识、概念性知识和法则性知识进行水平的和垂直的统整。

“第三，学生个体经验的统整：从学生个体所获得的经验出发，兼顾学生个体间与个体内结构倾向与功能的个别差异，侧重其态度、动机和兴趣，对能够帮助学生获得经验的活动进行的统整。”②

课程统整的前提是转变学科观。在审视学科动态性与综合性的过程中，新课程的设计者对学科做出了如下假设。

其一，学科是有助于学生主体活动的教育内容。

其二，学科是注重知识之间整合，谋求人的整体发展的教育内容。

其三，学科的框架是假设性的、动态变化的。学科的名称、结构、内容随时代的发展和地域的不同而变化；学科的框架应根据学生的兴趣、爱好和教育课题的不同而呈现出多样性的特点。

其四，各门学科的学习是建立在超学科的、综合性的学习基础之上的。学科的所谓界限不应当是实线和直线，而应是虚线和曲线；同时，学科的学习应当根据学生的学习进展灵活地变更，并应当对超越了学科框架的综合性学习活动予以支持和保障。

三、新课程的教学观念

课程实施是课程改革的核心环节，教学是课程实施的基本途径，所以，教学改革是课程改革的重头戏。教学改革的首要任务是教学观念的改变，新课程需要怎样的教学观念呢？

从教学内容的角度看，新的课程改革强调课程不只是文本课程，更是

---

① 钟启泉，崔允漷，张华．为了中华民族的复兴　为了每位学生的发展：《基础教育课程改革纲要（试行）》解读［M］．上海：华东师范大学出版社，2001.

② 同上。

体验课程。即“课程不再只是特定知识的载体，而是教师和学生共同探求新知的过程，教师和学生是课程的有机构成部分，并作为相互作用的主体，教师即课程，教师不是孤立于课程之外的，而是课程的有机构成部分、课程的创造者、课程的主体……教学与课程相互转化、相互促进、彼此有机地融为一体”。①

从师生关系的角度看，新课程改革强调互动的师生关系，强调师生间、生生间通过动态的信息交流实现师生互动，相互沟通，相互影响，相互补充，从而达到共识、共享、共进。传统的严格意义上的教师教与学生学，将不断让位于师生互教互学，让师生形成一个学习共同体。教学过程变成师生交往和积极互动的过程，是对话的过程，是开放心态、凸显主体性的过程，是个性张扬的过程，是生命活动、自我实现的过程。这种交往和互动，是弥漫和充盈于师生间的一种教育情境和精神氛围。在交往互动中，教师由教学中的主角转向“平等中的首席”，从传统的知识传授者转向学生发展的促进者。

从课堂教学目标体系的建构角度看，知识与技能、过程与方法以及情感、态度与价值观三方面的有机整合体现了新课程的价值追求，是各学科课程目标的共同框架，这一框架落实到新课程的课堂教学中，需要做到两个统一：结论与过程的统一，认知与情意的统一。教学强调探索过程，强调学生探索新知的经历和获得新知的体验。这就意味着学生在学习中要面临问题和困惑、挫折和失败，意味着学生可能花了大量的时间和精力结果却一无所获，但这是一个人的学习、生存、生长、发展、创造所必须经历的过程，也是一个人能力、智慧发展的内在要求，它是不可量化的“长效”。学习过程是以人的整体的心理活动为基础的认知活动和情意活动相统一的过程。认知与情意两个因素同时发生，交互作用，从不同角度对学习活动产生重大影响。

从课堂教学程序的角度看，新课程要构建充满生命力的课堂教学运行体系。教学是预设与生成、封闭与开放的矛盾统一体，课堂教学预设的目标在实施过程中需要开放地纳入直接经验、弹性灵活的成分以及始料未及的体验，鼓励师生互动中的即兴创造。从内容角度讲，意味着科学世界向

---

① 钟启泉，崔允漷，张华．为了中华民族的复兴　为了每位学生的发展：《基础教育课程改革纲要（试行）》解读［M］．上海：华东师范大学出版社，2001.

生活世界的回归，教学要回归生活世界，回归儿童生活。从过程角度讲，教学要关注生长和成长中的人的整个生命，尊重人的开放性、创造性，充分发挥人的主观能动性，促进人的自由发展，从而使每一节课都变成不可重复的激情与智慧综合的生成过程。

从学生学习的角度看，新课程的教学要转变学生的学习方式。新课程的教学要转变学生他主性、被动性的学习状态，把学习变为学生主体性、能动性、独立性不断生成、张扬、发展、提升的过程。为此，要转变学生的学习态度，培养学生的学习责任感，并使学生产生终身学习的愿望，形成终身学习的能力，让学习更多地成为学生发现问题、提出问题、分析问题、解决问题的过程，强调发现学习、探究学习、研究学习。注重培养学生的批判意识、怀疑意识，鼓励学生质疑书本，超越教师，赞赏学生具有独特性和富有个性化的理解和表达，积极引导学生从事实践活动，培养学生乐于动手、勤于实践的意识和习惯，从而培养其创新精神，提高其实践能力。

第三节　真实品德课的内涵及特征

一、真实品德课的内涵

德国哲学家康德曾说过："在这个世界上，只有两种东西能使我们的心灵产生深深的震撼：一是我们头顶上的灿烂星空，二是我们内心崇高的道德法则。"品德课通过教学活动来引起学生心灵的震撼，从而达到育人的目的。而道德存在于学生的真实生活中，学生的真实生活是课程实施的基础，学生的品德和社会性源于他们对真实生活的认识、体验和感悟。从这一意义上说，真实是品德课堂的起点，是品德课堂保持生命力的源泉，也是品德教育的理想追求。

武宜娟老师认为，真实的品德课堂教学过程就是实实在在让学生经历从不懂到懂，从不能到能，使学生在自然、真实的状态中获得生命感悟和生命成长的过程。只有以"真"为抓手，帮助学生解决生活中的实际问题，获得真实的道德体验和道德认知，品德课堂才有说服力和针对性，品德课程才对学生有意义。

叶澜教授在总结"什么样的课算一堂好课"时认为，一堂好课的基本要求是扎实、充实、丰实、平实、真实。扎实的课是有意义的课，在课堂上，学生学到了知识，发展了能力，得到了体验，并且能越来越主动地投入学习；充实的课是有效率的课，能使全班各层次的学生都有或高或低的提升；丰实的课是有生成性的课，由于教学过程具有互动性，课堂上既有资源的生成，又有状态的生成；平实的课是常态的课，不是为了表演而刻意准备的公开课，而是平平常常、实实在在的课；真实的课是有待完善的课，只要是真实的就会有缺憾，十全十美的课往往是不真实的课。笔者以为，叶澜教授所总结的扎实、充实、丰实、平实都包含在真实品德课的内涵中。

综合专家、学者的意见，笔者认为，真实的品德课堂能呈现一个真实的环境，教学目标贴近学生实际，教学内容来自于真实生活，基于学生的真实问题。真实品德课的课堂能让学生获得真实感受，让学生经历从不懂到懂，从疑惑到豁然开朗，从不知到知，从肤浅到深刻的过程，他们在课堂中有疑问，有异议，有争辩，有卡壳，有冲突，有缺憾，他们在解决一个个真实的问题时能获得真实、丰富、深刻的体验。

二、真实品德课的特征

真实的品德课堂具有以下几个特征。

1. 真实性

儿童的本性是天真的、单纯的、好奇的。儿童时期有着它特有的价值和意义。“对儿童品德成长来说更重要的是学校生活的质量，如果学校整体生活品性高，那么学生的道德水平自然就高；如果学校整体生活品性低，充斥着弄虚作假，那么儿童所受的负面影响是极大的。”① 这意味着，学校必然应该是一个纯净的空间，是一个真、善、美的世界。品德课堂应该是一个“求真务实”的课堂，品德课堂的真实性特征：首先要求课堂的情境是真实的，无论用哪种方法创设情境，都要考虑能否带给学生真实的感受；其次，教学的内容是真实的，选用的材料要真实，要尽可能来源于学生的真实生活，或尽可能贴近学生的学习和生活实践，

① 高德胜. 用“生活德育”引领儿童的成长——苏教版《品德与生活》《品德与社会》教材评介 [J]. 基础教育课程，2006（9）.

力争是真人真事、真言真语、真心实意、真问题、真体验；再次，教学是常态的，无论是否有人观课，教师的教学应始终如一，课堂上学生会暴露问题，会出错，会发言不流畅，有的学生甚至不守纪律，同时教师自己也会出差错，教师面对这些真实的问题要智慧地处理。因为，儿童所感知到的世界是真实的，没有做作、愚弄、虚假、欺骗等不良因素。

2. 针对性

学生品德的形成和社会性的发展是一个连续性的过程，真实的品德课堂要关注学生的视角。在现实生活中，学生已经形成了一定的品德和行为习惯，积累了一些社会生活经验，形成了相应的能力。学生的道德认知存在什么问题，行为有什么偏差，生活中有什么困惑，这些问题都需要教师予以探寻和关注，然后在此基础上设计和实施教学。真实的品德课堂的针对性特征，首先要求教师通过各种方式、各种渠道深入学生的生活实际和心灵世界，了解学生，解读学生；其次，要求教师针对学生日常学习和生活中存在的问题，调整和安排教学内容；再次，要求教师根据学生的身心发展水平以及现有问题，制订具体明确的教学目标，创设学生乐于接受的学习情境，灵活多样地选用有效的教学组织形式，采用适当的教学方式。

3. 生活性

道德存在于学生的生活中。儿童的品德是在生活中形成的，儿童的社会性也是在他们参与社会生活中发展的。在杜威看来，生活就是个体在参与、体验与创造中自我更新的过程。无论是小学的品德与生活课程、品德与社会课程，还是初中的思想品德课程，学生的生活经验都是课程展开的基础，是课程的出发点和源泉，也是课程的归宿。“我们应当承认儿童所在的生活世界即是用他们的眼睛所观察到的、用他们的心灵所感受到的生活世界，这是一个和成人的生活世界很不相同的世界。”①

真实的品德课堂的生活性特征首先要求教学要回归学生的生活世界，适应学生的需要、兴趣、特点，密切联系学生的生活实际，设计符合学生思维习惯、认知方式和情感体验的活动，引导学生在自己的生活中培养良好的生活习惯、生活态度，以及为人处世、探究、创造等能力。其次，要

①鲁洁. 回归生活——“品德与生活”“品德与社会”课程与教材探寻 [J]. 课程·教材·教法，2003 (9).

求教学要从学生的生活出发，学生在现实生活中的需要，在生活中遇到的问题、困惑等，都是课程内容的来源。这些都是平实的，是学生生活中的平凡小事。再次，课程最终要转化为学生的生活，“也就是说，要使学生通过教材、教学所学得的一切能回到他自己的生活中去，用以解决他们生活中的问题，改变他的生活、生活方式，提升他们对生活的认识、态度、价值观等等”。① 最后，教学要提炼生活，从而引领学生健康发展。

4. 情感性

情感是品德的动力源。美国教育专家兰本达曾经说过，学习是学习者自身内部发生的过程，他越是卷入得深，他越是有动力，也就越能积极地与这一过程合作。浓厚的情感色彩才能震撼人的心灵，让人产生深刻的体验。真实的品德课堂的情感性特征，首先要求教师的教学语言要富有感情；其次，要求教师精心选择和设计情感激发点，用多种方法和手段激发学生的情感，从而深化学生的体验；最后，要求教师构建一个师生平等、和谐、关爱的环境，要让置身于课堂内的每个人感到温暖而舒心。

5. 包容性

教育渗透在学校的各项活动中。因此，真实的品德课应具有包容的思想。首先，它没有那么清晰的学科界限，无论是什么学科，只要强调了教育性，重视学生习惯的养成和良好品德的形成及社会性的发展，就是有意义的；其次，真实的品德课教学不只局限于教材内容，学校资源、家庭资源、社会资源，乃至学生身边时时发生的事情，凡有利于促进学生品德形成和社会性发展的内容，均可选择并利用；最后，真实的品德课堂，需要构建一个宽容、理解、接纳、支持的课堂环境，唯有创设了良好的课堂环境，品德教育才具有可能性。

6. 德育性

与其他学科课程相比，品德课的宗旨或者说品德课的使命就是让学生形成良好的道德品质。因此，无论是素材的选择，方法的实施，还是教学评价和引导，都要关注正确的世界观、人生观、价值观。教师要给予学生

① 鲁洁. 再论“品德与生活”“品德与社会”向生活世界的回归 [J]. 教育研究与实验，2004 (4).

正确的价值导向，用先进的事迹引领学生，用正义的力量影响学生，用道德的言论教化学生，用法治的行为规范学生，用高尚的情操鼓舞学生，课堂上要传播正能量，拒绝负能量。

第四节 真实品德课的理论基础

真实品德课的出现有其特定的理论背景，更有其丰厚的理论基础，陶行知先生的生活教育观、朱小蔓教授的情感教育观、乔建中教授的知情交融观、檀传宝教授的德育美学观为此提供了基本理论。

一、陶行知的生活教育观①

1. 关于新教育

陶行知先生认为，教育应该是新教育。“新”有三个意义：“自新”“常新”和“全新”。“自新”指中国的教育要有自己的特色，不能“忽而学日本，忽而学德国，忽而学法国、美国”。“常新”指日日新。“全新”指从形式到精神，内外一致变新。

“教育”是什么？照杜威先生所说，教育是继续经验的改造。我们个人受了周围的影响，常常有变化，或是变好，或是变坏。教育的作用，是使人天天改造，天天进步，天天往好的路上走；就是要用新的学理，新的方法，来改造学生的经验。

2. 关于学校

学校是小的社会，社会是大的学校。所以要使学校成为一个小共和国，须把社会上一切的事，拣选他主要的，一件一件的举行起来。不要使学生在校内是一个人，在校外又是一个人。对于身体方面、道德方面、政治方面，凡人民所不可不晓得的，都要使学生晓得，这样学校就变成具体而微的社会了。

学校以生活为中心。同时，各种事务都要含有教育的意义。一天之内，从早到晚莫非生活，即莫非教育之所在。一人之身，从心到手莫非生活，即

① 方明. 陶行知教育名篇［M］. 北京：教育科学出版社，2005.

莫非教育之所在。一校之内，从厨房到厕所莫非生活，即莫非教育之所在。以学生全人、全校、全天的生活为中心的，才算是活学校。学校是师生共同生活的处所。他们必须共甘苦，才能得到精神的沟通，感情的融洽。国家大事、世界大势，亦必须师生共同关心。办学如治水，我们必须以导河的办法把学生的精神宣导出去，使他们能在有益人生的事上去活动。

3. 关于教学做合一

教学两者，是应当合一的，理由有三个。第一，先生的责任不在教，而在教学，而在教学生学，就是要把教和学联络起来，先生负指导的责任，学生负学习的责任。先生要把解决方法如何找来的手续程序安排停当，指导学生，使学生以最短的时间，经过相类的经验，发生相类的理想，自已将这个方法找出来，并利用这种经验理想来找别的方法，解决别的问题。这就是孟子所说的“自得”，也就是教育家所主张的“自动”。第二，教的法子必须根据学的法子。第三，先生要一面教，一面学。

“教学做合一”是生活现象之说明，也是教育现象之说明。在生活里，对事说是做，对已长进说是学，对人之影响说是教。教、学、做只是一种生活之三个方面，而不是三个各不相谋的过程。同时，“教学做合一”是生活法，也就是教育法。它的含义是教的方法根据学的方法，学的方法根据做的方法。事怎样做便怎样学，怎样学便怎样教。教与学都以“做”为中心。“做”是在“劳力上劳心”，因此，“做”具有以下三种特征：行动、思想、新价值之产生。不做无学，不做无教。不能引导人做之教育，是假教育；不能引导人做之学校，是假学校；不能引导人做之书本，是假书本。在假教育、假学校、假书本里自骗骗人的人，是假人——先生是假先生，学生是假学生。

4. 关于生活教育之特质

要把生活教育与传统教育区别开来，把假的生活教育与真的生活教育分别出来，就要指出生活教育之特质。

生活的。这是生活教育的第一个特点。生活与生活一摩擦便立刻起教育的作用，教育只是生活反映出来的影子。受过某种教育的生活与没有受过某种教育的生活，摩擦起来，便发出生活的火花，即教育的火花，发出生活的变化，即教育的变化。

行动的。生活与生活摩擦，便包含了行动的主导地位。知识是著书人从行动中得来的。行动产生理论，发展理论。行动所产生、发展的理论，还是为了要指导行动，引着整个生活走向更高的境界。

大众的。孤立地干生活教育是不可能的，大众要联合起来才有生命可过，即要联合起来，才有教育可受。从真正的生活教育来看，大众都是先生，大众都是同学，大众都是学生。教学做合一，即知即传是大众的生活法，即大众的教育法。生活教育不是少数人的教育，而是大众的教育，大众自己办的教育，大众为生活解放而办的教育。

前进的。在同一社会里，有的人过着前进的生活，有的人过着落后的生活。我们要用前进的生活引导落后的生活，大家一起过前进的生活，受前进的教育，通过生活教人真正地向前去。

世界的。凡是生活的场所，都是我们教育自己的场所。为着要过有意义的生活，我们的生活力是必然地冲开校门。整个中国和世界，才是我们真正的学校。

有历史联系的。首先，人类从几千年生活斗争中所得到，而留下来的宝贵的历史教训，我们必须用选择的态度来接受。我们必须把历史的教训和生活联系起来。历史教训必须通过现生活，从现生活中滤下来，才有指导生活的作用，并可以使我们的生活更加丰富起来。其次，争取大众解放的生活教育，自有它应负的历史使命。

5. 关于学生自治

学生自治是自动主义贯彻德育的结果。自治指自己管理自己。“学生自治是学生结起团体来，大家学习自己管理自己的手续。”从学校层面来说，就是“为学生预备种种机会，使学生能够大家组织起来，养成他们自己管理自己的能力”。学生自治，不是自由行动，乃是共同治理；不是打消规则，乃是大家立法守法；不是放任，不是和学校宣布独立，乃是练习自治的道理。学生自治有几种好处：第一，可为修身伦理的试验；第二，能适应学生之需要；第三，能辅助风纪之进步；第四，能促进学生经验之发展。规定学生自治范围的标准：第一，应以学生应该负责的事体为限；第二，事体之愈要观察周到的，愈宜学生共同负责，愈宜学生共同自治；第三，事体参与的人愈宜普及的，愈宜学生共同负责，愈宜学生共同自治；第四，还须参考学生的年龄、程度、经验。

6. 关于知行

陶行知先生以为，应将“知是行之始，行是知之成”改为“行是知之始，知是行之成”。从小孩子的经验说起，太阳地里晒过几回，厨房里烧饭时去过几回，夏天的生活尝过几回，才知道抽象的热。雪菩萨做过几次，霜风吹过几次，冰淇淋吃过几杯，才知道抽象的冷。才烫了手又冰了脸，那么，冷与热更能知道了。在科学发明上，富兰克林放了风筝才知道电气可以由一根线从天空引到地下。瓦特烧水时，看见蒸汽推动壶盖便知道蒸汽也能推动机器。

7. 关于教育与科学方法

这里所要讲的不是教育研究法，而是教育与科学方法，就是科学方法在教育上的应用。能解决我们的问题的，唯有科学方法。科学方法是有步骤、有线索的：第一步，要觉得有困难；第二步，要晓得困难的所在，就是要找出困难之点来；第三步，要想出种种方法来解决；第四步，要选择方法；第五步，必须实验一番。经过这五步，才能解决一个问题。

8. 关于民主教育的方法

民主的教育方法，要使学生自动，而且要启发学生使能自觉，要客观，要科学，不限于一种，要多种多样，因材施教，要生活与教育联系起来。要着重创造，让学生自动的时候，不是让他们乱动，而是要他们走上创造之路，手脑并用，劳力上劳心。这就需要六大解放：解放眼睛，使眼睛能看到事实；解放双手；解放头脑，从迷信、成见中解放出来；解放嘴，儿童应当有言论自由，有话直接和先生说，并且高兴、心甘情愿地和先生说，让先生知道儿童们的一切痛苦；解放空间，要把大自然、大社会作为他们的世界；解放时间，可以从容消化所学，从容思考所学，并且做较有意义的工作。

二、朱小蔓的情感德育观[①]

人的情感素质及其发展往往在更深层次上表征着人的道德面貌。必须高度重视情感在个体道德形成及道德教育中的地位和价值，并把强调以情动体验为基础，以情感—态度系统为核心，以情感与认识相互影响、促进而发展为过程，从情感素质层面保证人的德性构成的道德教育理念、取向及其实践操作样式称之为“情感性道德教育范式”。

---

① 朱小蔓．情感德育论［M］．北京：人民教育出版社，2005.

情感性道德教育范式的内涵和主要特征如下。

第一，情感性道德教育范式所用的“情感”概念，是指相对于人的认识层面、认识领域的情感层面、情感领域。它不仅仅是人的心理过程中即时即景出现的“情绪”和“情感”，而且表征着人的整个的情感发展水平。首先，它是每个个体内的生活的一种复杂的多层次的过程，包括感觉和知觉，情绪、激情、心境、热情，赞成和谴责，共同感受、同情、爱惜、友谊、忠诚和许许多多其他的东西。这是充满热情的、深刻的道德—心理的机制，人的道德积极性和伦理上的自我发展正是通过这一心理机制表现出来的。其次，现代心理学已从人的基本需要中划分出交往的需要、在交往者的激情中定向的需要、共同感受的需要、特殊的价值信息的需要，认为个人行为的道德性和自我感觉依赖于这引起需要的满足。因此，情感，实际上已成为反映人的整个精神价值追求的内在动机系统本身。可以把它看作标志人的情感发展的连续体，包含人的情绪基调、情绪表达方式、情趣爱好、情感体验性质与水平、价值倾向，乃至于人格特征、精神情操等。

第二，情感性道德教育范式突出强调人的情感性素质是个人道德性的深刻基础，也是道德教育现实化的重要保证，是整个人类道德及道德教育优质的基石。

第三，任何道德教育的过程都是试图对人的道德认识、道德情感、道德行为发生影响的过程，因此，在其运行的过程中必然始终伴随人的认识与情感的相互作用。情感性道德教育范式的特色在于它不仅承认这一过程是情感与认识相互作用的过程，而且特别重视和强调情绪、情感在其中的特殊作用，并且利用这一作用，深入悉心地研究道德教育中情感运作的特殊机理。

第四，情感性道德教育范式在实践操作中一般应有三个最为敏感的指标：教育者有无情感——人格资质与技能；是否形成情感交往关系或“情感场”；受教育者是否有情感经验的积累和改组。

三、乔建中的知情交融观[①]

知情交融教学模式是南京师范大学与南京师范大学附属扬子中学联合

① 乔建中等．知情交融：教学模式新探［M］．合肥：安徽人民出版社，2010.

办学的成果。乔建中教授等提出的知情交融教学模式，探索了课堂教学的理想风貌——通过创设一定的教学条件，使学生的认知与情绪活动在积极互动的基础上协调统一、良性循环，产生知情互促的和谐心理状态，从而在激发学生的学习热情、调动学生的学习主动性的同时，促进学生对教学内容的接受、感悟和掌握。

知情交融教学模式作为一种从宏观上把握教学活动各要素之间相互关系的理论性结构和从微观上调控教学活动的操作性范式，是以一定的教育心理观念为基础的。

知情交融教学模式所依据的教育心理观念主要体现在三个方面。第一，认知与情绪是统一的整体。人类信息加工过程包括认知和情绪两个子系统，其中认知子系统侧重对事物本身的特性或客观意义的反映，情绪子系统侧重对事物与人自身的关系或主体意义的反映，它们相互联系、相互作用，构成人类信息加工的统一过程。作为统一体，认知与情绪既可以相互促进、良性循环，也可能相互阻碍、恶性循环，因而人类信息加工的效果取决于二者之间的相互关系的性质和水平。同样，教学活动的顺利进行和教学目标的有效实现，有赖于认知与情绪之间的良性互动关系的建立；教学的最佳状态，派生于认知与情绪之间因良性互动而产生的协调统一、交互促进的知情交融状态。第二，学习是意义的建构。有意义的学习实际上从不同的角度反映了教学的两个基本矛盾，即学生是否具有同化教材所需的认知结构，反映“能不能”学习的问题，学生是否具有掌握教材所需的学习心向，反映“愿不愿”学习的问题。与之相应，建构主义教学观强调，教学不是一个“教师传递—学生接受”的简单过程，而是一个“教师引导—学生建构”的复杂过程：教师通过创设一定的情境，促成学生从积极意义上评价教学内容对于自己的主体意义，从而主动地利用自己的已有知识经验与教学内容中的新知识、新观念进行相互作用，生成自己的理解、体验和感悟，进而使自己的知识结构或经验系统得以优化重组、转换或改造。这一建构过程的有效实现，依赖于内因和外因两方面的条件：学生的主动建构以及教师的积极引导。为了促成学生的主动建构，教师必须对教材内容进行发掘和加工，使之与学生已有的知识、技能、情感、态度、信念、价值观等发生现实的优化性关联作用，并在教学过程中通过创设一定的情境加以引导和展现，促使学生从积极的意义上评价所学内容与自身发展之间的关系，进而在产生积极情绪体验的同时产生主动建构的活动。第三，“寓教于趣”

是知情交融的基本机制。“寓教于趣”是激发学习动机和学习主动性的心理基础，也是知情交融的基本心理机制。“知之者不如好之者，好之者不如乐之者。”学生最容易在适合其兴趣的各种活动中得到最大的动力激发，其学习行为的主导动机常常与某种能使自己感兴趣的活动相联系。当教师通过教学内容的内在力量和生动活泼的教学方法激起学生的学习兴趣时，既能使学生的学习处于相对轻松的愉悦状态，又能使学生的学习动机和学习行为指向教学目标所要求的方向。

“寓教于趣”重视情绪在教学中的作用，但是它不是指简单的快乐教学，这里的“情”不是简单的“快乐”。有人以为降低学习的难度，减轻学习的任务，降低学习的要求，让学生轻松、放松，就叫“快乐”，就叫有“趣”，那是对“寓教于趣”的一种误解。事实上，教学的情绪性，是借助积极情绪的调节作用让学生以高昂的情绪状态参与学习，乐此不疲，哪怕多费一些功夫，哪怕多花一些时间，都不觉得辛苦，都乐意。这才是真正的“快乐学习”，这种学习才能产生知情互动的良性循环，从而进一步激发学生学习的自觉性。

知情交融教学模式的具体操作涉及教学设计调节、教学过程调节和学习活动调节三个方面。其中，教学过程调节中的学习心理调节是知情交融教学模式具体操作的核心环节，因为学生知情交融学习状态的产生和维持，以及学生对自己学习活动的调节，在相当程度上取决于教师能否以“寓教于趣”的方式促成或引导学生的学习心理向既定的方向变化。学习心理调节的方法如下：一是“注意—兴趣”调节。在教学过程中，教师根据注意与兴趣两者之间的内在联系和动态过程，组织教学过程，在吸引学生注意力的基础上激发学生的学习兴趣，使之产生强烈的求知欲望和振奋的学习情绪，从而愉快而主动地投入到学习活动中去。其操作要领就是先通过对教学内容的生动化、悬念化处理，使教学过程本身对学生产生吸引力，进而通过教学内容与学生已有知识、观念结构的相关性的揭示或引导，引发学生对教学内容与自身关系的关注，使学生的注意力从过程向结果演进，从而产生思索和探究的学习兴趣。二是“需要—兴趣”调节。针对学生的基本需要及其内在联系，从学习的价值性、难度的合理性、反馈的及时性、评价的发展性等方面对教学过程进行综合优化，使教学过程成为满足学生基本需要并促进其需要进一步发展的过程，从而一方面促使学生对当前从事的学习活动产生积极的心理倾向，另一方面促使学生对学习本身产生积极的态度。三是“情绪充予—兴趣”调节。情绪充予，是指特定事件与情绪活动在相互作用过程中形成的一种条件性联系，具体表现为该事件被情绪化地定性，以致其再现时可以引发相应的情绪活动及其反馈结果。在学生的学习过程中，情绪充予的现象普遍存在。就教学而言，某些学习内容因学科性质、教学方式、授课水平、师生关系以及学生自身的学习需求和学习状况等因素的综合影响，经常导致某种情绪性的结果或经常引发某种性质的情绪体验，因而在学生认知同化这些学习内容的同时被注入了相应的情绪。“情绪充予—兴趣”调节就是利用教学内容和过程中的情绪资源，以及通过教学结果和评价的情绪强化，使学生对教学内容和过程形成积极的情绪充予，从而促使学生对相应教学活动产生稳定的兴趣和态度，以及与之相应的知情交融学习状态。

在一节课中，知情交融教学模式的功能目标主要体现在四个方面：一是情绪状态，二是认知状态，三是参与交往状态，四是学习达成状态。

四、檀传宝的德育美学观①

马克思曾说过：“动物只是按照它所属的那个种的尺度和需要来建造，而人却懂得按照任何一个种的尺度进行生产，并且懂得处处都把内在的尺度运用到对象上去；因此，人也按照美的规律来建造。”按美的规律来建造人，实质上是在认识和改造客观世界的实践活动中，全面发展人的求真能力、立善能力和创美能力，并使之臻于统一，显示出可持续发展的态势，拥有可持续发展的潜在能力。教育的目的是培养人、发展人，即使受教育者各方面素质得到充分、自由、和谐的发展。马克思、恩格斯提出的人的自由充分发展学说，为我们揭示出了科学的人的发展观，同时为我们制订教育目标提供了正确的方法论指导。

《论语·先进》载：“（曾点）曰：‘莫春者，春服既成，冠者五六人，童子六七人，浴乎沂，风乎舞雩，咏而归。’夫子喟然叹曰：‘吾与点也。’”朱熹在《四书章句集注》中对孔子（同意，赞许）曾点的原因解释为：“曾点之学，盖有以见夫人欲尽处，天理流行，随处充满，无稍欠缺。故动静之际，从容如此。而言其志，则又不过即其所居之位，乐其日用之

① 檀传宝．德育美学观［M］．太原：山西教育出版社，1996．

常，初无舍己为人之意。而其胸次悠然，直与大地万物上下同流，各得其所之妙，隐然自见于言外。”这是一种善美的文化境界。由于美的自觉参与和支持，政治伦理在古代人物身上展现出了化境的魅力。

文化境界的进一步提高，应该是“真善美”文化，这一文化的特色可以表述为两个方面：一是真、善、美的横向贯通，即三个范畴均处于你中有我、我中有你、融为一体的化境；二是以美为体用的真善美统一，即强调真、善通过美来实现和表达，同时以美为最高追求境界。“真善美”的文化境界是综合和超越历史文化的成就而达到的新高度。贯通是一种基于科学基础之上的真善美返璞归真式的统一模式。“以美为体用”并非只是简单地让“美”取代“真”的地位成为三者统一的最高统摄者，而是因为唯有美是一种全面连接文化主、客体的中介。通过立美、审美过程，人类对善与真的传递、接受、达成和创造都将是春风化雨式的，文化的主体性与对象的客体性，人的理性和非理性因素等皆可兼顾于一。这一模式的特点和优势，将是对人生尤其是精神家园寻找方面的全面关怀，故它有利于人格发展的全面目标的建构和实现。

真善美统一的教育，必然有新的特色。其一是教育思想上的革命。对教育主体性，对教育中的非智力因素，对教育的人生意义的关注等，在现代教育乃至未来教育中，将成为最突出的现实。其二是全面发展的人格将是教育的唯一目标。对德、智、体、美育课程的割裂理解将被扬弃，代之以相互贯通、融为一体的综合课程安排，潜课程教学已经成为教育有机体的一个重要方面。其三是教育对美的关注不仅在于引起足够重视的艺术教育，而且在于将人生意义建立在美的境界上，科学的学习、体能的培养、道德的完善都作为进入人生化境的必要条件而存在。其四是教育方法上的革命。教育方法不仅是科学化的，而且是人格化、情感化或境界化的。教育被视为师生间和谐人际关系及课堂、学校等教育环境的诗意氛围的创造。教育内容的传递或内化效率也将因其审美性而得到空前的提高。

德育美学观是教育美学观的组成部分，以实现德育观的超越为最高追求，以德育活动精神自由及其塑造、反对道德相对主义为自己的本质内涵。德育美学观的本质特性以弘扬德育精神、德育理想或德育之魂为己任。他认为，德育美学观应该具有的内容与特征主要有以下几点。

1. 道德教育的功能不仅是文化守成，而且是道德文化的建设和创造。道德教育理应追求道德人生最高境界的达成，理应以实现德育的个体享用性功能为己任，且这种享用不是表层的快乐情绪的获得，而是深层的精神愉悦的消受。

2. 在道德教育的内容方面，德育美学观要求不仅注意理性的道德知识体系及道德规则的说明，而应把关怀的道德尤其是道德伦理方面的终极关怀列入（统领一切）课程的核心。道德教育要克服对现实的消极适应，关注人类和永恒的价值体系。道德教育要把对现实的超越性质作为自己的本性。

3. 让德育活动演变成为教学双方作为人类个体对美在伦理道德上的深厚积淀产生惊叹、钦佩和愉悦的审美过程。应该强调道德信念在道德教育过程中的决定作用，强调道德情感、直觉等对于信念形成的动力和强化功能，强调德育活动中审美、立美特征对道德情感、道德信念的巨大促进。

4. 道德教育的目标不是道德概念的记诵，而是人类伦理精神生活的和谐、超脱，由此而达成个体生活的和谐和幸福。人类的道德追求不仅应重“公平”而且应重“关怀”，培养道德情感、道德直觉，培养关怀人的心理和能力应同培养其他道德品质结合起来，并成为培养目标的核心。德育美学观倡言一种新的人格理想——审美人格的实现。

5. 德育研究的首要目标不应是寻找工具而应是寻找灵魂。

第二章

行动——真实品德课的课堂实践

第一节　教学过程有德性

教学活动作为一种人为的、为人的生命活动，需要遵循特定的教学道德、教学规范。教师是教学活动的组织者，是学生学习的指导者、参与者、支持者、服务者。苏霍姆林斯基曾指出，教师不仅是所担任学科的教员，而且是学生生活的导师和道德培养的引路人。在教学活动中，教师合乎德性伦理的教学语言和教学行为本身就具有道德教化的作用。真实的品德课堂要求教师提升教学德性水平，让教学过程具有德性。

教学德性是教师为了实现教学生活之幸福或在谋求幸福教学生活的过程中，逐渐凝聚而成的卓越的教学品质或精神品质。它是外在的教学道德、教学规范内化于教学个体本性之中的教学品质。它具有个体性与社会性、相对稳定性与动态生成性、为他性与为我性等基本特征。

首先，“教学德性作为教学主体所具有的或力求具有的教学品质或品性，它不仅是教学伦理、教学道德的主体化、个体化的结果，也是德性认识、德性情感、德性意志与德性信念在教师个体意识中的凝聚与统一，因而具有内在性、个体性。……然而，教学德性的养成和完善离不开特定的教学生活环境。……不同的教师也由于受到自身条件的限制，从而表现出不同的教学德性水平。”①

其次，教学德性“是教学主体幸福教学生活构建的必要条件”。它“是教学主体一种自我完善、自我提升，显现的是教学主体在教学生活实践中不断实现自己的生命价值与意义”。② 同时，教学德性不仅超越了自我，而且指向教师与学生之间、教师与其他教师之间、物与人之间，是将学生放在更为优先地位上的优秀品质，它视学生的发展为一切的根本。

再次，“教学德性作为一种获得性的教学品质，它不是与生俱来的、自然生成的，而是教师根据现代社会、教学实践的道德要求，在合乎德性伦理的教学行为的基础上逐渐形成的”。它“一旦形成，就逐渐凝聚为较

---

① 罗儒国. 论教学德性［J］. 南京师大学报（社会科学版），2010（4）.

② 同上。

为稳定的精神品质，成为人的第二天性，在教学活动中表现为一种恒常的定向，它不会随着教学生活场域的变化而发生变化”。[①]

通俗地说，“教学德性是指教师在教学过程中具有的美好品德。一般意义上的教学德性包括爱与关心、责任、公平与公正、幸福感等。教学德性是社会对学校和教师的要求，也是教师的一种内在良心自律”。[②]

教师应该具有哪些教学德性，怎样让教学过程具有德性？

一、树立现代儿童观

《简明教育辞典》中对“儿童观”的解释为“对儿童的本质和生长发展过程的总看法”。《教育大辞典》将之界定为“看待和对待儿童的观点的总和。涉及儿童的特性、权利和地位，儿童期的意义以及教育和儿童发展之间的关系等问题”。

儿童观问题无论在过去还是现在，无论在国外还是国内，都引起了人们的高度关注，而且不光是在教育领域，在社会领域也引起了专家、学者和国际组织的高度重视。

在社会发展的每个历史时期，人们对儿童的态度和看法都不尽相同。儿童观是随着社会历史的发展而不断更新和改变的。

荷兰哲学家伊拉斯谟认为，“儿童”这个词在拉丁语中意味着“自由者”，因此，自由的教育是符合儿童发展特点的，用惩罚、强制的教育手段把本来自由的儿童奴隶化是非常荒谬的。

法国思想家卢梭认为，教育要适应儿童天性的发展。儿童是一种不断地渴求创造性表现的存在，真正的教育在于使儿童的这种自然本性得到发展。他特别反对儿童教育的成人化，因此提出，在万物中人类有人类的地位，在人生中儿童期有儿童期的地位，所以必须把人当人看待，把儿童当儿童看待。他认为，儿童期自有儿童期观察、思考和感觉的方法，他要求教育者把自己放在儿童的地位，设身处地为儿童考虑。

美国教育家及实用主义哲学家杜威认为，儿童是主动的学习者，早期教育的独特方法就是利用儿童的自由冲动和本能，促进其行为和控制能力的发展。

---

① 罗儒国．论教学德性［J］．南京师大学报（社会科学版），2010（4）．

② 吴亮奎．教学德性和有德性的教学［J］．中小学教师培训，2009（8）．

意大利教育家蒙台梭利认为，人的心理具有创造性的功能，儿童的这种活跃而有力的创造性是人类的宝贵财富。但是，几千年来，人们不承认儿童内心世界蕴藏着巨大的力量，因而常常将自己的意志强加于他们，压制儿童的本性，使儿童成为被成人经常控制的“奴隶”。为此，她呼吁“发现儿童”和“解放儿童”，以使每个儿童的潜能在有利的环境中得到发展的自由，使儿童表现出更好的个性。

联合国《儿童权利公约》所倡导的八大新型儿童观（价值观、权利观、亲子观、健康观、发展观、学习观、养育观、性别观）与儿童的四大权利（生存权、发展权、受保护权和参与权）和四大原则（儿童利益最大化原则、尊重儿童的基本权利原则、尊重儿童的观点原则、无歧视原则）同样重要，对我们正确地对待儿童起到指导性的作用。笔者以为，权利观是儿童观的核心，尊重儿童的基本权利是最重要的原则。

东北师范大学博士任永泽认为，儿童观是人们如何看待和评价儿童的基本理念或基本态度。儿童观是儿童教育理论必须回答的前提性问题，也是儿童教育实践过程中不可回避的核心问题。儿童观影响儿童教育的理念、路径、方式与实践行动。

也有人认为，儿童观是人们对儿童的看法、认识以及与此有关的一系列态度和观念的总和，它涉及儿童身心发展的特点，儿童期的意义和价值，儿童的权利和地位，教育与儿童之间的关系等问题。

我国教育专家成尚荣认为，儿童立场是现代教育核心价值的定位，儿童立场应是现代教育的立场，儿童立场的核心是发现儿童和引领儿童。他认为，儿童在本义上是自由者和探索者，儿童发展的密码是童心，童心意味着创造性和独特的思维。教师应该是长大的儿童，他们首先要变成儿童，再用儿童喜欢的方式教育儿童，教师变成儿童，是为了引领儿童。

综上所述，儿童观是指人们对待儿童、评价儿童的基本态度或基本观念。教育应该顺应儿童，让儿童获得自由发展。国内外专家都承认儿童期具有独特性，承认儿童是主动的学习者，强调教育要发现儿童和解放儿童，要尊重儿童自由、探索、创造的天性，要尊重儿童的权利，要遵循儿童身心发展的规律。

笔者以为，儿童观是人们对儿童的基本看法、认识和态度的总和，包括对儿童年龄、儿童期的价值、儿童发展、儿童权利和地位等的看法，以及人们对待儿童和评价儿童的基本态度。教师的儿童观主要通过教师的言行表现出来，具体为教师在教育教学中的各种表现以及对待儿童的各种言行。

现代儿童观是这样认识儿童的。

儿童是人，不是“小大人”。儿童期有其独特的意义和价值，它是人生的一段特殊发展时期，它具有不同于成人的需要和精神生活。每个人都需要经历儿童期，当年龄增长后，人们回忆起儿童期会觉得这是一种美好的记忆。儿童作为人，拥有与成人一样的权利和地位，如健康权、生存权、参与权、发展权等。

儿童是发展中的人。由于儿童的心理特征，导致他们是不成熟的一个群体，所以经常犯错是正常的，即使是成人，也会犯错，更何况儿童呢！不守纪律，不完成作业，捉弄同学，不听教导等都是他们常犯的错。教师应该充分发挥自己的教学机智，发现和利用这些资源，帮助儿童分析原因，引导儿童养成良好的行为习惯和学习习惯，扎实掌握知识，提高各方面能力，健全人格，从而达到教育的目的，而不是一味地去抱怨儿童的错误，甚至批评和惩罚犯错的儿童。在教学中，教师要尊重儿童的发展权，给儿童以平等受教育的机会，深入研究儿童的心理和感受以及学习基础，以学定教，努力提高教育教学效率。

儿童是天真、善良、好奇的，他们的童真、童趣和探索精神值得成人学习。真善美一直以来都是社会主义核心价值观的重要组成部分，可是在成人世界中，不文明行为或不良表现比比皆是，如成人带着自己的孩子闯红灯，成人在孩子面前说话不算数等。儿童恰恰能弥补成人的这些不足：儿童以其纯真的眼光，发现成人世界的不真；儿童以其怀疑和探索的精神，打破成人世界的僵化思维；儿童以其率真的态度，揭示成人世界的伪善。成人除了应成为儿童的导师，还应发现儿童自身的价值，向儿童学习，保护儿童。

教师的儿童观会影响儿童的态度和认识。有关研究表明，儿童对教师有一种特殊的尊敬和依恋，尤其是小学低年级的儿童。调查结果显示：对教师依恋的人数随儿童年级的升高而减少，一、二年级约占98%，三、四年级约占82%，五、六年级约占63%。可见，在小学阶段，大多数儿童还是依恋教师的。儿童对教师常常言听计从，回到家以后，如果家长有不同意见，孩子会说：“我们老师说……”低年级儿童常常会跟老师说心里话，上课举手很积极，特别希望老师提问自己。在这个时期，教师对儿童的态度直接影响儿童学习的态度和对其他小朋友的态度。在这个时期，教师的喜好很容易成为儿童的喜好，教师讨厌的事情也很容易成为儿童讨厌的事情。因此，教师应该珍视儿童这份尊敬和依恋的感情，用自己的威信和关怀来引导儿童积极地完成学习任务，养成良好习惯，友善地与人交往，公平公正地待人。

品德课程强调以儿童生活为基础，其课程的根本目标是促使儿童养成良好的习惯，形成良好的品德，培养健全的人格。品德学科课程标准中明确了对儿童及儿童生活的基本态度，强调要关注儿童的需要、了解儿童的需要、尊重儿童生活的价值和儿童的权利，从而更好地引领儿童发展。这样的课程尤其需要教师树立现代儿童观，只有教师树立了现代儿童观，课程目标才能落实，课程价值才能实现。

二、关注教学针对性

崔允漷教授认为，有效教学的核心问题就是教学的效益。所谓“有效”，主要是指通过教师一段时间的教学之后，学生所获得的具体的进步或发展，也就是说，学生有无进步或发展是教学有没有效益的唯一指标。余文森教授提出有效教学应该具备五项原则，“针对性”是其中一项。他提出的针对性原则的具体要求有以下几点：针对学生的问题和能力（起点）教，针对难点、疑点和关键点教，针对生成的有价值的问题教。

笔者以为，针对性是实现有效教学的基本原则。教学不仅追求有效，更追求在单位时间里让学生收获更多，发展更快，即追求高效。要做到高效，教学就必须具有很强的针对性。“对症下药，药到病除”的道理大家都懂，名医，只用几块钱甚至几毛钱的小药片就能把病人的病治愈；庸医，却需要不停地折腾，使病人不仅花了高昂的药费还讨了吃药的苦。假如学生已经懂得的知识，教师却还不停地教，无疑浪费了学生宝贵的时间；假如学生自己学得会的知识，教师却不放手让学生自己学习，无疑剥夺了学生自由探索的空间。因此，想让教学过程有德性，就要求教师教学要具有极强的针对性。

教育部颁布的幼儿园、小学、中学教师专业标准均对教师教学的针对性提出了具体要求。《幼儿园教师专业标准（试行）》提出“遵循幼儿身心发展特点和保教活动规律，提供适合的教育”“研究幼儿，遵循幼儿成长规律，提升保教工作专业化水平”。《小学教师专业标准（试行）》提出“遵循小学生身心发展特点和教育教学规律，提供适合的教育”“研究小学生，遵循小学生成长规律，提升教育教学专业化水平”。《中学教师专业标准（试行）》提出“ 遵循中学生身心发展特点和教育教学规律，提供适合的教育”“研究中学生，遵循中学生成长规律，提升教育教学专业化水平”。提供适合的教育体现了教育教学的针对性原则，“研究学生，提升教育教学专业化水平”则是教师应该具备的专业能力。

1. 学会“把脉”

实现教学的针对性，从教学内容角度来说，要求教师要学会“把脉”，找准起点，探清疑点。

(1) 找准起点

起点就是学生的现有发展水平。维果茨基的最近发展区理论告诉我们，教学应“继往开来”。“继往”指教学应该基于学生发展的昨天，充分了解学生的现有发展水平，以便为他们寻找合适的“最近发展区”。“继往”是为了“开来”，教学是为了学生的发展，明确学生的现有发展水平是为了确定其发展方向。教师应采用基于学生现有发展水平的方式，使学生产生紧张而适度的认知困惑，鼓励学生合作，尽量使学生通过努力达到标准，让学生能用积极的态度看待自己，提升自我效能感，更好地完成“开来”的任务。

教师如何找准学生的起点？教学中要善于运用诊断性评价。诊断性评价也叫准备性评价，诊断性评价开始于教学活动之前，旨在对教学背景和学生各方面的情况即学生的知识基础、性格特征、学习风格、能力倾向、学习态度、身体健康状况、家庭教育情况等进行了解和把握。诊断性评价可通过查阅学生资料、教学前测、问卷调查、访谈等方式进行。东北师范大学附属小学的课堂教学都设有预习交流环节，这个环节能让教师充分了解学情。一位教师执教“食品包装上的信息”，在课堂导入时，让学生交流日常买食品要看包装上的哪些信息，学生拿出课前收集的食品包装盒、包装袋，根据自己课前了解的情况回答：看食品名称、食品介绍、配料、产地、生产日期等。通过交流，教师能了解学生是否关注了食品包装上的信息，以及关注到什么程度。在此基础上，教师提出了进一步的学习任务：了解这些信息代表什么。

笔者在执教品德与社会四年级下册“怎样看电视”一课前，先就四年级学生的看电视情况进行了调查，在分析调查结果的基础上，笔者进行了有针对性的教学设计，使教学既能以学生的认知为起点，又能有针对性地对学生进行引导，取得了不错的效果。（调查表见下页）

关于看电视的调查

年级________ 班级________ 姓名________

家里是否有电视机	是否喜欢看电视	是否每天至少看一次电视	每次看电视的时间：A. 少于半小时；B. 半小时至1小时；C. 超过1小时	家长是否同意你每天看电视	喜欢的节目	喜欢的原因	不喜欢的节目	不喜欢的原因	看电视遇到的麻烦或问题	你觉得看电视要注意什么
调查小结或调查感言：										

笔者对四年级一个班进行了问卷调查，调查结果如下。

家里是否有电视机					
		频率	百分比（%）	有效百分比（%）	累计百分比（%）
有效	是	45	100.0	100.0	100.0

是否喜欢看电视					
		频率	百分比（%）	有效百分比（%）	累计百分比（%）
有效	是	45	100.0	100.0	100.0

是否每天至少看一次电视					
		频率	百分比（%）	有效百分比（%）	累计百分比（%）
有效	是	25	55.6	55.6	55.6
	否	20	44.4	44.4	100.0
	合计	45	100.0	100.0	

每天看电视的时间					
		频率	百分比（%）	有效百分比（%）	累计百分比（%）
有效	少于半小时	11	24.4	24.4	24.4
	半小时至1小时	24	53.3	53.3	77.8
	超过1小时	10	22.2	22.2	100.0
	合计	45	100.0	100.0	

家长是否同意你每天看电视					
		频率	百分比（%）	有效百分比（%）	累计百分比（%）
有效	是	23	51.1	51.1	51.1
	否	22	48.9	48.9	100.0
	合计	45	100.0	100.0	

喜欢的节目					
		频率	百分比（%）	有效百分比（%）	累计百分比（%）
有效	爸爸去哪儿	4	8.9	8.9	8.9
	守护甜心	2	4.4	4.4	13.3
	阿Q正传	1	2.2	2.2	15.6
	封神英雄榜	3	6.7	6.7	22.2
	名侦探柯南	2	4.4	4.4	26.7
	变形计	1	2.2	2.2	28.9
	熊出没	9	20.0	20.0	48.9
	麦酷狮历险记	1	2.2	2.2	51.1
	欢天喜地七仙女	1	2.2	2.2	53.3
	快乐大本营	4	8.9	8.9	62.2
	洛洛历险记	2	4.4	4.4	66.7
	爱情公寓	2	4.4	4.4	71.1
	我家有喜	1	2.2	2.2	73.3
	懒羊羊当大厨	1	2.2	2.2	75.6
	今日说法	1	2.2	2.2	77.8
	龙巡天下	1	2.2	2.2	80.0
	火影忍者	2	4.4	4.4	84.4
	激战奇轮	1	2.2	2.2	86.7
	天上掉下个猪八戒	1	2.2	2.2	88.9
	军情解码	1	2.2	2.2	91.1
	蓝龙	1	2.2	2.2	93.3
	洛克王国大冒险	1	2.2	2.2	95.6
	我是歌手	2	4.4	4.4	100.0
	合计	45	100.0	100.0	

喜欢的原因					
		频率	百分比（%）	有效百分比（%）	累计百分比（%）
有效	好看（有趣，好笑，精彩）	35	77.8	79.5	79.5
	有意义（有道理、感人）	3	6.7	6.8	86.3
	增长见识	1	2.2	2.3	88.6
	惊险	5	11.1	11.4	100.0
	合计	44	97.8	100.0	
缺失		1	2.2		
合计		45	100.0		

不喜欢的节目					
		频率	百分比（%）	有效百分比（%）	累计百分比（%）
有效	天龙八部	1	2.2	2.4	2.4
	喜羊羊与灰太狼	11	24.4	26.8	29.3
	新闻联播	5	11.1	12.2	41.5
	花园宝宝	8	17.8	19.5	61.0
	熊出没	6	13.3	14.6	75.6
	奥特曼	3	6.7	7.3	82.9
	忍者神龟	1	2.2	2.4	85.4
	葫芦娃	1	2.2	2.4	87.8
	恐怖片	2	4.4	4.9	92.7
	西游记	1	2.2	2.4	95.1
	变形计	1	2.2	2.4	97.6
	天气预报	1	2.2	2.4	100.0
	合计	41	91.1	100.0	
缺失		4	8.9		
合计		45	100.0		

不喜欢的原因					
		频率	百分比（%）	有效百分比（%）	累计百分比（%）
有效	幼稚	23	51.1	56.1	56.1
	无聊	11	24.4	26.8	82.9
	恐怖	4	8.9	9.8	92.7
	不刺激	1	2.2	2.4	95.1
	容易学坏	1	2.2	2.4	97.6
	会近视	1	2.2	2.4	100.0
	合计	41	91.1	100.0	
缺失		4	8.9		
合计		45	100.0		

看电视遇到的麻烦或问题					
		频率	百分比（%）	有效百分比（%）	累计百分比（%）
有效	家长不同意	6	13.3	15.8	15.8
	电视机故障	23	51.1	60.5	76.3
	时间不吻合	4	8.9	10.5	86.8
	与父母喜欢的节目不一样	3	6.7	7.9	94.7
	停电	1	2.2	2.6	97.4
	被人打扰	1	2.2	2.6	100.0
	合计	38	84.4	100.0	
缺失		7	15.6		
合计		45	100.0		

（2）探清疑点

疑点即学生不知、疑惑、困顿、矛盾的地方。疑点包括学生的“相异构想”。教育理论上把学生由感性认识得出的偏离科学现象本质和科学概念的理解与想法称为“相异构想”。笔者认为，通俗地说，“相异构想”就是学生已经形成的与正确的概念或价值观不相符合，或偏离或相反的认识与经验、理解与想法。

要探清学生的疑点，除了进行教学前测、留预习作业外，还要引导学生课上自主学习、交流讨论等，让学生充分发表意见，展现思维过程。只有在学生充分表达、展示的时候，教师才能找到学生在原有认识、经验、理解上存在的偏差，从而找到帮助学生的方法。

如一位教师执教“食品包装上的信息”一课，课堂导入环节中学生交流之后，教师指导学生根据学习指南自主学习。学习指南的内容如下。

观察食品包装，看看上面有哪些信息，这些信息是什么意思？

你认为购买商品时应该看哪些信息？请在学习卡片上对应的信息后面打“√”。

学生组内交流应该看什么信息，怎么看，并填写学习卡片，教师巡视。学生在交流信息时会暴露认知上的矛盾和偏差，使教师能充分了解其认知情况。

在学生自学、小组交流之后，该教师重点组织了“总结发言”这一教学环节。该教师让各组代表上台充分发表意见，并提示后面发言的同学，“重复的内容不必说，只能做补充发言”，强调要“交流学习过程”。有学生介绍，开始的时候他们组认为商标和配料不用看，后来通过资料研究，认为应该对此予以关注。该教师让他们说明原因，学生说，看商标才可以知道是否是知名品牌。该教师接着补充，知名品牌往往是比较值得信赖的。之后，该教师提出了几个学生感到比较模糊的信息：QS标志、配料、保质期等，现场指导学生看食品包装信息的方法：“两瓶酸奶，生产日期相同，保质期不一样，要买哪一种？”从而有效地填补了学生的认知空白，澄清了学生原有的认知误区，让学生明白了同样性质的商品，保质期越长，说明防腐剂、添加剂越多。

2．学会“开方子”

从教学过程来说，教师要学会“开方子”，争取做到方法适切，差异对待。

（1）方法适切

想要使教学高效，一定要选择适切的方法。《学记》中记载，“当其可之谓时，不陵节而施之谓孙”。这告诉我们，教学要在适当的时机进行教导，不超越学生的认知程度，这是使教学成功的方法。心理学研究也表明，只有符合学生年龄特征的教学方式才能取得最佳效果。

（2）差异对待

学生存在个体差异，因此教学要有差异，要使每个学生都能在原有基础上得到较好的发展。早在两千多年前，我国古代教育家、思想家就提出了“因材施教”的教育思想。《学记》中记载，“学者有四失，教者必知之”“知其心，然后能救其失也。教也者，长善而救其失者也”，意思是说教学应了解学生产生学习问题的根源，了解学生的心理特点，教育的作用是发扬学生的优点和长处，克服学生的缺点和短处。由此，笔者认为，要实现高效教学，无论教学过程如何进行，教师的作用始终是为学习过程提供支持，为不同的学习结果提供不同的教学支持，为具有不同认知和行事风格的学生提供不同的教学支持。例如，东北师范大学附属小学的课堂实行分层教学、差异对待。在笔者观察的五节课中，执教教师都通过设置基础题和发展题或必答区和发展区，体现了根据学生不同发展水平施教的教学思想。在“食品包装上的信息”这节课的第四个教学环节中，执教教师让各组讨论，学习、研究食品包装上的信息，遇到不明白的问题，可派一名同学到资料区取相应的资料（资料区有条形码、产品标准号、净含量、QS标志、标签认可号、保质期、生产日期、食品生产许可证、商标等信息的介绍资料，且分类摆放），然后小组学习、交流，小组研究后，再把资料放回去。完成学习任务的小组再派同学到发展区取有关购物的资料，模拟购物，教师给学生五分钟时间，并用“滴滴”的声音做时间提醒。在这个环节中，教师的角色就是学生学习的支持者，主要是创设学习环境，设计学习任务，提供各类学习资源，做学生学习的观察员、巡视员、计时员，为学生的自主学习和个性化学习提供有效的服务。

综上所述，针对性是真实品德课应坚持的原则。从教学内容和教学过程两个角度来把握教学的针对性，可以让教学既有效率，又讲道德，让学生在愉悦的氛围中获得发展，这就是真实品德课追求的境界。

三、把握理答契机

教师理答指在师生对话的过程中，教师对学生发言和表现的反应与处理。教师理答是教师对学生的回答做出的即时评价，是教师对学生的一种引领行为。在品德课中，教师理答直接影响学生的道德认知、学习兴趣、情感态度与价值观的形成。有的教师对学生的表现往往不予理会，错失了重要的教育契机，有的教师甚至会用批评的语言挫伤学生的自尊心，从而影响教学效果。那么，教师应如何抓住时机，巧妙理答，激发学生的学习兴趣呢？

1. 激起认知矛盾

品德课上存在三对基本矛盾：学生的个体意识和社会意识、现实自我与理想自我、教育引导价值和社会时尚价值。品德课的有效性体现在其能激起学生的认知矛盾，使学生的道德认知在原有基础上得到提高，情感体验在矛盾冲突中得以升华，因而，教师可以在理答中创设矛盾情境，激起学生的认知矛盾。

如一位教师教学品德与社会三年级上册“友爱残疾人”时，设计了如下活动。

师：同学们，我去火车站乘火车，遇到一位残疾人朋友用手语请我帮他买票，你们猜猜手语表达了什么意思？

（师表演手语，生猜了半天，猜不出来。）

师：你们现在的心情怎样？

生：着急！

师：现在出现了沟通上的——

生：误差。

师：这不是误差，是一种沟通障碍，如果火车就要开了，你怎么办？

生：用纸笔写……（大家争着说）

师：可遇到残疾人朋友是临时发生的事，没有任何准备啊？

……

案例中，教师在理答时用“火车就要开了”“是临时发生的事”这样的补充条件，创设了一个让学生一时无法解决，不知如何是好的情境，使学生处在认知矛盾中，从而让他们真切地体会到残疾人生活的不便，由衷地对残疾人产生同情，并从心底明白，对待残疾人朋友，不仅要理解、尊重，还要学会怎样尊重。

2. 善待意外生成

在实际教学的过程中，常会出现非预期事件，如意外的答案、学生的质疑、有价值的错误等，我们把这些非预期事件称为“意外事件和信息”。在传统教学中，教师只在意能否按时完成教学内容和任务，对于实际教学中出现的意外事件和信息则一律采取压制、不理会或简单处理的方式。久而久之，课堂上渐渐出现如下状态：教师更多地关注知识的灌输，相对忽视对学生能力和情感态度与价值观的培养；课堂上一问一答的活动多，师生积极有效的互动少。

例如，在一次品德与社会课上，两名学生上台汇报“合作探究黎族的风俗习惯”的学习成果。其中一名学生介绍时，眼睛不敢直视台下的同学，他说完后，另一名学生紧接着展示了 黎族“三月三”节庆时的相关图片。学生汇报之后，教师说：“刚才某某同学在介绍的过程中提到了‘三月三’爱情节，让我们来看看黎族人民是怎样过这个节日的。”接着，教师播放自己准备的视频《打竹舞》，教学就这样过渡到了下一个环节。

案例中，教师的理答比较草率，只关注知识的灌输和教学环节的过渡，而忽略了学生的课堂表现和情感体验。既然汇报内容是“合作探究黎族的风俗习惯”，教师就应该关注学生是怎么合作的，并加以引导，如提问：“你们两个人合作，分别做了些什么事呢，能不能介绍一下?”在学生介绍完任务分工后，教师应该继续引导：“这才是合作！你们分工明确，共同完成了‘合作探究黎族的风俗习惯’这个任务，准备得这么充分，有没有信心向大家重新做一次汇报?”学生同意再做一次汇报时，教师可说：“那好，请你们眼睛看着台下的同学，声音响亮地再汇报一次。大家说好不好?”这样的理答，不仅可以引导学生认识到什么是合作，掌握合作的技巧，而且可以帮助学生克服不自信的心理，让学生学会如何展示和汇报，以及如何与大家交流。

3. 联系现实生活

无论是教师还是学生，进入课堂时都带有丰富的资源，并随着情境的变化而变化。但在实际的教学中，有的教师资源意识不够强，理答时不善于挖掘学生资源进行再创造。如学生在汇报回族人民的饮食习惯时说，回族人不吃猪肉。教师这样理答："同学们，他们组在讲回族人民的饮食时，注意到了回族人不吃猪肉，身边有回族朋友的同学要注意了。"教师的理答变成了干巴巴的说教，只是为了让学生获得认知。事实上，由于当前社会人口流动较大，越来越多的回族朋友来到了我们身边。据了解，该班学生中就有回族小朋友，学校附近也有不少清真餐馆，此时，教师可以联系学生的现实生活进行理答："同学们，我们班上是否有回族朋友?""你们身边有回族朋友吗？谁能跟我们说说你跟回族朋友交往时要注意些什么?"

这样联系学生现实生活的理答，利用了学生身边的资源，让学生在已有生活经验的基础上，进一步了解了少数民族的风俗习惯，让学生感到亲近而可接受，并促使他们去关心身边的人和事，形成尊重少数民族生活习惯的意识和行为。现实生活是品德课教学的源泉，教师的理答只有联系现实生活，才能贴近学生的心灵，让学生表达真情实感，让学生朴实的想法互相碰撞，最终升华。这样，教师才能准确把握学生的思想动态，因势利导，实现学生思想认识的转化，从而成就精彩而有实效的品德课堂，这应该是品德课的应然追求。

4. 深化情感体验

心理学研究表明，教学作为一种师生之间的双边活动，主要表现为师生双方在认知和情感两个方面同时进行交互作用，其有效性来源于双方认识上的共识性和情感上的共鸣性，以及由此产生的认知与情感之间的良性互动。因此，教师理答时，要特别注意引起学生认知上的共识和情感上的共鸣。如在教学品德与社会三年级上册"友爱残疾人"时，教师组织学生进行左手写字的小活动，之后让学生观察大家用左手写的字。

师：通过观察，你们发现了什么?

生：这些字很不整齐，像在跳舞。

师：我看不是在跳舞，好像在跟你作对，拼命在扭。

生：是的，写起来很吃力。

师：这是一种什么感受?

生：越想写好，越难写好。

师：这就叫"心有余而力不足"。想想除了写字，生活中还会遇到什么困难?

生：洗澡。

师：洗澡时会遇到什么情况？

……

案例中，教师引导学生交流用左手写字的感受。当学生谈了感受后，教师就像学生的小伙伴，自然、平和地与学生进行对话，或认同学生的感受，或总结学生的感受，或将自己的感受与学生分享。这样和谐、平等的交流，使学生认识到残疾人生活上的不便，对残疾人产生了深深的同情。

四、实现课堂真讨论

1. 课堂“伪讨论”

讨论是课堂教学中经常采用的教学方法，它是学生个体间探讨某件事或某个问题的口头交流方式。在讨论中，学生相互启发，相互学习。课堂讨论有利于培养学生的民主意识、合作交往能力、口头表达能力和创新精神。但是，笔者在听课中发现，课堂讨论存在“伪讨论”现象。

“伪讨论”现象一：小组交流变成资料展示

请看一位教师在执教品德与社会六年级上册“与诚信‘签约’”时组织学生小组交流的一个片段。

师：这节课我们来讨论一个与诚信有关的话题。在我们的中华大地上有许多关于诚信的事，课前老师让大家收集了有关诚信的事，现在小组讨论一下。

（某个小组的交流情况如下。）

生1：春秋战国时期，商鞅立木的事，让他在百姓中树立了威信。

生2：曾子的妻子对孩子说：“你在家里，等我回来杀猪给你吃。”她回来后，曾子马上要去杀猪。妻子不解，曾子解释说：“绝对不可以骗小孩子，孩子本来就不懂事，会照着父母的样子学，听父母的教导，现在你骗他，将来他会骗别人。”

生3：韩信流落街头，有位老婆婆支持他读书。后来韩信成为著名将领，还回来感谢老婆婆。

（此时，教师让学生结束小组交流。）

案例中的小组有八名学生，此时只有三名学生汇报了自己收集的资料，教师就要组织全班汇报，小组交流不得不终止。该案例中，教师并没有设计讨论的真问题，给学生小组讨论的时间也不够，学生只是展示了一下资料，没有机会发表自己的意见，也没有交流观点和想法。

“伪讨论”现象二：全班交流变成师生对答

通常，在小组讨论或交流之后，教师会组织全班进行讨论或交流，然而，全班交流时，也存在“伪讨论”现象，还是看“与诚信‘签约’”的教学片段。

师：老师发现同学们通过各种渠道收集了许多资料，有些同学收集的资料非常感人，谁来跟大家交流一下？

生：我收集了一些名言……

师：谁收集了相关故事？

生：小丽打碎了花瓶，急匆匆跑到房间，妈妈问小丽怎么回事，小丽把事情的经过告诉了妈妈，妈妈说：“妈妈很高兴，因为你是个诚实的孩子。”

师：她是生活的有心人，她把故事画成了画为我们展示，其实这是列宁小时候的故事，它告诉我们做人要诚实，不可以说谎。

（生播放视频：郑州实验小学的超市没有收银员，没有工作人员。）

师：你为什么要选择这个事例？

生：因为这是与诚信有关的事例。

师：你们身边有讲诚信的超市吗？

生：……

师：你们希望有这样的超市吗？

生：（展示图片）这个理发店的老板也很讲诚信。理发店老板在得知自己已是肺癌晚期后，带着病痛回到店里，为客人办理退卡，避免了客人钱财受损……

师：同学们被这个故事深深感动了，对此还有印象吗？理发店门口写着——

生：诚信十年。

师：诚信是他对顾客的承诺。他是这么说的，也是这么做的，说明他是怎样的人？

生：讲诚信的人。

师：他没有违背做人的原则，这样的精神值得经营者学习，也值得我们学习。

（生展示曾子杀猪的故事。）

师：你认为曾子是一个怎样的人？

生：他很讲信用。

师：你是从哪里找到这个故事的？

生：从网络上。

师：你很会学习，懂得利用现代学习工具。掌声送给他。这是一个发生在古代的故事，说明诚信是中华民族的传统美德。

以上案例中，教师一直处于支配地位，师生交互的主导模式是教师提问—学生回答—教师评价，学生之间并无直接对话，这只是师生对答，谈不上全班讨论。

2. 如何实现课堂“真讨论”

《现代汉语词典》中将“讨论”定义为“就某一问题交换意见或进行辩论”。《教育大辞典》中认为：“讨论是一种多项信息交流活动，学生在听取不同发言时可进行比较，取长补短，共同提高。”与对答不同的是，讨论是用来鼓励学生生成各种答案，鼓励学生思考不同意见，培养学生解决问题的能力的。在讨论中，学生可以把材料和个人经历联系起来，表达自己的理解，提出相关的事实、建议、意见和观点等。在课堂中，教师如何才能让学生进行真正意义上的讨论呢？笔者以为要注意以下四点：一是要做好充分的准备，包括教师和学生两方面的准备。二是要精心设置讨论的问题，所讨论的问题必须是开放性问题。如通过这个事件，你们想到了什么？对于他的做法，你有什么想说的？对于他的这种行为，你有什么意见？你有什么办法来解决这个问题？讨论题必须简明，难度适中，能抓住主要问题。提出问题后，要给学生思考的时间。三是要引导学生围绕论题中心发言。教师要善于设置能引发道德冲突的情境，将材料进行对比，积极引导学生比较、分析，大胆发言。四是讨论结束后要及时总结。对有争论的问题，教师应尽量阐明自己的观点，但要允许学生有不同意见。

（1）开放式的师生交互主导模式

开放式的师生交互主导模式为“教师提问—学生回答—学生提问—学生回答—教师评价”。

同样是教学“与诚信‘签约’”，请看下面这位教师是如何利用开放式的师生交互主导模式来引领学生讨论的。

（师播放视频。）

师：小明徘徊着，此时他坐在台阶上，看着自己手中的考卷，愁眉不展，他在想些什么？

生：回去会不会被爸爸妈妈骂？

生：那些得100分和99分的同学，都作弊了，要不要告诉老师呢？

生：回去怎么跟爸爸妈妈交代？

生：考得这么差，怎么跟自己交代？

师：他会怎样做呢？

生：把自己考卷上的分数改了。

师：一不做二不休，把分数改了。

生：做个诚实的孩子，告诉父母这次考试的真实分数，然后跟老师说出那些同学不诚实的行为。

师：老师很喜欢你的坦诚。小明也是这样做的。

师：（继续播放视频，省略了小明的做法，直接展示结果）看到这对紧紧拥抱在一起的母子，我们知道了什么？

生：做错了事没关系，只要勇敢承认就好。

生：做个诚实的人很重要。

生：诚实的孩子人人喜欢。

师：男孩因为诚实，不仅得到了爸爸妈妈的理解和关爱，还得到了奖励。

师：仔细看妈妈的笑容，你想到了什么？

生：妈妈很欣慰，因为她有个诚实的孩子。

师：你读懂了妈妈的心。妈妈不仅没有责怪孩子，反而感到很欣慰。想象一下，当时小明会怎么说？

生：爸爸妈妈，我错了，我以后一定努力学习。

师：如果一次努力，达不到要求呢？

生：告诉爸爸妈妈，自己的压力太大了，需要减压，并告诉爸爸妈妈自己会继续努力。

师：是呀，不仅要诚实，还要把自己的困难和烦恼说出来。

生：爸爸妈妈，对不起，我的压力实在太大了，能不能把要求降低一点儿呢？

师：学会与家长沟通，也是我们要做的。

案例中，教师引导学生认真品读典型“事件”，通过“他在想些什么”“他会怎样做呢”引导学生设身处地为“事件”中的主人公着想，并出主意。当揭示了事实之后，又通过“我们知道了什么”“你想到了什么”等问题，引导学生谈自己的观点、体会和心得。在交流过程中，教师始终以平等对话中的首席的身份参与其中，有时，似乎已处于交流之外，只有学生在直接对话，在提问题，在进行解释，在互相补充。教师有时利用学生的发言引导他们深入思考，如“他会怎样做呢”“一不做二不休，把分数改了”；有时把自己的想法说出来与学生分享，如“是呀，不仅要诚实，还要把自己的困难和烦恼说出来”“学会与家长沟通，也是我们要做的”。以此让学生不断深化认识和体会，不断获得新知。

（2）精选无法“自圆其说”的两难问题

生活中有许多问题本身就是两难问题，没有固定的答案和评价模式。讨论两难问题的价值在于通过讨论，能使学生自己体验或领会其中的道理。有位教师在教学“与诚信‘签约’”时，充分挖掘教材中的案例，引导学生进行广泛而深入的讨论。

师：生活是丰富多彩的，诚信问题不仅仅存在于学习中，也出现在生活中，请看教材中乐乐遇到的难题。

（乐乐是个热情、豪爽的人，从来不拒绝别人的要求，可这次乐乐因为不懂得拒绝而使自己遇到了难题：答应了同学星期六下午两点参加足球赛，也答应了另一个同学星期六下午两点帮他补习数学。）

生：乐乐可以先去踢球，向补习的同学道歉，把补习时间推迟到下午三点。

生：乐乐可以带要补习功课的同学一起去看足球赛，赛后再补习。

师：“我”事先约的是下午两点，怎么突然改时间了呢？

生：要不，乐乐跟踢球的同学道歉，把踢球改为下午三点。

师：可是，球场上有很多同学在等，怎么能临时改时间呢。

生：乐乐可以请别人给那位同学补习。

师：可那位同学当时请的是乐乐，他比较喜欢让乐乐辅导。

生：不管怎样，乐乐好像都要失信于一方了。

师：乐乐失信于同学的主要原因是什么呢？

生：他太豪爽了。

生：不是因为豪爽，而是因为随便答应别人的请求或邀请。

师：是呀，在答应别人的时候，要想想自己是否能做到。

生：轻诺必寡信。

师：你说得真好，有文化。

（师板书：不轻诺。）

案例中，面对一个两难问题，学生根据自己的经验，想出了许多解决的办法，可是都被老师反驳了。于是，学生实在“无计可施”了，自己悟出“轻诺必寡信”的道理，从而获得深刻的体验。

在教学中，要充分发挥讨论的价值，变“伪讨论”为“真讨论”需要注意以下几点：首先，教师要转变观念，把握好自己的角色。课堂中，教师始终是协调者、支持者、服务者、帮助者、参与者，是平等对话的首席。其次，无论是教师还是学生，都要做好充分的准备。教师要深入了解学生，知道学生的认识、困惑、困难；要准备能够引导学生充分发表意见的典型案例；要精心设计讨论的问题，使学生围绕中心话题通过开放式的讨论不断深化认识和体验。学生要根据教师的引导做好讨论准备，不但要收集资料，还要从资料中获得启发，形成个人见解。最后，要明确讨论的规则：讨论要有序；讨论时要进行目光交流；讨论小组的人数不宜过多，五六人为宜；讨论时要学会倾听、询问、质疑；讨论没有固定答案，其评价语言不是“正确与否”，而是“同意与否”；讨论以学生为主，学生可以不断发表意见，提出问题。

五、关注儿童文化

儿童的品德和社会性源于他们对生活的认识、体验和感悟，现实生活对儿童品德的形成和社会性发展具有特殊的价值。在教育教学中，关注儿童文化就是教育的内容和形式必须贴近学生的生活，反映学生的需要，让他们从自己的世界出发，用自己的眼睛观察社会，用自己的心灵感受社会，用自己的方式研究社会；而教师则要研究学生，观察学生生活，用学生乐于接受的方式，引导和教育学生，使学生唤起童心，表现童真，表现童趣。

1. 唤起童心

童心就是孩子天真纯朴的心，人们把童心作为真心、真情实感来理解。品德课倡导“关注每一个儿童的成长，发展儿童丰富的内心世界和主体人格”的理念。品德课教材也始终把儿童当作主角，教材中的儿童与教室中的儿童相依相伴，一起面对并解决成长中的问题和烦恼，共同享受成长的幸福。如何把握课程的基本理念，利用教材在教学中唤起童心，让课堂成为学生真实而生动的生活世界，让学生在学习中表达真心，感受真情呢？

例如，厦门市曾营小学陈丹娜老师执教“我长大了”这一主题时，课前先让学生测身高，量体重，向父母了解出生时的情况，了解童年趣事，以使学生体会自己的成长。

上课时，教师以情境导入，拿出一位学生婴幼儿时期的照片，让大家猜猜他是谁。学生七嘴八舌，猜了好几次都没猜对。教师请照片中的这位学生起立，同学们都很吃惊，有的说：“哇，是你呀！”有的说：“我觉得眼睛有点儿像。”还有的说：“一点儿也看不出来了。”教师巧妙利用学生婴幼儿时期的照片，通过猜一猜、比一比创设了一个真实的情境，在过去与现实的巨大差异中激起了学生强烈的情感体验。同时，通过这一环节的学习，学生真切地感受到每一个人从呱呱落地到现在，都长大了许多，发生了许多变化。

接着，教师让学生分组交流自己出生时的情况，并请学生拿出自己幼时的用品，试着穿一穿、用一用，引导学生通过比较思考从哪些方面能体现自己长大了。学生怎么也穿不上幼时的衣服时，大家你看看我，我看看你，都觉得很好玩。客观现实容易引起学生强烈的情绪体验，教师用对比的方法进行了有效的引导，使学生通过情境体验，具体形象地感受到自己长大了。

最后，教师让学生与家长一起交流自己成长的故事。（同学们纷纷举手，家长们含笑期盼）

以下是学生与家长一起交流时的片段。

学生：同学们，三岁以前的照片，我一张也没有。听妈妈说，是一场意外的火灾烧光了家中的一切。（大家流露出惊讶的表情）但是，爸爸妈妈对我的爱，我天天都能感受到，我明白爸爸妈妈把我养大很不容易。上星期我就在想今天要给爸爸妈妈准备什么礼物，可一直没想出来。今天，我决定要用最好的表现让妈妈爸爸高兴，这算不算一份礼物？

（该生家长泪流满面，全体学生热烈鼓掌。）

家长：我是张小雅的妈妈，小雅是个早产儿。

学生：什么是早产儿？

家长：早产儿就是提早出生的孩子。养育小雅长大，很不容易，我还累得哭过呢！（学生惊讶地看着这位妈妈，小雅眼中泛着泪花）我们小雅很懂事，特别是参加了学校开展的“我长大了”的活动后，她更加懂事了。有一天，我生病了，她还学着我照顾她的样子来照顾我，真让我感动。

小雅：妈妈，你这么辛苦地照顾我，我只是在你生病时，给你端水、盖被子而已，怎么能比得上你为我的付出呢。妈妈，我会表现得更好，让你天天高兴的。

在整个教学活动中，该教师通过亲切而饱含深情的话语，表达了他对学生的理解和信任，营造了和谐的气氛，从而唤起了童心。这样的课，没有虚情假意，让人感到亲切自然，如清泉般清纯，如春风扑面般清新，如阳光般温暖。对父母的理解、体贴，对生命的敬重，也在学生心中悄然扎根。

2. 表现童真

童真的表现是天真。只有小孩子才会心里想到什么就问什么，眼里看到什么就说什么。孩子的童真与天性，注定他们是充满想象力的，在他们的心灵深处有许多我们听不到的声音，看不到甚至想不到的画面，因此，教学中要让学生表现童真。

“温暖的家”是品德与社会三年级上册的内容。教材中有两幅插图，其中一幅图画了一个鸟窝，几只嗷嗷待哺的小鸟和一只衔着小虫的大鸟。翔安区马巷中心小学朱萍萍老师在教学这个主题时，生成了这样一个教学片段。

正当教师打算从这幅图引申到母亲的舐犊之情时，一个微弱却又无比清晰的声音打破了原本安静的课堂。

“老师，既然鸟妈妈要为小鸟找食，为什么只抓来一只小虫子呢，这么多只小鸟怎么够吃呢？”

一石激起千层浪，课堂上学生们开始议论起来。

“鸟妈妈又没有袋子，当然是抓到一只就衔回来给孩子们了！”

“它可以抓一只，带一只啊！”

“不对，不对，一只小虫已经够了！”

教师不忍心打断他们，但考虑到自己毕竟是课堂的主导者，不能为了让他们拥有自己的个性探究，而失去了知识的科学性，于是大声说道：“是啊，你们都明白，一只小虫子是不够的，所以鸟妈妈是十分辛苦的，它为了抚育自己的子女，要来来往往于许多地方，为它的小宝贝们寻找食物。要想喂饱这些小宝贝，鸟妈妈不知道要飞来飞去多少回，可想而知，鸟妈妈……”

话音未落，就有学生叫了起来。

“小鸟为什么不自己出来找食吃呢？”

“因为小鸟还太小，它们还不能出巢找食吃啊！”教师说。

“可是我家的小鸡刚出生几天就可以自己找食吃了。”

“小鸟和小鸡不一样啊，小鸡可以在路上走动，小鸟还不会飞啊！”教师引导他们。

“那它可以爬出来啊，爬到树上一样可以找到食物的，就不用妈妈飞来飞去了！”

教师不忍心打断他们的思维，于是话锋一转：“同学们，你们都知道，小鸟实在太小了，它没有能力自己出来找食物，可是我们也知道，鸟妈妈实在太辛苦了，如果你们在一旁看到了，你们会用什么办法来帮助小鸟一家呢？”

课堂更加活跃了，学生你一言我一语，争先恐后地说出自己的方法……

在教学过程中，学生的质疑打乱了教师预设的教学过程，但教师没有阻止学生，也没有觉得无奈，因为这是学生童真的表现。童真是人生中最宝贵的品质，还有什么比使学生表现出童真更重要呢？因而，要想实现真实的品德教育，教师应起到搭建平台的作用，让学生自由交流，交流越自然，学生就越能表达出真实的想法，越敢表达出真情实感，这样，学生的率真才能得到充分体现。

3. 表现童趣

天真烂漫、好玩、好动、好奇心是孩子与大人的区别。

品德课教学特别强调实践和体验，它要求学生在充分感知和体验的基础上，提升对社会的关心，提高对现实生活的基本认识，进而形成强烈的社会责任感。为此，在教学中，教师要创造机会让学生在玩中学，在学中玩。教师要根据学生的天性，以学生喜闻乐见的形式，让学生在生活中体验，在实践中探究，在活动中表现童趣，进而快乐地学习和生活，而学生的品德和社会性也能在生动活泼的学习中了无痕迹地得到发展。

湖里区华昌小学巫超梅老师开展了“春天来了”系列活动，她执教“可爱的小动物”时，课常上出现了这样有趣的一幕：两名学生带来了自己饲养的乌龟，一大一小。有学生提议让两只乌龟赛跑，大家举手赞成，其他组的学生纷纷过来围观。比赛开始了，没想到小乌龟怕生，丝毫不敢动弹，而大乌龟却大大咧咧地在桌子上来回走动，横冲直撞，样子憨厚可爱。学生有为大乌龟鼓掌、喝彩的，有催促小乌龟赶快行动的，有对小乌龟感到失望的。越来越多的学生从周围跑过来观看这场别开生面的比赛，呐喊，助威，拍手，大家都非常投入，场面甚是壮观。在整个比赛过程中，巫老师没有干涉学生，没有强制学生回到自己的小组，只是在一旁观看，和他们一起感受这激烈的场面，并进行适当的引导。

这场比赛使学生获得了深刻的体验，情感得到了升华。一名学生兴奋地说：“这两只乌龟真可爱，回家后我也要养一只乌龟。”站在老师身旁的另一名学生低着头，一声不吭，老师亲切地问道：“你怎么啦？”这名学生伤心地说：“老师，我很喜欢金鱼，可是我把金鱼喂得太饱了，结果金鱼全死了，所以这次不能带来展示了。”老师安慰他说：“没关系，虽然这次没有成功，但是你学到了很多知识，以后你再养金鱼就更有经验了，明天你就再养几条金鱼，好吗？”听了老师的一番话，这名学生高兴地点了点头。

案例中，教师顺应了儿童天性，指导他们自主选择活动方式，自由选择学习伙伴，自主设计、策划活动方案，当教学中出现教师没有预设的环节“两只乌龟赛跑”时，教师没有横加干涉，强行阻止，而是尊重学生的建议，让他们充分展现童趣，使课堂出现了高潮，使学生获得了真实而深刻的体验。在此基础上，教师与学生交流感受，关心学生、体谅学生、帮助学生……正是有了这样的自主和尊重，学生才能积极参与活动，与同伴进行愉快的合作，才能在活动与合作中产生热爱春天、热爱大自然、热爱生活的情感。

《义务教育品德与生活课程标准（2011 年版）》（以下简称“品德与生活新课标”）中指出：“童年生活具有不同于成人生活的需要和特点，它本身就蕴藏着丰富的发展内涵与价值。”童年生活是由儿童独特的精神世界和认识方式建构成的“儿童世界”，在这个世界中，儿童的精神和认识不断获得发展。因此，在品德课教学中，应尊重学生认识方式的独特价值，追求儿童化的教学，采用适合学生的方式，使学生唤起童心，表现童真，表现童趣，促进学生良好品德的形成和社会性发展。

第二节 促进学生真体验

一、从隔岸观火到身临其境

任何知识均来源于生活，教学若离开了生活就成了无源之水，无本之木，所以教学必须联系学生的生活实际。在众多的课堂教学中，我们发现联系学生生活实际有两种境界，一种是隔岸观火，一种是身临其境。

“隔岸观火”具体表现：说的都是真实的事，但都是别人的事，因为与自己不相干，所以学生可以评头论足，说得头头是道。但道德教育要求学生言行一致，知行合一，联系生活实际如果仅仅停留在“隔岸观火”，则容易让学生成为“语言的巨人，行动的矮子”。

道德具有极强的个体性和情境性。真正的道德之教是生活之教，必须在生活情境中，在人们的实际行为中，通过人们的自身生活，通过人的个体经验和体验去教。只有是自己经历过的、体验过的，才能打动别人。意大利教育家蒙台梭利说：“对孩子来说，听到的容易忘记，看到的记忆不深，只有亲身体验到的才刻骨铭心，终生难忘。”

学生的生活实践是丰富而复杂的。教师教学时要联系学生的生活实际，强调学生自身的生活经历和生活经验，努力促使他们在自己的经验和体验中学习。因此，联系生活实际应该关注“身临其境”的事。

在教学中，联系生活实际应如何从“隔岸观火”到“身临其境”？

1. 示范——为学生营造分享体验的氛围

教师是重要的课程资源，教师如果跟学生分享自己的经历、经验和感受，不但能促进师生关系的和谐发展，而且能营造和谐、良好的交流氛围，激起学生分享的意愿。教师可以现身说法，为学生做示范。

师：同学们想不想知道老师小时候乘坐的交通工具是什么？

生：想。

师：（出示自行车图片）小时候，爸爸骑着自行车载我去上学，爸爸在前面用劲蹬，我在后面也学着蹬，车链会发出“哐当哐当”的声音。放学的时候，我在校门口等着爸爸，每当听到一连串的“丁零”声，我就知道那是爸爸来了，于是我们又随着“哐当哐当”的声音回家了。自行车的声音，承载着童年的梦想，也给我带来了幸福的回忆。

师：同学们，你们也收集了很多厦门过去的交通工具，谁来展示一下，并说一说关于它的故事？

案例中，教师的现身说法，唯美而又充满童真童趣。教师的示范，打开了学生记忆的大门，引发了学生交流自己生活经验的热情，能使学生联系自己课前所收集的信息，畅所欲言。

2. 设问——启发学生在回忆中体验

学起于思，只有引起学生思考，才能激起学生思维的火花。设问是课堂教学中最常用的组织方式，但是绝大多数情况下，教师所设计的问题都是些低水平的、连珠式的记忆性问题。我们需要研究如何通过有效设问促成师生对话，以实现有意义且目标明确的教学。教学中，要想引导学生从“隔岸观火”转变到“身临其境”，设问必须能启发学生回忆自己的经历和感受，促使学生深化道德体验。

师：三十年一晃而过，现在厦门的交通特别发达，我们身边的交通工具有公交车、的士、私家车（出示图片）。

师：同学们节假日去了很多地方，说说你们都去了哪里，坐过哪些交通工具？

以上这个环节的目的是引导学生认识各种交通工具，不少教师通常这样引导：“同学们，你们知道的交通工具有哪些？”然后让学生展示交流课前收集的资料，这样的教学只是为认知而认知。案例中的教师为了使学生联系生活实际，交流亲身经历，精心地进行引导：“你们都去了哪里，坐过哪些交通工具？”学生结合自己收集的资料，介绍了自己的经历和感受，有的说乘飞机去了重庆，有的说乘动车去了上海，有的说乘轮船去了鼓浪屿。学生不但交流了自己知道的交通工具，而且对交通工具的特点有了更深刻的体验。同时，通过学生的交流，教师也更容易了解学情，使教学更具针对性。

3. 追问——引导学生在畅谈中体验

课堂需要交流的信息很多，一旦学生对提出的问题进行回答，或是与同学进行对话交流，教师必须立刻意识到需要补充哪些问题才能帮助他们生成更高质量的回答，加深他们对事物的认识以及情感体验。教师倾听学生的回答，并将学生的回答融入后续问题中的行为称为追问。教师要善于抓住契机，适时追问，引导学生畅谈经历和感受，从而帮助学生构建一个真实的学习情境，获得真切的体验。

（生展示旧公交车照片。）

师：这种公交车陈老师坐过，看，车厢与车厢之间有连接，有转盘。

生：（展示摩托车照片）这是我拍的摩托车，厦门以前有很多摩托车，现在只有在郊区，才能看到摩托车。

师：谁坐过摩托车？

生：我在老家坐过。

师：感觉怎么样？

生：很快，像风一样，耳边有“呜呜呜”的声音。

生：很舒适，姑姑带我骑的，我觉得很凉爽。

生：（展示图片）这是20世纪80年代拍的，是爸爸妈妈坐的三轮车。车顶上的车篷用来遮风挡雨，坐在三轮车上，可以看到周围的风景，那是一种享受。

师：这种三轮车谁坐过？

（生沉默。）

师：谁在其他地方看到过？

……

以上案例，当学生展示并介绍了自己收集的资料之后，教师不是停留在资料的认识层面，而是不停地用“谁坐过”“感觉怎么样”等问题进行追问，引导学生畅谈自己的经历以及感受，即使学生未曾坐过，教师也要追问“谁在其他地方看到过”，这样能让学生更真切地体验交通工具的特点，感受交通工具的变化，并从交通工具的变化历程中感受社会经济的发展。

4. 搭台——引导学生在实践中体验

生活是一本活教材，而实践活动就是学生最切实的体验，有效的实践活动能促进学生深化认知，领悟道理，升华情感。学生在生活实践中或获得成功的喜悦，或品尝失败的滋味，或总结经验，或汲取教训，这一切都是实践活动的真实体验。有效的实践活动需要教师为学生搭建平台。

例如，一位教师在教学“交通工具的变迁”一课时，课前引导学生查资料，访问祖辈、父辈人，亲历生活实践。课中引导学生以小组为单位，将收集的资料进行整合、归纳，并完成如下表格，之后进行汇报交流。

运输方式	过去	现在

（生展示表格。）

生：我们收集的是近几年公路交通工具的变化。过去的交通工具有大量尾气排放，不环保，现在有了环保车；过去车内设备差，现在车内有空调、GPS、音响等，舒适度提高了。

生：我们航空组了解到，以前飞机班次少，价钱高；现在班次多，价钱便宜，普通民众都可以乘坐，我前段时间就坐飞机去玩了，飞机上的服务很贴心。

生：我们组介绍水路交通运输工具。以前轮船的运量小，码头少，轮船设计简单；现在轮船的运量大，可以运几百吨甚至上万吨，码头多，班次也多，轮船设计豪华，有许多娱乐设施。我们组有很多同学坐轮船去过鼓浪屿，有的还去过金门，感觉好极了。

以上案例，教师课前既引导学生通过网络收集资料，又引导他们访问祖辈、父辈人乘坐交通工具的情况（这两辈人有很强的代表性），同时让学生亲历实践，去乘坐现代的多种交通工具。课中教师引导学生通过表格展示课前收集的信息，并引导学生对信息进行了整理和归纳。正是教师搭建了平台，才使得实践活动真实、朴实、扎实，才使学生获得了真切的体验。学生通过汇报，不但深化了认识，升华了情感，而且提高了信息整理能力。

5. 调查——引导学生在现实生活中体验

教师课前要加强调查，深入了解学生的家庭生活状况、同学之间的人际交往情况，了解学生所议、所乐、所想，从儿童的角度来设计教学，创设情境。如一位教师在执教三年级上册“生活中不能没有他们”时，为学生展示了劳动者劳动的图片，但仅仅展示的是教师、医生、护士工作时的图片，这不利于学生领悟和体验各行各业劳动者劳动的价值。如果该教师能够事先了解本班学生的家长大多是进城务工人员，则可在课堂上出示更多普通劳动者的照片：建筑工人、农民、搬运工、废品收购者、菜市场卖菜的叔叔阿姨……他们挥汗如雨，他们皮肤黝黑却十分健康，他们衣服也许不太干净……之后让学生寻找自己的父母劳动或工作时的照片，与同学交流，这样更容易激发学生的兴趣，能引导学生联系自己的生活加深对各行各业劳动者的认识，激发他们尊重劳动者的情感。

6. 延伸——引导学生在践行中体验

在教学中，我们常常可以看到教师设计这样的环节：讨论如何行动或写倡议书等。如写“保护环境从我做起”倡议书，并向社区居民进行宣传。如果学生经过热烈的讨论后就收场，那么“我做环境小卫士”“我当社区服务者”的环节将形同虚设，只是走过场而已。我们的教学目标是什么？不是为了让学生纸上谈兵。如果学生在课堂上的建议被束之高阁，长此以往，学生就会觉得这只是假设，只要随便说说就可以了，不需要付诸行动。因此，教师在学生提出建议之后，一定要让其付诸实践，在日常生活中践行，并及时给予反馈。德育是一个与生活融为一体的连续不断的道德实践过程，让学生作为德育主体，在生活中认识社会，增长道德认知，体验道德冲突，发展道德判断能力，最后在实践中将自己的道德信念付诸道德行为，这样的德育才具有实效性。

二、从浅尝辄止到深度体验

激发学生积极的情感，培养学生高尚的道德情操是品德课教学的重要内容。诸如珍爱生命教育，热爱生活教育，热爱祖国教育，珍视祖国的历史、文化传统教育等都属于情感教育的内容。情感教育不同于知识教育，它更强调让学生通过直接参与形成情感，因此，学生情感体验是否深刻是品德课教学有效性的重要评价指标。只有真切体验，学生才能记忆深刻；只有真切体验，学生才能真正地将道德要求内化，形成实践的自觉。

品德课程的教材既是传递知识、信息的载体，也是伴随学生成长、与学生交流对话的文本。教材内容中蕴含着大量的情感内涵，但是它们往往不会自发地起作用，而需要教师有意识地去挖掘、提炼、再现。那么，教师如何有意识地去挖掘、提炼、再现教材内容的情感内涵，激发学生的情感，从而加深学生的体悟呢？

1. 提炼情感激发点

所谓情感激发点，就是能引起学生共鸣，让学生获得真切体验的教学内容。它具有三个特点：具体形象性、真实性、矛盾冲突性。

品德教材图文并茂，图片传递了足够而恰当的教育信息，大量的文字清晰地表达了教学内容的思想导向。对此，教师要认真研读和分析，既要感受字里行间的意蕴，也要解读图片的教育意义；既要研读教材中的资料，也要研读与教材有关的更为详细的其他资料；既要研读文本材料，也要研读学生生活，分析教材所呈现的学生生活与现实中学生生活的适切程度。只有这样，教师才容易找到、找准情感激发点。

如一位教师教学品德与社会五年级下册“不要忘记”这一主题时，除了阅读教材和教师用书中的有关材料外，还翻阅了《屠刀下的花季：南京1937》《中国近代史》等书籍以及其他有关南京大屠杀的资料，并与学生谈话，了解学生对这一历史事件的认知情况。通过对有关材料的研读和对学生的解读，该教师认识到南京大屠杀最触目惊心的是日军屠杀中国民众人数之多，手段之残忍。教学内容的思想导向是引导学生勿忘国耻，牢记历史，正视历史，激发爱国情感。因此，本课教学的情感激发点有三处：一是遇难同胞多达30余万人；二是遇难同胞的雕像；三是东史郎的日记和照片。教学时要将这三份材料作为重点，进行深入挖掘。“30余万人”是不同年龄、不同性别、不同职业的人，具备一个很开放的空间让学生去探究，能使学生在探究中构建情感体验。遇难同胞的雕像是30余万人的代表，通过它可以集中激发学生的情感，形成课堂的高潮。通过阅读东史郎的日记以及有关他的介绍，该教师认识到，在侵华战争的参战者中，东史郎是一个典型代表，他的动作、神情、言语足以让人感受到他深深的忏悔之情。因此，可以通过看照片、读日记让学生获得情感体验。鉴于以上研读和分析，该教师将本课教学重点围绕三个情感激发点展开。

情感激发点之一：遇难同胞多达30余万人

请学生阅读教材中的文字和图片，并联系收集的材料，思考：30余万人中都有些什么人？他们是怎么遇难的？并让学生把文中最让人触目惊心的内容画出来，将自己的体会批注在旁边，之后与其他同学交流体会。

情感激发点之二：遇难同胞的雕像

课件出示雕像图片，请学生仔细端详他（她）的脸庞、眼神，想象他（她）是谁，他（她）在向人们诉说着什么。

情感激发点之三：东史郎的日记和照片

请学生认真默读《东史郎日记》，将自己的体会批注在旁边。之后出示东史郎忏悔的照片，让学生思考：面对东史郎，你想对他说什么？

2. 铺陈情感渲染点

品德教育应该是无痕的教育，其课堂氛围对学生具有“润物细无声”的教育效果。教师要努力营造与教学内容相适应的课堂氛围，铺陈情感渲染点，渲染教学内容的情感内涵。在教学中，教师的语言、穿着，课堂环境的布置，课件的制作等都应与课堂情感氛围相统一，这有利于激发学生的情感，深化学生的情感体验。

如教学品德与生活一年级下册“春天来了”这一单元时，课堂氛围应该是轻松活泼的，教师可以播放优美的儿童歌曲，出示大自然美好风光的图片，甚至可以头戴花环将自己装扮成“春姑娘”蹦蹦跳跳进入课堂，这样有利于激发学生热爱大自然的情感。如教学品德与社会三年级上册“让我们学会合作”这一主题时，课堂氛围应该是和风细雨的，教师可以用亲切自然的语言叙述生活中的故事，让学生感受同学间的美好情谊，同学合作的融洽关系。

而关于民族屈辱历史的教学，课堂氛围应该是凝重而沉痛的。如教学“不要忘记”这一主题时，课件内容可使用黑白色，教师身着深色的正装，用严肃而沉痛的语调缓缓叙述：“同学们，你们知道吗？在20世纪三四十年代，日本人在我们国家犯下了滔天罪行，给我国人民带来了深重灾难，那是一段中国人民永远不能忘记的屈辱史。今天就让我们带着沉痛的心情再次走进这段历史。”这便营造了庄严、肃穆的情感氛围，学生受此感染，进入了沉思历史的情感状态。

当学生交流了30余万人的遇害经历之后，教师带着悲愤之情小结：“已遇害的带着无尽的冤屈和悲愤离开人世，活着的也过着水深火热的逃亡生活，他们有的向城郊流亡，有的躲在寒冷的芦苇荡中，有的涌向燕子矶等码头，更多的则是在枪炮下无目的地躲藏着。活着的每一个人，都见证了恐惧和饥饿，见证了逃亡路上生死离别的一瞬间。逃亡路成了人生不归路。”此情此景，激发了学生的愤懑之情，学生通过对“他（她）在向人们诉说着什么”的想象和交流，表达了愤懑之情，进一步深化了情感体验。

3. 巧设情感再现点

要使学生将道德要求真正内化，并成为自己的德行，需要引导他们从不同领域、不同层次和不同深度进行体验和感悟。教师要善于精选活动，巧设情感再现点，再现教学内容的情感内涵，激发学生的情感。激发学生情感的活动有很多，如讲故事、创情境、读文本、做比较等。如在“不要忘记”这一主题的教学中可通过讲述、阅读、问答、对比、想象、交流、诵读等活动，使学生在感受民族屈辱史的过程中，产生强烈的爱国情感。下面通过“不要忘记”这一主题的教学来介绍如何巧设情感再现点，激发学生的情感。

教学活动一：反复比较

如果一个班学生有50人，一所学校学生有1200人，让学生计算30余万是1200的多少倍，使学生知道南京大屠杀遇难人数比一所学校学生总人数的250倍还多。接着调动学生通过看电视获得的经验：“同学们看过交通事故的场景吗，有什么感受？从电视上看到过汶川大地震的场景吗，当时的情景怎样？”在此基础上，教师动情地讲述：“汶川大地震是自然灾害，我们目前还没有技术可以实现有效预测，无法避免。可是南京大屠杀是人为的，日军杀害了我国民众共30余万人，是汶川地震遇难同胞人数的4倍还多。”

通过反复比较，让学生深刻认识到遇难同胞人数之多。

教学活动二：阅读与交流

学生联系阅读经验，交流30余万人的遇害经过。

学生讲述事例，一桩桩惨绝人寰的事实，如枪杀、刀劈、活埋、火烧等，激起学生的悲愤之情。

教学活动三：想象与诵读

出示遇害同胞的雕像，告诉学生他（她）是所有遇害同胞的代表，让学生仔细端详他（她）的脸庞和眼神，想象她（他）是谁，（他）她在向人们诉说着什么。

学生回答之后，教师将学生的发言整理如下，一起诵读。

她是孩子的母亲，他是孩子的父亲，她（他）用无助的眼神仰望苍穹：救救我的孩子！

她是丈夫的妻子，他是妻子的丈夫，她（他）撕心裂肺地高喊：我的爱人，你在哪里！

她（他）是母亲的孩子，她（他）摇晃着再也无法醒来的爸爸妈妈的身体，悲痛欲绝：爸爸、妈妈，你们醒醒，你们醒醒，我要爸爸，我要妈妈！

想象之后进行交流，再反复诵读，让学生表达愤慨之情。

教学活动四：想象与表达

只有那些能引起学生道德认知冲突的活动，以及有具体事例支撑的活动，才有利于学生自主构建自己的情感体验。因此，精选活动时还要将学生在生活中的烦恼、困惑，与学生身边的事例相结合，再现教学内容的情感内涵。

在“不要忘记”的教学中，学生心中涌起强烈的爱国情感，但那毕竟是一段历史，现在，我们应该如何正视历史，在现实生活中处理好与日本友人的关系呢？根据教材的提示，教师设计了一个开放性的交流活动。

同学们，历史已经翻过，如今，中国再也不是侵略者的铁蹄可以任意践踏的了。此时此刻，再读东史郎的日记，你想跟他说什么？

对顽固不化的右翼分子，你想说什么？

对今天的日本学生，你想说什么？

对我们班的同学和参加听课的老师们，你想说什么？

请你们将想说的话写在纸上。

这个活动，使学生在历史与现实的矛盾中思索，激起了较为强烈的道德认知冲突，情感得到激发，感受深刻而强烈。有学生说：“我想对日本学生说，你们的国家曾经侵略我们，将我们中国同胞残忍杀害，那是因为当时的我们贫穷、落后。现在我们的国家强大了，不会再任人践踏了，但我们不会报复你们，我们希望过和平的生活。”学生能够由悲愤转为冷静地思考历史，教学效果还是比较好的。

4. 把握情感共振点

朱小蔓教授在《情感德育论》一书中提到，情感共振点就是“情意感通”，它追求的是情感共鸣。它是一种人与人之间、人与物之间的情意关怀，包含这样几种沟通的形式：人际之间的情感互动，人与艺术美的感通共鸣，人与自然界的两情相忘。人际间的情意感通体现的是“仁”，这是一种以爱护、同情、关怀、感恩为基本情感的互动作用。它通过回报、以德报怨等相互感化，以体谅来理解人，以人际间情感的认同与共鸣的方式达到情感的同化。

怎样把握情感共振点，让学生的情感与教学内容、教师情感产生共鸣呢？第一，善于倾听。教师的倾听可以让学生产生信赖和安全感，从而愿意说、敢于说真话。第二，感同身受。感同身受不但能促进学生与教学内容产生情感共鸣，也能让师生产生情感共振。“是啊！我从你的语气里听出了愤怒、尊重……”“当你表达自己的想法时，心情怎样?”“是啊，同学们的成长历程真让人心潮起伏。”第三，重复性理答。这能强化学生的情感体验，从而达到情感共振。如“是啊，一幕幕场景真是令人难以忘怀”。第四，渲染。如学生在交流过程中对其他同学说：“××同学，我们一直是要好的朋友，愿我们的友谊天长地久，永远保持联系。”教师渲染：“好兄弟，拥抱一下。”两位学生拥抱，其他学生鼓掌，有的学生流下泪水，此情此景加深了同学的依依不舍之情。第五，对话。对话将教师置于与学生平等的位置，使教师表达真情实感，使学生和教师互相理解、情感相容。如学生说：“老师，在离别之际，让我再向您鞠一个躬，道一声‘谢谢’。”老师深情地回应：“谢谢你！你们也给我带来了快乐，几年来，我们建立了深厚的感情，老师也舍不得你们。”第六，提炼与提升。教师对学生的发言进行精当的小结，能起到画龙点睛的作用，从而升华学生的情感体验。如“失败当然不会让你感到快乐，但当你从失败中总结经验并获得成功时，你一定感到十分快乐吧！请记住：失败＋经验＝成功和快乐”。第七，激励。如一名学生根据“面对……我想对他说……”的句式写了一首诗，教师对此理答：“大家听出来了吗，这是一首诗呀！是他在课上现场写的一首诗。课后，请你（指写诗的学生）把诗录入电脑，跟大家分享。”这激发了学生的创作热情。

情感体验是学生将道德认知转化为道德行为的中介，在品德课教学中，只有激发学生的情感，引导学生内化道德认知，才能使学生自觉地践行道德规范，从而增强品德课教学的实效性。

第三节　学段层次相衔接

课程在学校教育中处于核心地位，教育的目标、价值主要通过课程来体现和实施。新课程改革建立了新的德育课程体系。小学阶段低年级有品德与生活课程，中高年级有品德与社会课程；初中阶段有思想品德课程；高中阶段有思想政治课程。品德与生活新课标指出：“品德与生活课程是一门以小学低年级儿童的生活为基础，以培养具有良好品德与行为习惯、乐于探究、热爱生活的儿童为目标的活动型综合课程。”《义务教育品德与社会课程标准（2011年版）》（以下简称“品德与社会新课标”）指出：“品德与社会课程是在小学中高年级开设的一门以学生生活为基础、以学生良好品德形成为核心、促进学生社会性发展的综合课程。”《义务教育思想品德课程标准（2011年版）》（以下简称“思想品德新课标”）指出：“思想品德课程是一门以初中学生生活为基础、以引导和促进初中学生思想品德发展为根本目的的综合性课程。”从以上课程性质的表述中，我们不难看出，它们都是以学生生活为基础，以培养学生良好品德为目标的综合课程，它们是相互衔接、螺旋上升的。因此，真实的品德课教学要注重学段层次的衔接，要做到这一点，教师进行教学时就要遵循课程设计的逻辑，把握课程目标的层次，尊重学生的年龄特征。

一、遵循课程设计的逻辑

鲁洁教授曾在2002年《人民教育》增刊撰文，谈到课程研制的基本思想：“道德存在于人的整个生活中，不会有脱离生活的道德。人们是为了生活（社会生活）而改善、提升社会的道德，培养、发展个体的道德，并不是为了道德而道德，同样，社会道德和个体道德的提高与发展也只有通过他们自己的生活才能完成。脱离生活的道德和品德必将使这种道德抽象化、客体化，脱离了生活去培养人的品德也必将使这种培养因为失去了生活的依托和确证而流于形式。总之，品德的培养所遵循的应当是一种生活的逻辑，而不是一种纯学科的逻辑。”

品德与生活新课标指出：“品德与生活课程以儿童的生活为基础，以三条主线和四个方面构成课程的基本框架。三条主线是儿童与自我、儿童与社会、儿童与自然。四个方面是健康、安全地生活，愉快、积极地生活，负责任、有爱心地生活，动手动脑、有创意地生活。三条主线和四个方面交织构成儿童生活的基本层面。”

品德与社会课程采用了“一条主线，点面结合，综合交叉，螺旋上升”的设计思路。

一条主线：课程的内容紧紧围绕儿童的社会生活来组织。

点面结合：儿童的社会生活范围是随着年龄的增长不断扩大的，个人、家庭、学校、社区、国家、世界，要以这些大大小小的生活领域为主题组织教学内容。每个生活领域里都包含社会环境、社会活动、社会关系等主要因素。这些主要因素还可以分解为时间、空间、人文环境、自然环境、日常生活活动、文化活动、经济活动、政治活动、人际关系、社会规范、法律制度等具体要素。儿童的品德与社会性发展是通过与各种社会要素的交互作用而实现的，所以，这一个个要素与儿童的交互作用就成为组织教学内容的要点。

综合交叉：在现实生活中，各种社会要素是综合成整体出现的。儿童在某个社会生活领域中所涉及的社会要素不是单一的，只是由于研究需要才把它分为不同的要素。交叉也是综合性的反映，它表现为各个主题所含内容之间的交叉和不同生活领域的交叉。

螺旋上升：学生的社会化进程虽然是按由近及远的规律展开的，但又不是绝对的。

思想品德新课标指出："思想品德课程以初中学生逐步扩展的生活为基础，以学生成长过程中需要处理的关系为线索，有机整合道德、心理健康、法律、国情等方面的内容，进行科学设计。

"初中学生逐步扩展的生活，尤其是处在青春期的初中学生的身心发展特点是思想品德课程设计的基础，课程从学生的生活实际出发，直面他们成长中遇到的问题，满足他们发展的需要。初中阶段的学生需要进一步学习正确处理与自我、与他人和集体，以及与国家和社会的关系。这三组重要关系依次构成了本课程的三大内容板块。每一内容板块中均涉及道德、心理健康、法律和国情等方面的具体内容。"

从以上课程的设计思路可以看出，品德课程的设计是以学生生活为基础螺旋上升的，课程面向学生的整个生活世界。课程设计充分体现了学生与自我、学生与自然、学生与社会的内在整合，课程内容充分体现了生活教育与道德教育的有机融合，整合了生活、道德、心理健康、法律、国情等方方面面的学习内容。而真实的品德课教学，则根据课程设计的逻辑，将正确的价值引导蕴含在鲜活的生活主题之中，由浅入深，由近及远，直面学生成长中遇到的问题，满足了学生的发展需要。

二、把握课程目标的层次

新课程标准提出了三维目标：知识与能力、过程与方法、情感态度与价值观。但是三维目标并不是三种目标或三个层次的目标，三维目标是相互依存、相互支持的。知识与能力目标是情感态度与价值观目标、过程与方法目标的载体，过程与方法目标是知识与能力目标、情感态度与价值观目标的纽带，情感态度与价值观目标是知识与能力目标、过程与方法目标的动力。三维目标需要整合，教学事件就是整合三维目标的“锚”。在品德课程中，教学事件是一个个主题活动，通过主题活动，学生经历学习过程，掌握学习方法，丰富知识，发展能力，获得情感体验，形成正确的态度和价值观。

由于课程是按螺旋上升式设计的，所以课程和教学目标也是递次推进的。

比如，品德与生活、品德与社会、思想品德教材中都有关于“学会合作”的主题，但是不同学段要达到的教学目标是有层次，有区别的。品德与生活课程提出的目标是“具有与同伴友好交往、合作的基本方法和技能”，品德与社会课程提出的目标是“倾听他人的意见，体会他人的心情和需要，与他人平等地交流与合作”，思想品德课程提出的目标是“逐步掌握交往与沟通的技能”。

为了实现课程目标，品德与生活二年级下册第一单元“我爱我的班集体”设计了以下主题：“集体生活真愉快”“班集体真温暖”“人人有长处，合作力量大”“我为集体添光彩”。品德与社会三年级上册第二单元“快乐的学校生活”设计了以下主题：“我和小伙伴”“我们爱学习”“我们的班集体”。初中思想品德七年级上册第二单元“个人、集体和社会”设计了以下主题：“正确认识自己”“共同建设集体”“积极融入社会”。如此设计，既有重复，又有提升。

因此，真实的品德课的教学目标既层次清楚，又相互联系，教师在教学时，一定要把握好课程目标的层次，使学生在不同学段达到不同的目标。

三、尊重学生的年龄特征

1. 学生道德感的发展

道德感是人根据一定的道德标准评价自己或他人的行为、举止、思想意图时所产生的一种情感体验。

中小学生道德感发展表现为，小学低年级学生主要以社会反应作为自己情感体验的依据，中年级学生主要以一定的道德行为准则作为自己情感体验的依据，高年级及以上学生开始以内在的抽象道德作为自己情感体验的依据。其明显的转折期是在小学三年级。同时，学生的道德感发展具有不平衡性，如义务感等情感发展得较早、较好，而像爱国主义这类高级情感的发展则相对较晚，水平也较低。初中生已经能够根据成人的社会道德标准来评价自己和他人的行为，并产生相应的态度体验。当自己和他人的行为符合初中生所掌握的道德标准时，他们就会产生愉快、满意等肯定的情感；如果不符合，则产生不愉快、厌恶等否定的情感。

2. 学生自我意识的发展

自我意识是指个体对自己身心活动的觉察，即自己对自己的认识，具体包括认识自己的生理状况、心理特征以及自己与他人的关系。自我意识是个性结构的重要组成部分。

中小学生自我意识的发展有以下特点：小学生的自我评价从他律性向自律性发展，从依据具体行为进行评价向应用道德原则进行评价发展，从根据行为的效果进行评价向把动机与效果结合起来进行评价发展，从正确评价别人的行为向正确评价自己的行为发展；到了初中阶段，学生日益能够自觉地认识和评价自己的个性品质和内心体验，从而更独立地支配和调节自己的行为与活动，懂得了自我反省，同时自我批评能力和自我体验也在不断发展，初中生自我体验的发展体现为出现成人感，产生自卑感，增强自尊感等。

3. 学生同伴关系的发展

同伴关系是除父母之外的一种重要的社会关系，是学生实现社会化的重要手段。

小学时期，同伴团体一般可分为有组织的团体和自发的团体两种。在班集体（有组织的团体）发展方面，刚入学的小学生还没有形成真正意义上的班集体观念，到一年级下学期，他们才能初步形成班集体的观念。二年级学生已能明确地意识到自己是班集体中的一员，能逐步把班集体的要求转化为自己的要求，把班集体的荣誉当作自己的荣誉，服从班集体的要求，完成班集体交给的任务。同时，从这时起，班集体成员的适应能力发生了分化，一部分成为班集体的骨干和积极分子，另一部分成为班集体的普通成员。到了中高年级，学生的班集体意识日益提高，初步懂得了自己的利益与班集体的利益之间的关系，能自觉服从班集体，维护班集体的利益。在自发团体发展方面，自发团体有时是班集体的补充，有时是班集体的对立面，一般可分为以下几类：一类是新社会团体，如学雷锋小组；一类是非社会团体，如各种兴趣小组；一类是反社会团体。

日本心理学家广田君美对小学生同伴团体的形成与发展进行了研究，提出了五个发展时期。

第一，孤立期（一年级上半学期）。处于该时期的小学生还没有形成一定的团体，还在对与谁交朋友进行探索。这时，教师可开展“认识我的新同学”等主题活动，引导学生互相交流，互相认识。

第二，水平分化期（一至二年级）。处于该时期的小学生因空间的接近，如同桌、同路等因素而建立起一定的联系。教师可通过“夸夸我的同学”等活动，引导学生树立正确的择友观。

第三，垂直分化期（二至三年级）。在该时期，因学习水平和自身能力的不同，分化出处于支配地位和被支配地位的学生。教师可通过“岗位轮值”等活动，引导学生都成为班集体的积极分子。

第四，部分团体形成期（三至五年级）。处于该时期的小学生开始分化并形成若干个小集体，还出现了统帅小集体的领袖人物。成员的团队意识增强，出现了制约团队成员的行为规范。教师要特别注意培养健康、积极的团队，避免班级出现消极文化。

第五，集体合并期（五年级以后）。各个小集体之间出现了联合，形成了大团体，并出现了统帅全年级的领袖人物。教师要积极创造各种机会，让学生在年级活动中展示和交流。

初中生的同伴关系是一种相互平等的关系，所以，到了初中阶段，知心朋友对其发展的影响比父母、师长还要大。初中生的同伴关系比较复杂，有不同的分类。有人按照社会距离把初中生的同伴关系分为以下几种。

第一，知心朋友。完全信赖、心心相印的朋友。

第二，亲密朋友。可以交谈个人问题的朋友。

第三，好朋友。相处很融洽，但不觉得有特别深的情感上的联系。

第四，熟人。只是相互认识而已。

第五，集体内共同活动的人。共同参与一项活动的人，但在其他方面没有来往。如校友，都属于同一所学校，但年级不同。

第六，旁观者。只知道名字，但没有交往过。

初中生同伴关系形成的原因有相互接近、同情挚爱、集体合作、年龄相仿等。初中生同伴关系发展的特点有选择性、亲密性、易变性。

因此，教师应当经常组织健康、有意义的集体活动，开展择友教育，使初中生树立正确的友谊观。

第四节　课堂内外一体化

育人是学校教育的最终目的。学校德育的效果究竟如何，学校德育内容的时效性、德育对象的针对性、教育效果的有效性都值得我们冷静审视。

德育即道德教育，包括价值取向和外在表现两个方面。道，为代表国家意志向学生传达的道理，它引导和规范学生内心世界的“想”；德，为外在表现，即学生在无人监察的情况下如何做，即实践“道”。道要体验，德要修行。使“想”和“做”二者高度统一，是学校德育的目的。中小学德育的价值取向不在于刻意落实多少知识和能力，而在于将国家对青少年的道德要求内化为学生的内在品质，外显为学生良好的道德行为。因此，面对德育课程，我们不能单纯地把目光放在教材和课堂上，而应放在一个更广的视野中，注重课堂内外一体化，充分调动家庭、学校、社会三方面力量来促进德育课程的实施，从而全面实现德育课程的目标。

黄向阳博士在《德育原理》一书中提出，在当前复杂的社会环境下，学校德育面临着许多明显或潜在的威胁。第一，学校或班级是相对独立的单位，有其自身的利益和价值取向，如果把维护纪律、利益和教师权威放在首要位置，学校德育和学校管理及课堂管理的关系就会颠倒，德育就会异化为学校管理和课堂管理的一种工具或手段，于学生的品德发展不利。第二，不少社会人士甚至部分教师盲目地相信和夸大学校德育在学生道德发展中的作用，其结果是忽视了许多可以利用的教育力量。事实上，教师和学校没有能力包办学生所有的道德教育。第三，道德相对主义的影响。道德相对主义者认为，个人有个人的道德，社会也有社会的道德。不同的人有不同的道德，不同文化背景下的人群、民族和社会有不同的道德。对个人来说，道德是一种口味，各有所好；对社会来说，道德是一种习俗，各不相同。道德是相对的，就像不能强求人人有一样的口味那样，也不能强求人人有一样的道德。

以上威胁，第一种和第二种来自学校本身，第三种则来自西方现代社会，它否认了德育的必要性。这些威胁无疑会影响学生的价值取向，影响德育课堂的效率。

因此，课堂内外一体化强调的是，教师作为教育者和管理者，应从教育和管理等多个方面进行考虑，在不能兼顾的情况下要秉着坚定的道德信念，以促进学生品德形成与发展为本。课堂内外一体化有两个内涵：其一，学校和教师要克服利益本位的冲动和习惯，把促进学生品德发展和社会道德进步放在首位；其二，强调知行统一，教学不但要提升学生的道德认知，激发学生的道德情感，还要促使学生将认知和情感落实到生活实践中。

教师在真实的品德课上实施课堂内外一体化的过程中要做到以下几点。

一、直面真实的两难情境

在一个价值多元化的社会中，道德两难现象处处存在，这是教师无法回避的问题。当教学过程中出现道德两难现象的时候，为了使教学过程流畅，为了顾及教师的面子，为了学校的利益等，教师往往对此或忽略，或轻描淡写。如对“朋友考试作弊该不该揭发”这样的道德两难问题，教师是要从维护学校秩序方面来引导，还是要从忠实于友谊的道德原则来引导？因为不知该如何解决，教师便常常把问题忽略过去。殊不知，如果无法解决道德两难问题，学生就不可能真正认识到正确的价值取向。

杜时忠、卢旭在《多元化背景下的德育课程建设》一书中指出，道德的核心是处理各种关系，而关系是发生在真实的生活之中的，若离开了真实的生活，没有真情实感，缺乏经历与体验，学生是难以形成德行的。因此，为了促进学生深层体验，使学生获得深刻认识，教师应该积极设置道德两难情境，引导学生在情境中就道德两难问题展开深入而全面的讨论，引导学生在多元价值取向中做出正确的、合理的选择，培养他们的价值辨析能力和道德判断能力。

那么，什么是道德两难情境呢？道德两难情境涉及两条或多条道德规范，而且，这些道德规范在情境中发生了不可避免的冲突。这种冲突包括个体需要和社会价值取向的冲突，正确价值取向和现实的冲突，个人利益和集体利益的冲突等。这些能够引起学生道德冲突的活动，才具有道德价值。如要不要将好朋友的不良行为告诉老师的冲突，说不说真话的冲突等。有些冲突是比较简单的行为习惯方面的，有些冲突则是比较复杂的道德观点方面的。

1. 创设道德两难情境

黄向阳博士认为，道德两难情境是颇具教育效果的道德教材，不仅可用于促进学生的道德判断力发展，也可用于提高学生的道德敏感性，使他们更加自觉地意识到各种不同的道德规范在现实生活中可能存在的矛盾和冲突，意识到自己同别人在道德价值取向上可能存在的矛盾和冲突，还可用于提高学生在道德问题上的行动抉择能力，深化学生对各种道德规范的理解，提高学生的道德认识。

那么，教师如何创设道德两难情境呢？笔者认为刘天娥老师在《真实道德情境——提高道德教育有效性的重要途径》一文中对此做出了很好的解答。

在虚拟道德教育情境中，无论我们把教育内容设计得多么复杂或多么逼真，它都带有“游戏的”或“戏剧的”性质。在这种情境中，难以培养学生洞察事实真相的能力。因此，笔者主张在真实道德教育情境中，合理安排德育内容以引发受教育者真实的道德冲突，在解决道德冲突的过程中培养受教育者的洞察事实的能力和道德判断、行为抉择能力，这就要求教师要恰当地设计真实道德教育中的道德冲突。具体来说，应该做到以下几点。

其一，道德冲突的设计要符合学生的一般发展水平和道德认识发展的基本阶段。教育者必须精心地分析在真实道德教育情境中预设的或生成性的道德冲突中所隐含的道德价值取向，并有目的地加以利用、引导和控制。笔者在中小学校经常遇见这种事例：卫生大扫除的时候，老师让同学们分组劳动，并安排每位同学带一样工具来，不能不带或多带，最后根据劳动结果评选出优秀小组来。结果总有少数同学不带，也有部分同学多带。这种多带工具的同学显然面临了道德冲突：是违背老师的要求，还是考虑小组的利益。笔者认为在这种情况下，教师要敏锐地发现这一教育契机，并合理地加以利用。事实说明多带工具的学生有了一定的责任感和集体荣誉感，这是一种积极健康的道德价值取向，教师应给予表扬，并进行积极的引导。

其二，道德冲突的设计既要贴近学生的生活和经验，又要有目的地提升学生对生活的道德理解。脱离学生生活、经验以及内在道德需求的道德教育是不可能取得良好的效果的。以真实道德教育情境为基本前提的道德冲突设计，首先必须贴近学生的经验和生活，因为对学生来说，生活和经验是最真实的，但仅仅贴近学生的生活和经验，而不能有效地提升学生对生活的道德理解，其道德教育的效果也是有限的。因为，并非所有生活、经验都具有较高的道德教育的价值，只有那些来自于解决真实生活中道德冲突的实践和经验，才有可能促进学生的道德发展。因此，教师应深入了解学生的真实生活，组织丰富多彩的学生活动，及时发现生活和活动中恰当的道德冲突，积极加以引导，深化学生对生活和学习的道德体验。

其三，道德冲突的设计要适合不同学生道德发展的需要，为他们自主参与道德活动留下足够的选择和发展的空间。教师应善于观察和判断不同学生在道德认识和道德行为方面发展的临界点，帮助他们选择不同的教育活动，引导他们进行有针对性的体验、反思。

刘天娥老师在文章中还展示了一个典型案例。

前不久，笔者深入一所中学，和教师们一起参加学生道德活动，以下是一个成功的学生参与道德活动的案例。

上课铃响后，七年级（2）班班主任梅老师抱着一摞信走进教室，对同学们说："今天班会的主题是'再给自己一个自画像'，请同学们将自己的优点、缺点、爱好和愿望写下来。"同学们纷纷拿出纸和笔，给自己画像。梅老师将信一一地放到同学们的桌子上，十几分钟过去了，梅老师说："现在请同学们打开信封，这是本学期第一周的班会上你们给自己的'自画像'，请同学们对比一下，看看你的形象发生了哪些变化？你的愿望实现了吗？你为实现这些愿望付出了哪些努力？"同学们争先恐后地发言。有人说："我的字变漂亮了。"有人说："我成功地减肥了！"有人说："我没有以前马虎了。"有人说："我不去网吧玩游戏了。"……梅老师总结了大家的发言："同学们在付出了辛勤的劳动后，才得到这一丰硕的果实，哪位同学付出的越多，哪位同学取得的进步就越大，这就是'一分耕耘，一分收获'。"

这个案例的成功之处在于以下三点：其一，在开学初，班主任要求每位学生自制一个信封，投进自己的自画像，并写出自己的心愿，这样就充分考虑了不同学生道德发展的不同特点，为每个学生都能积极参与此活动创造了条件。其二，道德冲突的设计贴近学生的经验、生活和不同学生道德发展的临界点。由于学生的心愿只有在努力的过程中才能达到，因此每个学生都将面临属于自己的道德冲突。当他们自己解决了这种真实的道德冲突时，就能获得道德成长。其三，学期快结束了，同学们再次给自己“自画像”时，由他们自己来评价自己，这样就给学生留下了解决道德冲突的时间、空间，并能使学生真正体验到完成心愿的愉悦情感。

创设道德两难情境的方法还有很多，如寻找学生生活中遇到的难题，寻找正确价值取向与社会主流价值取向相矛盾的相关事件。

2. 应对道德两难问题

当教学中出现道德两难的问题时，教师应该如何巧妙地应对?

黄向阳博士认为，道德两难问题是开放性问题，每个难题都没有标准答案，而且存在多种可能的选择。这些答案互不相容，相互对立，使得这类问题对学生的思维极具挑战性，刺激学生对它们做出认真地思考，使真正的探究成为可能。因此，应对道德两难问题的策略有以下几点。

(1) 鼓励学生探索与创造

对于学生的选择、意见，教师不应给予一锤定音式的道德裁决，不应做非此即彼的判断。如面对“朋友考试作弊该不该揭发”的问题情境，教师要以促进学生道德发展为基本取向引导学生展开讨论，学生基于不同的理由（如诚实、公平、遵守校纪、忠实于友谊等）做出的不同判断，都应受到重视和鼓励。如此教育学生的教师，并不担心自己的学生会以忠实于友谊为借口包庇朋友，因为受到这种教育的学生，比没有受到这种教育的学生，更有可能在实际生活中做出理智的决断。在这样的道德情境中，促进学生道德发展是第一位的，维护学校利益、学校秩序是第二位的。如果为了维护学校利益、学校秩序而压制学生的道德发展，就有悖于学校道德教育的宗旨了。

(2) 引导学生主动探索、自主构建

充满好奇、乐于探究自然和社会的奥秘是学生的天性，这种主动探索正是他们构建自己的道德世界的重要方式。教师应引导学生通过问题讨论、角色扮演、跟踪观察、调查等方式体验道德两难情境。如可设置大量问题，给学生自主选择的空间。“遇到这种情况，你会怎么办?”“你的心情怎样?”“此情此景，你将如何对待?”“面对……，你将如何处理?”

(3) 引导学生在解决真实问题中构建道德世界

重庆市渝中区中一路小学的张莉老师在《面对课堂教学中生成的新问题》一文中对这一策略进行了较详细的阐述。

“校外探路”是人教版品德与社会三年级下册第四单元“寻路与探路”中的第二课。这一课的教学目标是引导、组织学生观察、熟悉学校周边环境，帮助学生从实际生活中获得相关体验；学会正确辨认方向，了解路线图的作用，能用简单的图形画出学校周边的路线图。

在试教本课时，我组织学生开展了一次到学校周边探路的活动。活动中，学生以学校大门为中心确定方向，然后根据自己的意愿分成东、南、西、北四个小组，从四个不同的方向出发，进行实地探路。由于学生留心观察，做了比较详细的文字记录，采集了标志性建筑的图片，因而比较顺利地完成了预设的教学目标。

但是，学生在考察中却惊异地发现，在学校附近一条长 200 米左右的街道上，竟开设了 17 家发廊。“这么多发廊都是什么时候开张的？为什么都选择在这条街道上开店？竞争如此激烈，他们的生意是不是很好?”一个个问题，就像是一团团火苗，将学生探究、解决新问题的渴望燃得旺旺的。是将学生在课堂教学中生成的新问题置之不理或轻描淡写地议一议，还是积极创造条件组织学生参与实践，体验生活？我选择了后者。没料到，在接下来的活动中，学生的积极性空前高涨，丝毫没有觉得这是教材以外的“附加题”，其间更有许多的体验和收获。

通过试教反思，我对新课程有了深一层的体会。教学是有目标、有计划的活动，预设是它的基本要求；然而在教学中，又有很多问题是无法预设到的，因为教学的主体——学生是开放性的、创造性的存在，他们作为一种活生生的力量，带着自己的知识、经验、思考、灵感、兴致参与课堂活动，并成为课堂教学不可分割的一部分，从而使课堂教学呈现出丰富性、多变性和复杂性。可见，教学是预设与生成的矛盾统一体。如我试教“校外探路”一课，教学已经完成了预设目标，可学生在学习的进程中，又产生了新的感受和疑惑，这时教学就不能拘泥于预设的固定不变的程式，而应开放地接纳始料未及的体验，鼓励师生超越目标预定的要求。一课预设的教学目标只是培养中的“中点”，教师切不可把它当作“终点”，以“目标”取代“目的”，否则就会阻碍人的发展。

当然，引导、组织学生探究他们自己在学习进程中对某些生活现象产生的问题，结果可能并不理想。如在调查中，不少的被采访者（发廊老板）拒绝或敷衍学生的访问，使部分学生的调查受挫。但学习强调的是过程，强调的是学生探索新知的经历和获得新知的体验。又如个别学生通过自己的观察和对邻居的采访，了解到哪几家发廊装修有特色；哪几家师傅技术高超；也有的学生为了采访发廊老板，特意去理发或动员家长去理发，从中感悟到：要想获得采访者真实的想法，必须主动与其沟通。可见，强调探索过程，意味着学生要面临问题和困惑，挫折与失败，同时也意味着学生可能花了很多时间和精力，结果却一无所获。但是，这却是一个人的学习、生存、生长、发展、创造所必须经历的过程，也是一个人的能力、智慧发展的内在要求，它是一种不可量化的“长效”，一种难以言说的丰厚回报，而眼前耗费的时间和精力应该说是值得付出的代价。

现代心理学认为，一切思维都是从问题开始的。教学要促进学生思维的发展就应当培养学生的问题意识，成功地使学生产生问题的教学才能让学生在成长路上收获更多。新课程提示我们：学习，需要带着新问题上路！

二、知行统一

新课程改革转变了品德课的课程价值取向，即由培养研究道德的理论态度转向践行道德的实践态度。这种转向要求德育课程不能将道德视为与学生生活无关的学习和研究的对象，而应将道德视为生活的构成性因素，引导学生通过对自己生活经验的整理、反思，在课程学习与实际生活的互动与融合中做到知行统一，成为一个有道德的人。

而真实的品德课，不但能让学生获得道德认知和深刻体验，更重要的是能以体验为纽带，促使学生将认知落实到道德实践中。那么，教师如何在真实的品德课中促使学生做到知行统一，成为有道德的人呢？

1. 师德表率

教师，是促进学生知行统一的榜样。一位行为良好、品德高尚的教师带给学生的是愉快的情绪。对于品德课教师来说，行为示范更为重要。笔者曾就“你喜欢怎样的老师”这一问题对小学六年级的学生做过一次调查，结果显示，学生喜欢这样的教师：活泼开朗、幽默风趣、富有爱心、和蔼可亲、公平公正、教学方法新颖。因此，品德课教师要用良好的行为习惯给予学生正确的导向，用自己的生活热情激发学生对生活的热爱，用自己的善良唤起学生的爱心，用自己的公平公正引领学生遵规守则、平等待人。如看到讲台桌面脏了，不能忽视不管，而要将其擦干净后再放自己的讲义；处理学生的矛盾和冲突时，要深入学生了解情况，循循善诱，不偏不倚；遇到弱势群体，应主动伸出援助之手；在学生面前出错，应诚恳道歉，积极反思；当班级利益和学生个体利益发生冲突的时候，应尊重学生，将学生的道德发展放在第一位……人无完人，教师不必用完美来要求自己，但教师呈现在学生面前的应该是真实、丰富、善良的人，只有这样，学生才会爱之、信之。

2. 课堂感染

道德是富有感染力的。如果学生长期处在团结友爱的课堂氛围中，耳濡目染，就会习得关心他人、体谅他人、乐意合作、乐意分享等亲善品质。相反，如果学生长期处在人际关系紧张、相互戒备、充满敌意和排他性竞争的课堂氛围中，就会形成自私、偏狭、互不信任、互不合作等不良品格。

3. 课堂延伸

牟希君老师曾对课堂延伸进行过详细的论述。他认为，课堂延伸是课堂教学中的一个重要环节。一个好的课堂延伸，能激活学生的兴趣，启发学生的思维，进而对学生掌握知识、形成技能、发展能力起到积极作用，因而被视作课堂教学的生命继续，也是课堂教学效果的巩固与最大化。

要有效把握课堂延伸，需要做到以下几点：（1）体现新课程理念；（2）体现有效性；（3）体现行动性；（4）体现生活性；（5）体现情感性。

需要强调的是，课堂延伸仅仅是日常课堂教学的一种形式与手段，它必须服务于教学内容与教学目标。教师应从品德学科的教学本质出发，根据教学内容和教学主题的需要，精心筛选延伸内容，从课堂延伸的有效性、开放性、生活性和情感性等层面选取延伸形式，适度控制延伸容量，准确把握延伸时机，自然到位地把课堂延伸融入到课堂教学主题中来，使之成为课堂教学内容的有机组成部分。

4. 以评促行

评价是促进学生将道德认知与道德行为有机结合的重要手段。品德课评价的根本目的在于帮助学生形成良好的品德，积极促进学生社会性的发展。评价要遵循认知和操行相统一的原则。

那么，如何遵循这一原则，进而通过评价促进学生将道德认知转化为道德行为呢？一是注重反思性评价，引导学生调整自己的行为；二是注重追踪性评价，引导学生巩固良好的行为；三是注重交互式评价，引导学生学习身边的榜样。

第五节 学科之间软边缘

学生需要什么样的德育？怎样的学校德育是真正为学生所欢迎的？让我们来看看著名教育家苏霍姆林斯基的故事。

苏霍姆林斯基所在的帕夫雷什学校在每年新生入学时，都会在面对大门的墙壁上挂上这样的标语："要爱你的妈妈！"有人问苏霍姆林斯基为什么不挂"爱祖国""爱人民"之类的标语？苏霍姆林斯基回答："对于七岁的孩子，不能讲这么抽象的概念。而且如果一个孩子连他的妈妈都不爱，他还会去爱别人、爱家乡、爱祖国吗？爱自己的妈妈易懂易做，也为日后爱祖国、爱人民的教育打下了基础。"

苏霍姆林斯基以其亲身的实践，向我们提出了德育课程首先应该是能为学生所理解和接受的课程。这给我们的启示是极其巨大的。

一位青年教师执教"毛泽东看望徐特立"一课，这是关于"尊师"的一篇经典课文。教师做了精心的准备，还用上了图片、录音、录像等。课上，教师生动地讲述了当年毛泽东亲自看望自己的老师徐特立老人的故事，可学生的反应十分平淡，教学效果不是很好。

课后，课题组对学生进行调查，问他们："你们上课前知道徐特立老爷爷吗？"学生回答"不知道"。

课题组又问该青年教师，她对徐特立竟然也不太了解。

这个案例值得我们思考：教师和学生都没有自己的感受，仅仅是刻板地教与学，课文内涵和精神可以透过文字学到吗？用这样脱离学生现实状况的教学素材，怎么能够调动起学生的学习积极性和参与热情呢？

德育效果不佳的症结在我们对学科的认识、教材的理解、执行的思想，以及我们在这种思想指导下对教材的处理上。

因此，我们要关注学生完整的生活世界，认真分析教材中选用的道德人物和道德事件，了解它与处在成长中的学生的最近发展区和实际生活存在的距离，从而让教学符合学生的思想基础和生活经验，只有这样才能对学生产生吸引力和冲击力，从而提高教学效果。

可以这么认为，品德课既是国家课程，因为课程标准是国家制定的；又是校本课程，因为它的实施需要校本化，它的校本化程度高于其他国家课程的校本化程度。

那么，如何结合学校和学生的实际，软化学科边缘，整合教材内容和学生现实生活，探索以校本化、课程化、体系化为特征的真实的品德课，提高教学效率呢？

一、链接各学科资源

其实，在各学科教科书中，有许多知识是贯通的。如品德与生活一年级下册第二单元是“春天来了”，而小学语文人教版一年级下册第三单元的内容也是以春天为主题编排的。无疑，品德与生活课能够为学生提供丰富的生活体验，语文课则为学生感受春天积累了丰富的间接经验。

因此，教师要通读学生所在年级的各学科教科书，了解学生各学科的学习内容，这样才有利于深入学生的学习生活，让学生在真实的生活情境中学习和感受。

有一位教师曾说，她在上三年级下册“画画我们成长的地方”这一单元，向学生介绍东、南、西、北四个方位的辨认方法时，底下的学生大声嚷嚷起来：“老师，这个在数学课上说过啦！”就这样，精心准备的一堂课学生再也无心思细听。教师如果了解学生各学科的学习内容，类似情况就可以避免了。

我们可以比较一下数学中“位置与方向”与品德与社会中“画画我们成长的地方”的教学目标。

“位置与方向”的单元教学目标：

1. 在以前学习上、下、左、右的基础上，结合具体情境主动构建出东、南、西、北、东北、西北、东南、西南八个方向。

2. 能够用给定的一个方向（东、南、西、北）辨认其余的七个方向，并能够使用描述性的语言描述周围事物的方位。

3. 会看简单的路线图，能描述行走的路线。

4. 培养观察能力、空间想象能力和解决实际问题的能力。

5. 渗透初步的辩证唯物主义目标，学会在合作交流中学习，经历辨别方向和担当一定的社会角色的体验，进行服务他人、服务社会的道德体验。

(以上内容约4课时完成。)

“画画我们成长的地方”的单元教学目标：

1. 了解平面图的用途，能看懂简单的平面图，认识平面图中的方向及图例，能在平面图中找出某一地点的位置。

2. 懂得画学校简单的平面图，能用简单的图形表示学校建筑。

3. 学会用简单的图形画出学校周边区域简单的平面图和路线图。

(以上内容约9课时完成。)

通过观察发现，品德课注重让学生根据方位画平面示意图，使他们懂得利用图形、符号和文字将一定范围内的设施和景物正确地画下来，培养学生的生活能力，为以后地理知识的学习做铺垫。数学课主要是让学生认识方位，在看懂的基础上进行辨认，懂得运用语言进行描述。

所以在教学设计上，我们打破学科之间的界限，将品德课与数学课联系起来，设计了“一起画学校”一课。

1. 导入

直接展示数学教材中的片段，学生眼前一亮，觉得非常新奇，带着疑惑进入课堂。

2. 拼图游戏

将学校各方位的主要景观用课件显示出来并打乱，请同学们运用多媒体将它们移到正确的位置。

在学生拼完图后，教师联系方位使学生进一步理解八个方向。(因为数学课已经详细讲过，这部分内容就可以略讲)

3. 享受画图的乐趣

(课件投影学校全貌。)

师：怎么将我们美丽的校园呈现在纸上呢?

引导学生小组研究讨论如何画平面图。(教师课前可向美术老师了解画地图的步骤和构图的色彩搭配)

学生小组合作完成画学校平面图的任务。

4. 展示作品

将学生的作品在教室中展示，或让他们拿回家向家人介绍自己的学校。

这样的教学设计贴近学生的学习生活，也能让学生感受到各学科的联系，不至于形成“重考试学科，轻考查学科”的学习态度。

二、整合班级资源

1. 与班级文化建设相结合

班级文化是一种个性文化，代表着班级的形象，体现了班级的生命。它是班级全体师生共同创造的财富，是全体师生共同劳动的结晶。它是一个动态的、发展的系统工程，它的主体是学生。

班级文化是一个班级的灵魂，是每个班级所特有的。班级文化可分为硬文化和软文化。所谓硬文化，是一种显性文化，是可以摸得着、看得见的环境文化，也就是物质文化。如教室墙壁上的名言警句，利于学生交流的桌椅布局，展示学生各方面能力的“我的风采”，悬挂在教室前面的班训、班风等醒目图案和标语等。所谓软文化，是一种隐性文化，包括各种班级规约，关于班级、学生、社会、人生、世界、价值的种种观念，学生的言谈举止和精神面貌（即行为文化）等。

教师要善于引导学生通过品德课的学习建设班级的显性文化。如执教品德与社会三年级上册“让我们学会合作”时，可以设计一个很漂亮的花环，在每朵花中都放一张学生的一寸照片，中间再加上学生的集体照或学习生活照，在潜移默化中促使学生形成班级荣誉感和团结合作的精神。品德与社会五年级下册“展示集体的智慧”中要求学生设计班级网页，很多学校都没有这种条件，但我们可以将这一活动变为开展班徽设计比赛，然后将大家选出的最佳设计方案定为班级的班徽，悬挂在班级醒目的位置，这有助于学生产生自豪感，对班级产生认同感，有助于挖掘学生的创造力、合作力，有助于加强班级的凝聚力，增进学生间的了解和信任。

苏霍姆林斯基曾经说过，要使教室的每一面墙壁都具有教育作用。只要教师们有心，将品德课与班级文化相结合，一些教学目标就可以在显性的班级文化中达成。

实践证明，优美的班级环境具有“桃李不言，下自成蹊”的特点，能使学生在不知不觉中自然而然地受到暗示、熏陶和感染，能给学生增添无穷的学习乐趣和生活乐趣，同时带来希望和活力，使教室成为一个令人愉悦的场所。

不过，建设好班级的硬文化环境，只是给这个班级披了一件好看的外衣，班级真正的精神面貌还要看班级软文化环境的建设。班级软文化环境是班级文化环境的核心，最能体现班级个性。班级整体形象的优劣最终将取决于班级软文化环境是否健康。

品德课许多主题的学习要求中都有关于情感态度与价值观的关键词：热爱学校，尊重学校劳动者，感受同学之间相互帮助、平等相处、真诚相待、讲信用的友爱之情，关心集体，养成良好的学习习惯，与人合作，遵守规则，民主意识等，这些都是优秀班集体的隐性文化。如在三年级上册“为我们生活服务的人”这一主题的学习中，通过调查访问学校的劳动者，学生不仅形成了对劳动者的尊敬之情，也懂得了人与人之间是需要相互尊重的；在“我和小伙伴”“我们爱学习”这两个主题的学习中，学生懂得了在集体中要相互帮助，彼此谅解和谦让，共同学习，共同进步；在“我们遵守规则”这一主题的学习中，学生在制订班级公约的同时，明确奖惩方法，懂得了“无规矩不成方圆”的道理，养成了遵守校规班规的习惯。通过品德课学习，友好相处、气氛融洽、积极向上、团结互助的班风就能够逐渐形成。

2. 与班级日常管理工作相结合

教学内容只有与班级日常工作相结合，才能走进学生的真实生活，走进学生的心灵世界。品德课中的许多主题与班级日常管理工作是紧密相连的。如执教品德与社会五年级下册“自主选举班委会”这一主题时，要与班队活动相贯通，真真正正地进行一次让学生自己选举班委会的活动，教师只对选举程序做说明和解释，然后放手让学生去做。通过活动，学生不仅可以认识到并行使自己应有的权利，而且能学会全面、客观地认识自己和他人，这对班级管理是有益处的。

如果你刚好是班主任又准备换届选举班委会，那么这节品德课就提供了一个范例。

如果你不是班主任，那么在学期初就可以先与班主任协商，然后将这部分内容调到品德课第一节课来上。

如果你不是班主任且班主任不准备进行换届选举班委会，那么可以增设一个班级没有但有必要设置的岗位（如班级纪律监督员、好人好事记录员等），让学生感受民主选举的氛围。

教学过程设计如下所示。

（1）原班委会成员阐述自己负责的工作职责，自己在班级工作中遇到的问题和感受。

（2）每个同学对原班委会成员说一句感谢的话。（让原班委会成员有成就感）

（3）阐述选举的程序，确定候选人。

（4）选举的前期准备，任务安排。

（5）候选人竞聘演讲，投票选举，最终新上任的班委会成员发表自己的当选感言。（教学建议：这个内容可能需要两课时，学生做竞聘准备前，教师最好能找到关于竞选的一些录像供学生参考）

3. 与班队活动相结合

人的发展是在具体的实践活动中实现的，学生良好的思想品德是在集体生活中形成的。学校班队活动丰富多彩，真实的品德课需要巧用班队活动资源，开发班队活动的教育价值，进行德育。

班队活动可以分为日常性的活动与主题性的活动两大类。日常性的活动是学生锻炼、成长的机会，教师可以让学生自主参与到活动中去，如班队会、晨会、班委选举、少先队活动等，都可以放手让学生参与设计、实施。

主题性的活动是更加集中、综合的教育活动，但在实践中存在着活动缺乏教育价值的问题：在活动主题选择上，缺乏对学生发展问题与成长需要的关注；在活动设计上，缺乏整体设计；在价值追求上，缺乏学生立场和教育意识；在活动方式上，以少数学生的机械表演为主，即便相当精彩，也是价值有限。

因此，我们要充分利用、巧用班队活动资源，将其结合到品德课主题教学中，进行整体设计，努力实现每一次活动都有一个鲜明的主题，形成以学生成长为主线的活动系列。如学校组织的春游、秋游活动，品德课可巧用这一活动资源，先让学生感受集体活动的趣味性，指导学生制订“发现之旅”的计划或活动方案，使学生在制订活动方案的过程中感受在集体生活中民主意见的重要性及少数服从多数的原则。

三、利用地方资源

品德课程标准肯定了乡土教育资源的教育价值和教育意义。学校所在地的自然风光、风俗人情、文物古迹、故事传说等都可以成为有效的品德课教学资源。

如教学品德与社会四年级上册“来自不同家乡的文化瑰宝”时，教师可以利用班上学生来自不同的地方的特点，充分挖掘学生家乡的资源，也可以结合当地特点开展教学活动。

笔者曾观摩过一节关于鼓浪屿的课，印象深刻。以下是听课随笔。

“鼓浪屿风貌建筑欣赏”一课听课随笔

鼓浪屿是我国风景名胜，有着“海上花园”“音乐之岛”“钢琴之岛”“万国建筑博物馆”之美称。人民小学利用鼓浪屿优美的自然景观、丰厚的人文环境、百年的历史文化，开发了“鼓浪屿文化”校本课程。我们参加研讨活动时，听了人民小学一位教师执教的“鼓浪屿风貌建筑欣赏”一课。

教师先引导学生认识身边的鼓浪屿风貌建筑，让学生把自认为有特色的、很美的或者是著名的建筑说出来与大家交流。学生有的喜欢八卦楼，因为八角形的平台很美；有的喜欢天主教堂的屋顶，因为它的外形像火箭；有的喜欢三一堂，因为它的屋顶是三角形的；有的喜欢春草堂，因为它的周围长着碧绿的小草，还有高高的柱子，白色的砖就像白色的花边……教师尊重学生，让学生畅所欲言，学生将自己眼中的鼓浪屿建筑的美与大家分享，师生共同从颜色、形状等方面欣赏美。

接着，教师播放鼓浪屿风貌建筑的课件，并配上解说，学生欣赏了美丽的鹿礁路上的建筑、幽静的漳州路上的建筑、秀美的田尾路上的建筑。播放课件，其实是在教给学生整理资料的方法，使学生懂得按照路线来解说鼓浪屿的建筑。教师的解说，提升了学生对建筑美的认识，使课堂上渐渐凝聚了一种历史的厚重感。

接着是“我们的小发现”环节。教师让学生小组交流，五个小组分别是门楼组、柱式组、廊道组、屋顶组、窗户组。他们在组内交流自己发现的美，并选出他们认为最美的一张图片上台向大家展示、汇报。

一节课就是一次探究，打开了学生认识鼓浪屿的窗口，激发了学生对建筑、对生活、对家乡的热爱。未来的建筑师很可能在这群人中产生，他们将会是充满生活情趣的人。

一节课就是一次探究，学生擦亮了眼睛，观察得多仔细呀，想象力多丰富啊！观察与想象使学生的语言更真实具体、生动活泼，使学生充满了灵性。

四、巧用家庭资源

课堂时间毕竟是有限的，要想让教学活动更实在、更高效，必须突破时间、空间的限制，从整体出发，充分利用、优化教材，有效地利用各种教育资源。如在三年级上册“温暖的家”这一单元中，课堂上为了让学生体会到爸爸妈妈养育自己的艰辛，教师随机采访了几位家长，家长真实感人的述说就是最好的教育资源。除此之外，在课前，教师还安排学生收集自己成长过程中的照片，向爸爸妈妈询问自己出生时的身高、体重等，又利用语文教学中的《我的家》一课，让学生体会了伟大的父爱、母爱。课后，教师安排了调查活动，让学生家长填写调查表，看看学生在活动之后能否真正做到孝敬父母。

课堂上的活动不是孤立的，它有着课前的铺垫、课后的延伸，有着社会、家庭的参与和支持。空间的拓展、时间的延伸，能使我们看到更真实、更可爱的学生。课前的调查、访问等，本身对学生就是一种教育。课堂上学生表露自己的思想，与其他同学的观念相互碰撞，这种碰撞产生的火花越亮，对学生的教育越深刻。

五、积累生成资源

课程具有逻辑上的一致性，各个年级之间始终存在着紧密的内在联系。许多先前学习过的内容对于后续的学习来说，都是宝贵的、有价值的资源。

如四年级上册“请到我的家乡来”这一单元需要学生制作家乡手册。这一活动的成功，取决于前面的学习，若学生在之前的学习中提高了对家乡的认识，便能制作出有特色的家乡手册。因此，教师要提前为这一活动做准备，将整个单元中学生的学习成果积累起来，将其作为制作家乡手册的主要材料（包括观察家乡的记录、从不同视角画的“我看到的家乡”、家乡的生产和生活比较等）。

六、筛选有效资源[①]

教师认识课程资源的作用并不难，收集和运用课程资源的方法，经过一段时间的训练也可以掌握，但是这并不意味着教师就能够把资源运用到位。品德课不是资源的展示课，其课程性质也拒绝对资源的滥用。因此，真实品德课课程资源的有效性，取决于这些资源是否与学生的实际生活、经验、能力乃至情感联系起来。教师的眼光决定了课程资源的质量，教师的教学技能决定了课程资源的使用水平。

如品德与社会三年级上册“友爱残疾人”一课，有这样两个设计。

设计一：

目标：了解残疾人在生活上的不便，同情、理解和尊重他们；愿意为他们做力所能及的事。

程序：让学生闭眼做事，体验盲人之苦；用手说话，体验聋哑之苦；单手做事，体验肢残人之苦。

设计二：

目标：懂得自助与他助，体会信任与被信任。

程序：学生蒙上眼睛，在教室里独自一人行走（适当设置障碍），体验无助甚至恐惧；一半学生扮演盲人，另一半学生扮演帮助者，重新体验；所有学生都扮演盲人，但两人一组，相互帮助；学生交流体会。

在设计一中，教师关注的是品德，“同情、理解和尊重”都是作用在学生的品德认知层面的，其学习内容来源于教科书，用的是平面处理方式，即对教科书内容做线性延长。教师将教科书中的范例延展为四个活动，这四个活动在同一平面上，学生可以获得一定的体验。但是活动是否过多，学生是否能达成深度体验，这些是值得怀疑的。

设计二与设计一是对同一内容的不同设计。在设计二中，教师用了20分钟让学生做活动，比设计一的活动时间多了一倍，教学目标也更有深意。教师设计了一系列活动引导学生进行深度体验：当盲人一个人行走时会怎样？当盲人得到身体健全者的帮助时会怎样？当两个盲人相互帮助时又会怎样？活动层层递进，不但让学生有了身体上的体验，还有了心理上

---

① 赵亚夫. 新版课程标准解析与教学指导：品德与社会［M］. 北京：北京师范大学出版社，2012.

的体验。显然，设计二比设计一更强调生活性和社会性。

因此，怎样选择、用好资源，要看教师的教学功力。教师要提高教学功力，除了进行一般的教学技艺的培养外，更重要的是教育观、价值观、文化修养、社会经验等的培养和修炼。

第六节 践行教育的尊重

尊重是最起码的道德共识。人与人之间、民族与民族之间、国家与国家之间最重要的首先就是尊重，没有尊重就没有道德，就谈不上交往。

教育的尊重包括尊重自己、尊重他人、尊重社会、尊重知识、尊重自然五个维度。从人与人之间的关系来说，主要是尊重自我和尊重他人。如果以学生作为行为主体，则有学生对自我的尊重和对他人的尊重；如果以教师作为行为主体，则有教师对自我的尊重和对他人的尊重。教师尊重他人主要体现在尊重领导、尊重同事、尊重家长、尊重学生四个方面。这里主要阐述的是教师对学生的尊重。

一、践行教育尊重的必要性

1. 尊重可以改变异化的“以生为本”现象

当前许多中小学，不论是城市的还是农村的，都打出了“一切为了孩子，为了孩子的一切”的办学口号，新课程改革也把“为了一切孩子的发展”作为改革的宣传口号，但实际的情形并非都像口号所宣扬的那么美丽。

学校生存的前提是要有良好的社会声誉，然而目前良好的社会声誉的标准却被简化为升学率。当教育被简化为升学率，被简化为评比的结果时，其教育目标也就出现了偏差。

成人的功利心、名目繁多的评比将“以生为本”异化为以成人的功利为本，践行教育尊重可以改变这一现象，使教育真正“以生为本”。

2. 尊重可以让学生感受到学习的幸福和快乐

《儿童权利公约》将保障儿童权利和尊重儿童作为重点，并强调在对儿童的生活做决定时应考虑他们的意见，应尊重儿童的尊严。

《中华人民共和国未成年人保护法》中八次提到“尊重”，《中华人民共和国义务教育法》第二十九条对“尊重”行为做了完整的表述，首先强调要关注个体差异，其次指出应尊重学生的人格。

教育尊重的本质就是尊重儿童的人性，是提供适合儿童发展的教育。它要求按照儿童的身心发展特点组织教育教学活动，不仅要尊重科学和知识，更要尊重儿童的人性，既要尊重学优生，也要尊重后进生。

《学记》曰：“道而弗牵，强而弗抑，开而弗达。”意思是说，教师要引导学生，但决不牵着学生的鼻子走；要严格要求学生，但决不使学生感到压抑；要启发学生思考，但决不把最终结果直接给学生。卢梭主张遵循自然的原则去培养“自然人”，让儿童以自己特有的方法去看、去想、去感觉一切事物，给儿童提供一个“自我开拓心灵”的环境。鲁迅说：“孩子的世界，与成人截然不同；倘不先行理解，一味蛮做，便大碍于孩子的发达。”陶行知认为，教育不能“创造儿童”，教育的任务是“帮助儿童生长”，要“解放儿童”。可见，古今中外的教育家、思想家都非常强调尊重儿童。

二、践行教育尊重应有原则

1. 没有原则的迁就是一种不尊重的行为

尊重学生不是迁就学生。没有原则的迁就其实是不尊重，是不尊重大多数的学生。

虽然尊重是教育的前提，但尊重并不是对学生提出的一切要求都言听计从。放任自流的结果很有可能演变成溺爱，该严时就应该严加管束。卢梭说：“你知道用什么方法可以使你的孩子成为不幸的人吗？这个方法就是对他百依百顺。”没有原则的迁就是很危险的事。

教师应遵循尊重与要求相结合的原则来管理学生。在教育实践中，如果没有尊重形成的情感基础，要求就成了专制；如果只有尊重，没有要求，教育就成了“放羊”。正如苏联教育家马卡连柯所说，教育“永远是尽量多地要求一个人，也要尽可能地尊重一个人”。能将尊重与要求很好地结合，体现了教育的艺术。比如，教师让学生擦玻璃，擦走廊内的，是培养学生的劳动精神；擦走廊外的，因外窗太危险，就是对学生生命权的不尊重。要让学生参加劳动，但又要注意安全，这就是有原则的尊重。又如，在课堂上，教师出的题目是《说说我的爸爸》，但该班有好几个学生的父母离婚了，教师就说："说其他亲人也可以。"这就是对学生的尊重。

2. 教育尊重不否认严格的规范

"严师出高徒"这句话不是喊口号，必要的严格要求是不可或缺的。每个人都有松散、懒惰的一面，如果不及时地纠正、督促，久而久之就可能形成不良的习惯。有的人甚至会因为惰性而一辈子懒懒散散，一事无成。严格要求能及时地帮助学生改正缺点，可以促使学生不断进步。严格不等于严厉，更不是严酷，而是一种规范。

教学规范是一种教育意义上的约束，在课程与教学变革的实践中出现了很多否定规范的声音，这种声音认为教学规范不利于学生个性的自由发展。教学实践中是否真的不需要严格的规范？规范是否有碍于学生身心的健康发展？

笔者认为，无规矩不成方圆，国家建设需要法律，教育教学需要常规，学生学习和生活需要约束。只有遵守规范，才能成为社会人。

第一，人的成长需要适当的规范。人是社会的人，人的成长需要社会规范的约束，人只有遵守一定的规范才能养成社会德性。

第二，中国文化是一种规范性文化，凡事都有一个规矩。"学规"自古以来就有，它实际上就是一个完整的学生守则。这些"学规"对学生的学习目的、教师的教学方式及教学评价等都提出了非常具体的要求。

第三，严格的规范是实现教学目标的保证。若学生没有在课前做好准备，没有认真倾听的习惯，没有做笔记、做作业的习惯，怎么可能实现教学目标？

3. 师爱要以尊重的行为表现出来

在教学中，不少教师会发现，你对学生关爱有加，可是学生似乎不买账，反而更放肆了。于是有教师感慨：学生真是不知好歹。于是许多新教师入职的时候，有经验的老教师就会提醒他（她）：第一节课，第一次和学生见面，一定要给学生一个"下马威"。

这种现象应该引起大家的思考："老师的柔情，学生为什么不懂？"其中的原因当然是多方面的，而教师不讲尊重，不懂方法，只是一厢情愿地将自己认为的"爱"强加给学生，恐怕是不被学生理解和接受的主要原因之一。

王晓春老师说："我若是学生，老师爱不爱我是次要的，最主要的是要尊重我。”李镇西老师说：“尊重是民主的核心。”是的，师爱里若不包含尊重的成分，便有居高临下的施舍之嫌，学生自然不领情，甚至会产生反感。

因此，教师应该想方设法将师爱与尊重结合起来，这样的师爱才会为学生所接受，让学生感到温暖和幸福。

三、在一言一行中践行教育尊重

“尊重”的意思是尊敬、敬重，即重视而且恭敬地对待。

教育尊重是教育者对受教育者给予信任和尊重，以帮助其形成自尊、自爱、自信的心态，进而促进其健康成长的一种教育方法。尊重的核心是尊重教育教学规律，特别是尊重学生的身心特点、人格和权利、兴趣和个性，既尊重有特殊天赋的学生，也尊重普普通通的学生，从而培养学生的创新精神和实践能力，使他们富有生活的勇气、向上的热情、创造的激情和社会责任感。教育尊重的本质是提供适合学生发展需要的教育。

1. 追求有艺术的教学

笔者曾看过一篇名为《男子汉老师》的文章，文中的俞老师令人印象深刻。文章的具体内容摘录如下。

现在回想起来，三年的相处依然能让我感到幸福，那是因为我的行为总能被俞老师宽容，我的话语总能被俞老师理解。

记得那是二年级的一堂语文课，俞老师领着我们到阶梯教室上《大禹治水》一课。教室的后面坐了许多我们不认识的老师，让我觉得又激动又紧张，可是看到俞老师像往常一样笑眯眯地看着我们，我就自如得跟在自己的教室里上课一样了。课堂上，老师让我们看图，读书，识字词，读句子，当读到洪水“害得老百姓无家可归”时，我心里非常难受；当读到“禹的儿子十多岁了，还不知道父亲是个什么样子”时，我想到爸爸每天晚上都给我读名著，而禹的儿子十多岁了，居然还不认识自己的爸爸，太不可思议了。想到这儿，我实在控制不了自己了，边举手边站起来说：“俞老师，应该让禹和儿子见一面。你看书上写着禹‘三次路过自己的家门’，”我又指着书上的插图说，“就让他们在自家门口见面吧。”

我旁边的小朋友赶紧拽着我的衣服说：“快坐下，后面有老师听课呢！”经她一提醒，我慌神了，不好意思地向俞老师摆摆手坐了下来。

再看看俞老师，不仅笑眯眯地望着我，还伸出了大拇指表扬我："许翰予同学提出的问题值得我们好好研究。他一边读句子，一边动脑筋想，联系上下文想，联系书上的插图想，他是在用'心'读书，真好!"老师一表扬，我又来劲儿了，站起来说："俞老师，我还联系自己想呢!"这下子后面听课的老师都笑了起来，俞老师还带头给我鼓了掌。

还有一次，是在三年级的一节语文课上，俞老师在黑板上写了"迫不急待"一词，我一看，就迫不及待地站了起来说："老师，错了，不是'着急'的'急'，是'来不及'的'及'。紧迫得很，来不及等待，不是'不着急'。"

俞老师一如既往地笑眯眯听我说完，扭头看了看自己写的词，不笑了。他走下讲台，严肃地向我走来，到了我面前，恭敬地向我鞠了一躬，说："谢谢！你是我的一字之师啊!"

纠一字可受此大礼，可被称为"师"！俞老师教会了我们多少字、多少词、多少知识啊！特别是他教会了我们如何理解别人，学习别人，感谢别人！

这篇文章给我们的启示是，学生幸福感的获得，来自教师课堂评价的艺术，来自教师宽容、理解的心，来自教师对学生充分的尊重，来自教师自身的修养（包括知识修养和品德修养），来自教师认真严肃的态度。

儿童不是成年人的附属品，而是活泼可爱、渴望被尊重、有独立人格的人。爱玩耍，常惹小麻烦；爱探究，好奇心强；爱思考，想象力丰富；爱表现，渴望受赏识……这些都是儿童的人性特点。教育的终极目标是促使人自由、健康地成长。自由，是儿童发展的前提。压抑儿童个性、束缚儿童自由的所谓的"教育"，损害的是儿童的身心健康与幸福，在貌似收获的背后是对儿童人性的亵渎，也是对教育的亵渎！健康，是儿童发展的基础。"皮之不存，毛将焉附?"正如叶圣陶先生所说："教育所期望的就是孩子健康的身体和健康的人格。"

帮助和促进学生的身心健康发展是教师的职责所在。在学校的利益、成人的功利和学生的健康发展中，教师应该对谁负责？教师的教学德性受到了现实的考量。众多教师生活在责任和良心的不平衡所带来的不幸福中，矛盾似乎不可调和。以上案例中这位俞老师堪称优秀，优秀的教师都有他们解决矛盾的办法：讲究教学技巧，追求教学艺术，提高教学效率。

如果我们在教学中能给学生以求知的快乐，那么我们就称得上是幸福的，这样的教学就是有德性的教学。对教师来说，教学是一种无止境的对技巧和艺术的追求，教师要在不断地努力中实现自己的追求。

2. 拒绝教育的冷暴力

大多数教师认为，体罚就是对学生肉体的惩罚，如打学生、罚站等，在日常教育教学中教师都特别注意避免触碰这一“高压线”。但是有一种隐性的体罚给学生带来的伤害更大，那就是精神上的惩罚。精神上的惩罚是指教师用言语或体态语等伤害学生的自尊、人格，给学生的心灵留下创伤，这种精神上的惩罚被称为教育的冷暴力。

事实上，教育的冷暴力一直存在于我们的学校中，存在于我们的课堂上，如有时教师会说：“你怎么那么笨，连这样简单的题目都不会做!”教师可能就是顺口一说，可是说者无心，听者有意，这会给学生造成心灵上的伤害。教师可能没有意识到，这样的话会使学生对学习失去信心，会给学生的心灵留下阴影，会给学生带来负面的心理暗示“我真是太笨了，连这样简单的题目都不会做”，同时会给其他学生带来心理暗示“这个同学真是太笨了，连这样简单的题目都不会做”。这应该引起我们深思：如何尊重学生，让学生有尊严地生活和学习？当学生有了尊严，他们才能够充满自信地生活，充满阳光地生活。

曾听一个朋友说过一件事，他的孩子在一次数学课上因有不同意见而同老师闹过别扭，之后孩子的数学成绩一直不太好。后来在家长的教育下，孩子努力地学，终于在一次单元测试中取得了不错的成绩，他兴致勃勃地跑到老师跟前，说：“老师，看，我的成绩不错了吧!”老师却冷冷地说：“你那是侥幸。”这以后，孩子的数学成绩再也无法提高了。

从这一事件中我们看到了什么？

朋友的孩子：（1）上课敢于向老师提出不同意见；（2）能及时改正自己认识上的不足；（3）有上进心，想学好数学，通过努力，成绩提高了；（4）希望得到老师的肯定，成绩提高了连忙兴冲冲地去告诉老师，向老师证明自己能学好数学；（5）一腔热情被泼了冷水，从此提不起学习兴趣，导致数学成绩越来越差。

该教师：（1）没有正视学生的意见，不但不吸纳学生的意见，而且认为学生在与他唱反调，使得师生关系不和谐；（2）没有给学生真诚的帮助；（3）带着偏见看学生；（4）不会把握教育契机，没有顾及学生的感受和自尊。

这是一位怎样的教师？自我感觉良好，善用自己的权威，以为自己对学生的判断准确无误，不会关心、鼓励学生，没有用发展的眼光看学生。

其实这位教师失去了许多教育契机。第一，当学生向他提出不同意见时，他应该肯定这个学生的勇敢和独立思考的精神，即使学生提的意见不妥，也可以表扬学生的这种精神，从而激发学生继续探究的热情。第二，如果没有把握好第一次教育契机，也没有关系，学生成绩一直不好，教师可以了解原因，与学生交流，从而进行正确引导，帮助学生提高学习兴趣，提高数学成绩。第三，即使前面两次教育契机都没有把握住，还是没有关系，学生兴致勃勃地告诉教师自己进步的喜讯时便是激发学生数学学习兴趣的好时机，教师应该肯定学生的努力和成绩，并鼓励他，告诉他学好数学的前提是下功夫，使学生树立学好数学的信心。遗憾的是，几个教育契机都被这位教师错过了。

种种现象，桩桩事件，让我们更深刻地感受到精神惩罚比肉体惩罚更为恶劣。这样的教育冷暴力给学生的伤害深、影响远，甚至影响学生一生的幸福。

因此，必须形成教育尊重，维护教育尊严！

3. 公正地对待学生

要尊重学生，就应公正对待每一位学生。每个人都希望社会和他人公正地对待“我”，以维护和增进自己的权益；与之相应，社会首先要求每个人都要公正地对待社会和他人。公正是道德的基础，在教师与学生的交往中，是非的判断、责任的界定、过失的惩罚等，都与公正有关。只有具备公正品性的人，才能够做到尊重他人的权利，履行自己的义务。一个班级中学生众多，他们的社会背景、家庭条件、爱好特长等存在很大差异，他们的思想状况、学习成绩参差不齐，但学生的人格是平等的，教师对他们应一视同仁。

例如，在日常教育教学中，学生座位的安排似乎是小事，事实上事关重大。类似安排座位这种将教育硬件异化为权力资源的现象，在我们的教育教学实践中并不少见。这是一个值得我们反思的问题。

如何安排座位，对学生的道德意识和道德行为将产生重要的影响。以下案例中的教师的做法，便给学生带来了正面、良好的影响。

任班主任多年，已经无法描述我对有些班级学生座位安排方法的厌恶之情了。区区一个教室的座位竟然成了评价、约束学生的“有利的武器”，根据考试成绩排座位几乎成了约定俗成的办法，我并不赞成这样安排座位。于是，开学报名结束、下午学生要来教室之前，我一直在想：学生的座位应该怎么安排呢？

这个问题困扰了我很久，直到我和学生一起来到教室门前，在打开门的那一刹那，我终于决定了：不安排就是最好的安排！

门开了，学生问我：“老师，座位怎么安排？”

我说：“自己选最喜欢的座位，随便坐！”

学生诧异地看了我一眼，然后鱼贯而入，很快选好了自己的座位。我们新的学习生活就这样开始了。

在一个多月后的一次班会课上，我这样告诉学生：“班集体是我们自己的，座位也是我们自己的。我从来没有将座位安排作为惩罚或表扬你们的手段，因为在这个教室中，我们每个人都是平等的一员，座位没有尊卑之别，正如人没有高下之分。在我的班里，如果谁想调换座位，一般要通过你们自己协商，我不会横加干涉。但是，也希望每位同学明白，座位对大家的学习是有影响的，我相信大家能做出正确的选择。”

某同学因为家里有事，开学之后一个月才来到学校，座位安排在最后一排。有一天，她对我说想调到前排坐。我告诉她，如果有同学愿意和她调换，她就可以坐到前面。几天后，她说不好意思去问同学。我说我也不能对别人的座位加以干涉，但是有一个折中的办法：把桌子移到前排的过道上。她照办了，于是，在过道上就有了一个特殊的座位。

一位男同学找到我，说要调换座位，我问他原因，他说在原来的座位上老是管不住自己，总想和旁边的同学说话。我说：“你找到愿意和你调换座位的同学了吗？”他说找到了。我告诉他：“这说明你已经有了控制自己的能力，恭喜你！我同意你的请求！”

有时候我在想：靠控制学生的座位来达到控制学生的目的，还不如把权力交给学生，让他们自己选择，并让他们学会为自己的选择负责。因为，他们正在长大，需要我们给他们长大的机会。

4. 从教学行为细节入手尊重学生

对学生的尊重要落实在教育教学行为的细节中。北京市第八十五中学的尊重教育是先从说“请”和用双手递给学生作业本等小事入手的。以前还有人怀疑听腻了说教的学生们会“敬酒不吃吃罚酒”，然而，“尊重”的结果令该校教师出乎意料：学生对教师的言行举止“受宠若惊”。一个学生在日记中写道：“妈妈，你知道吗，王老师今天是用双手将作业本递给我的……”应该说，学生们的反应既出乎教师的意料，又引起了教育者的深思：这些在生活和学习上有这样或那样毛病的学生，本质都是好的，但是教育者往往缺乏对他们的尊重，缺乏对其潜力的挖掘，如果能围绕“尊重”做文章，改变过去空洞的说教和训斥，学生的潜力将不可小视。

5. 利用日常突发事件促进学生发展

在教育教学过程中，我们经常会遇到各种问题，不少教师通常是把自己当作“救火队”来解决学生的问题和冲突的。事实上，学生在交往中产生各种各样的问题和冲突是正常的，教师要懂得解读这些问题和冲突，并将其作为教育资源，巧妙地加以利用，以解决问题，促进学生的社会性发展。

例如，有个学生喜欢骑独轮车，骑上便不肯下来。另一个学生也想骑，便生气了，打了骑车的学生，其他学生跑去找老师。遇到这样的事情，教师通常的做法有这样几种：大声呵斥；转移注意力；把引发冲突的东西转移，如把独轮车收起来；叫家长；受害者至上（体谅、关心受害人）；追究起因；强调成人的感受，如说“你一向是个好学生，这样做老师很失望”；将该学生与其他学生的优良行为做比较，如说“看×××怎么样”。

面对这个情境，教师可以引导学生做什么？如果从课程与管理方面来看，教师应考虑到，引导学生提升社交技巧，掌握语言技巧，学习常用的社交知识，培养良好的品质。

总之，处理这些问题和突发事件，重点不在于追究发生了什么事，而在于从这件事中可以让学生学到什么。

陶行知说过：“你的教鞭下有瓦特，你的冷眼里有牛顿，你的讥笑里有爱迪生。”的确，每个学生都有自己的特点，在学习上也有差异，教师要努力去发现每个学生的闪光点，尤其是对头脑聪明却不善于自控的学生，多看他们几眼，多给他们肯定的眼神，多给他们坚定的信心，坚持下去，有一天你会发现，裹着污泥的沙子竟是一粒金沙！

总之，尊重学生不仅仅是一种姿态，还是一种教育的思维方式，即承认成人与孩子分别处于两个不同的发展阶段。学生有自己认识世界的独特方式，有自己的话语方式和表现方式。尊重学生需要教师怀有一颗永远爱学生的心，宽容学生，欣赏学生，发现学生的闪光点。尊重学生要求教师在与学生相处的过程中，学会倾听学生、研究学生，在向学生学习的过程中形成真正的教育智慧和技艺。

第三章

现场——真实品德课的课堂观察

第一节 认识课堂观察

一、课堂观察的发展趋势[①]

1. 基本概念

趋势指事物发展的动向。

教育趋势指教育发展的动向，包括教育事业和教育理论发展的动向。当代教育发展的趋势包括以下几个方面：向终身教育方向发展；注重开放，为社会发展的多方面需要服务；教学内容、方法与手段的现代化；注重学生的个性发展，引导学生积极参与教育过程；国际合作，等等。

课堂观察的发展趋势是指课堂观察发展的动向，包括课堂观察在教育实践应用及课堂观察理论发展的动向，具体为课堂观察在教育教学中应用更为广泛和普遍，成为教师必备的技能，强调课堂观察对教师教学、学生发展、学校发展的诊断、改进、发展的功能，注重教师自我的课堂观察与分析研究，加强团队合作，引导教师积极参与课堂观察的过程，努力追求教育教学艺术。

2. 课堂观察与课程改革

新课程改革时至今日，取得了一定成效，如教育理念不断更新，三级课程管理制度初步确立，注重学生的日常经验，关注形成性评价等。

但是，从教育实践层面来看，基础教育课程改革离预期目标还有一定距离，还存在许多问题，越改学生负担越重，越改教师越累。从学校层面存在的问题来看，主要有以下几个方面。

（1）课堂教学缺乏质的突破，学生学习方式转变成为一句空话。

（2）个性发展较难企及，学生几乎没有自主的时间和空间。

（3）应试教育观念依然根深蒂固，学生情感态度与价值观的发展备受忽略。

人们把课程改革存在的问题都聚焦在了教师身上，形成共同的判断：

---

① 孙剑飞等．课堂观察手把手［M］．福州：福建教育出版社，2013.

课程改革成功的关键是教师行为的转变。这对教师的成长是有利的，但也使教师面临着从未有过的压力。课程改革真的主要就是教师的事吗？研究人员发现，教师的行为受制于三个方面：一是思想。有先进的思想才能有先进的教育行为，但这并不意味着有了先进的教育思想就会有先进的教育行为。有的教师对新课程理念可以侃侃而谈，可看他的课、他的管理行为，依然是老样子。可见，说是一回事，做是另一回事。二是策略和技术。在课程改革中，许多教师激情澎湃，但是没有掌握相关的策略和技术。比如，要组织学生开展研究性学习，教师不仅需要理解研究性学习的理念，而且需要掌握研究性学习的选择与组织策略以及研究性学习的指导方法。三是组织。教师是生活在组织中的人，其行为必然受制于组织。如果教师所在的组织的教育理念没有发生变化，评价教师时依然采用过去的方案，即使部分教师的教育理念和行为发生了变化，也不可能持久。

根据以上认识，我们认为，要真正在实践层面推进课程改革，必须抓住课堂教学这一突破口。课堂教学涉及教师、学生、课堂环境、教学内容等因素，如何通过对课堂教学相关因素的观察、诊断、分析、研究，来改进课堂教学，使之符合课程改革理念和精神？开展课堂观察与研究是重要的抓手。以能体现课程改革精神的课堂教学关键因素作为观察点，在专业人员或管理人员的引领下，组织教师对所在学校课堂进行系统观察，从而诊断课堂中的教师行为、学生学习方式、课堂文化等，寻求改进和完善的策略。在课堂观察活动中，管理者和教师不但可以就课堂教学问题进行平等对话，而且可以反思课堂教学，在观察与研究中掌握新课程实施的策略和技巧，同时改变旧有的习惯，建立符合课程改革理念和精神的新的行为方式。

3. 课堂观察与教师继续教育

教师继续教育是指对已达到国家规定学历的教师进行以提高思想政治素质和教育教学能力为主要目标的培训。

在终身教育思潮和教师专业化思潮的影响下，教师接受继续教育已成为教师职业生涯必不可少的一部分。从目前国际上中小学教师继续教育的现状来看，教师继续教育是多种多样的：有针对新教师的见习期培训；有为开阔视野和进一步提升教育教学技能的骨干教师培训；有为更新理念，适应新课程实施的岗位培训；有为推行教育改革，总结并推广经验，并将其上升到理论高度的专项培训等。

当然，由于各种原因，当前教师继续教育也存在一些问题和瓶颈，如工作、学习矛盾突出，一些培训内容和形式与教师需求存在差距，培训大班额现象不利于给教师提供展示交流的平台等。

根据成人学习的特点和教师学习的特性，现代研究成果表明，教师继续教育的重点是提升教育教学能力。教师能力的提高需要基于实践的反思和磨炼，因此教师继续教育从校外逐渐走向校内，并且以教师个人研修为基础。

课堂观察为创新教师继续教育形式和内容、增强教师继续教育的针对性和有效性带来了很好的契机。开展基于课堂观察的专题研修活动，可以将理论与实践有机结合起来，可以促进教师的个人研修与教师团队合作，可以最大限度地调动教师学习的积极性、主动性。这种培训模式实际上是学习型的合作探究模式，在这样的培训活动中，教师是学习的主体，教师群体是学习共同体，他们共同体验，共同练习，分享各自的学习经验，他们把课堂当成研究的试验田，在观察与研究实践中参与并体验。

4. 课堂观察与教学质量管理

新课程实施要求更新管理理念，改革教学质量管理方式，重建教学管理制度和文化。教学质量管理由重结果向结果与过程并重转变，由单一评价向多元评价转变，由封闭式评价向开放式评价转变，由他评向自评与他评结合转变。

教学质量管理的重心是对课堂教学的管理，旨在通过每节次的课堂教学管理，达到提升教学质量的目的。管理更重要的是引领——教学思想的引领。课堂观察便可以实现这种教学思想的引领。

其一，课堂观察可以帮助教师提高课堂教学效果。研究表明，教师的表达能力、组织能力、诊断学生学习困难能力，以及教师行为的条理性、系统性、合理性与教学效果有关，对教师的课堂教学进行观察，能发现其各方面能力的优劣，进而促进其专业化成长。

其二，课堂观察可以透视教师执行教学常规的情况。对一位教师课堂教学的某个视角进行持续观察，便能够判断该教师是否有效落实了教学常规。

其三，课堂观察可以使管理者与被管理者建立平等对话的双主体关系。

其四，课堂观察可以使外在的教学质量管理转化为教师自觉追求教学质量的内驱力。

其五，课堂观察可以引领教师的教学思想。如要让教师掌握活动课的基本规律，管理者可以根据《活动组织策略课堂观察表》，首先组织教师学习与领悟课堂观察表的内涵，接着组织教师进入课堂或观看录像课，依据课堂观察表的内容收集相关信息，之后组织交流和讨论，总结活动的组织策略，以此让教师理解和掌握活动教学的基本规律，促进活动教学效率的提升。

5. 课堂观察与学校文化建设

许多课程专家指出，课程改革在根本上是学校文化的改革。那么，课程改革到底呼唤怎样的学校文化？如改变教师过于局限于本学科的态度和行为方式，增强超越学科的综合的课程意识；改变教师过于着力于教书而忽视全面育人的工作态度和方式；改变教师过于倾向于单方面传授知识的状况，加强教师与学生、学生与学生的对话等。

课堂观察在诊断、改进与完善学校文化中，将会发挥越来越重要的作用，这是因为课堂教学是学校的核心工作。一是学生的学校生活主要是在课堂中度过的；二是教师工作的主要阵地是课堂；三是教师间的正式交流主要是围绕课堂教学的备课、听课、评课进行的；四是教师和学生的交往主要是在课堂上。可见，要诊断、改进与完善学校文化，首先要诊断、改进与完善课堂文化。

文化具有弥散性特征，文化的传递是一个缓慢的影响过程。课堂观察不但能够诊断、改进与完善课堂文化，而且可以通过这一研究活动建设良好的教师文化。从这一意义来说，课堂观察无疑是诊断、改进和完善学校文化的抓手。如课堂观察使评课活动充分调动了教师的主体意识，使教师自己给自己定位，谋求自身的发展。当教师有了自我发展的需求时，被评课者和评课者都会积极地收集信息，被评课者希望别人对自己的课提出意见和建议，评课者希望提升自己的评课水平。在这种情况下，教师间渐渐形成浓厚的学术研讨氛围，过去那种怕影响自己发展、担心各种复杂的人际关系等消极的评课心态会渐渐消除。通过一次又一次的课堂观察活动，宽松、平等、民主、追求自身发展的良好学校文化逐渐形成。

二、基于课堂观察的校本研究

1. 课堂观察是校本行动研究的起点

基础教育课程改革给我们的课堂带来了一系列惊喜的变化，同时带来了一系列的问题，这些问题不能仅仅依靠教育理论工作者和教育行政部门来解决，更主要的是开展校本行动研究，依靠广大中小学教师来认识、研究和解决这些问题。校本行动研究的基本过程为螺旋循环式，计划、行动、观察、反思，再计划、再行动、再观察、再反思。在整个螺旋循环式的研究过程中，计划总是从“问题”开始，由问题而提出改进的“方法”，由介入方法而引出“观察”，再以观察所获得的资料为背景而“写作”。

每一种研究都有特定的“场”，教师研究教育问题的特定的“场”就是课堂，教师要进行课堂研究，起点就是课堂观察。不同学校、不同课堂情境有着不同的问题，课堂观察能为教师进行校本行动研究提供真实的第一手资料。课堂观察不同于一般意义上的日常观察，它是一种科学的观察，有明确的目的，经过了精心的组织与设计。课堂观察有四个作用：一是评价行动，它将显示行动的结果高于或低于事先的期望；二是为研究者提供学习的机会，使研究者增长见识；三是为下一步计划提供可靠的基础；四是为修改总体计划提供依据。基于课堂观察的校本行动研究，可以带领教师有计划、有目的、高效率地解决教学问题。基于课堂观察、强调课堂观察，可以让校本行动研究从“非正式”研究走向“合法性”研究。发现与描述问题，设计问题的解决方案，进行课堂教学实践与课堂观察，分析在课堂观察中收集的各类信息，进行总结与反思，教师通过这样的研究过程，可以解决一个又一个教学问题，从而改进和完善课堂教学。

2. 课堂观察是小课题研究的基础

课堂是教师的试验田，教师的课题研究离不开课堂，课堂观察为教师的课题研究积累了丰富的素材，观察后的分析、反思让教师的课题研究摆脱了“从经验走向经验”的局限性，使教师学会了提炼经验，以及应用经验改造课堂。

严育洪老师在《问诊课堂：教学望问切》一书中指出，以课堂观察为基础的小课题研究，既可以是“点”上研究，也可以是“线”性研究，还可以是“块”状研究。“点”上研究是指根据随堂听课中发现的一个现象来确定一个研讨的问题，或者根据研讨的需要确定一个问题进行观察，它一般只涉及一节课中的一个时间段。“线”性研究是指事先设定一个研讨主题，之后对整节课进行全面的观察和记录。“块”状研究是指在专题研究中，它需要的样本可能不仅仅局限于一个环节、一节课，而是更大的研究背景，此时需要对一些课进行跟踪观察或对许多课进行组合观察，收集更多的研究素材和研究数据。教师小课题研究更多采用的是“块”状研究的方式。

关于教学对话的小课题研究

笔者近期正开展关于教学对话的研究。研究中，笔者先搜索关于教学对话的相关理论，个人认为辜筠芳教授对课堂对话教学颇有研究，于是阅读了辜教授的相关文章。

之后，笔者又翻阅了相关的经验性文章，对以下课堂观察记录尤为感兴趣。

主题：阅读教学《宇宙里有些什么》

师：（读课文）宇宙里有几千万万颗星星……

生 1：（突然抬头看老师）老师，“万万”等于多少？

（全班学生都哄笑了起来。）

生 2：（俏皮地）“万万”不等于“亿”吗？

（生 1 黯然，沉默了。）

师：（停顿片刻）既然“万万”等于“亿”，那这里为什么不说宇宙里有几千亿颗星星，却说宇宙里有几千万万颗星星呢？

（学生惊讶，寂静了好一会儿。）

生 3：不用“亿”，用“万万”，有两个好处。第一，“万万”听起来响亮，“亿”却听不清楚；第二，“万万”听起来好像比亿多。

（全班学生再一次哄笑。）

师：你实际上发现了汉语修辞中的一个规律，字的重叠可产生两个效果：一是听得清楚，二是强调数量多。

（全班学生羡慕地看着生 3。）

师：大家可以想一想，我们今天学的这个新知识，是谁给予我们的呢？

（全班学生将目光集中到生 1 身上。）

在上述案例的对话过程中，教师能针对学生的各种课堂反应适时地、以适当的方式把学生的各种问题“接”过来，显示了教师的教学智慧。学生不仅获得了知识，而且对自己和他人有了新的认识。

之后，笔者研读了《窗边的小豆豆》中小豆豆和小林宗作校长的对话，写下了《关于课堂对话的分析》一文。

关于课堂对话的分析

我曾经读了《窗边的小豆豆》，文中，小林宗作校长与小豆豆的对话给我留下了深刻的印象。让我们来看看小林宗作校长是怎样与小豆豆对话的。

那人却抢先笑着答道：

“我是校长呀！”

……

校长把椅子拖到小豆豆跟前，和小豆豆面对面坐下来说：

“好，随便给老师说点什么吧！把你心里想说的话，全都讲出来。”

……

校长一会儿笑，一会儿点头，一会儿又说：“还有呢？”

……

当小豆豆闭住嘴巴正在心里搜寻话题时，校长开口了：“讲完了吗？”

……

小豆豆就想到了连衣裙的事。她连忙从椅子上下来，用手掂着领子走到校长跟前说：

“您瞧，就是这领子，妈妈说她不喜欢！”

把这些话说完以后，小豆豆实在再也想不出什么可讲的了。小豆豆心里觉得有些难过。这时校长站了起来，用温暖的大手抚摸着小豆豆的头说：

“好，就这样吧！你就是这个学校的学生啦！”

……

在对话中，小林宗作校长始终是一个热情、耐心的倾听者，并通过适当的询问与小豆豆交流。整整四个小时，他丝毫没有厌倦的表情，而是非常认真地听小豆豆把话讲完。

正是小林宗作校长的倾听使小豆豆能够无拘无束地一连讲四个小时，而且“心里感到踏实、温暖，心情也愉快了”，并且渴望和小林宗作校长永远在一起——“若是能和这个人永远在一起也不错呀”。

这是一段很经典的对话，小林宗作校长的倾听充分体现了他对小豆豆的尊重。这使我对“对话”产生了兴趣，特别是课堂对话。

什么是对话？辜筠芳教授在《课堂中师生对话的若干类型》一文中引用了韩礼德教授对“对话”的界定：“对话为两人或两人以上的群体持续不断地互相倾诉、倾听，以取得最大限度的协商的一个言语事件。”

1. 课堂对话的结构

辜筠芳教授认为，课堂对话是三元结构：问—答—评。这一结构非常典型地反映出课堂对话的特殊性。

那么，在实际教学中，如何实现这样的对话呢？以下是我教学“怎样迎接我们的节日”一课时的两个课堂对话片段。

片段一：

请学生小组讨论，并把想法写下来或画下来。之后，请学生上台交流。

生：我想组织踩气球游戏，气球破了就算输了。

师：你要在哪里组织？

生：学校附近。

师：还可以在哪里组织？

生：操场上，小区里。

师：也可以在教室里。

师：什么时间组织？

生：放学后七八点。

师：如果在教室里组织，可以在刚放学的时候。但如果是放学后七八点，家长会放心吗？老师建议你放学后就组织活动，这样大家能够早点回家。

师：你想邀请哪些小朋友参加？

生：小区里的小朋友。

师：你们小区的小朋友大概有多少人？

生：一百多人。

师：这么多人，你怎么去邀请？要准备多少气球？

（生无语。）

师：可以邀十几个比较要好的小朋友一起玩。

生：可以！

师：活动时间、活动地点、什么人参加、请谁帮忙都要事先考虑清楚。

这是交流的第一个片段，是对学生“如何策划活动”的引领。由于一年级学生不具备与教师对等交流的知识储备、表达能力和思维能力，所以，以上对话属于不完全的对话。在对话中，我让学生表达对活动策划的想法，同时通过询问，一步一步地引导学生把活动想得更具体，通过建议引导学生把活动想得更可行，最后通过小结使学生明白“活动时间、活动地点、什么人参加、请谁帮忙都要事先考虑清楚”。

片段二：

生1：今年的儿童节，我想剪彩带。

师：真好！动动手，让小手更灵巧。其他小朋友有问题想问她吗？

生2：你想剪成什么形状的？

生1：心形的、三角形的。

师：彩带可以挂在教室，把教室装扮得更美丽，来迎接儿童节。

（由于已接近下课，教师没有再让小朋友提问。）

这是交流的第二个片段。由于第一个片段的对话营造了宽松的氛围，因此其他学生也能积极、自由地发表自己的意见。此时，学生已经初步了解了策划活动要将时间、地点、什么人参加、请谁帮忙等想清楚，因此，我除了热情地鼓励之外，又将对话引向了多人，请儿童与儿童对话。虽然由于时间关系，对话没有展开，不过从这段简短的对话中依然可以看到对话的“问—答—评”三元结构。

2. 课堂对话的类型

辜筠芳教授把课堂对话分为三类：“独白式”对话、“苏格拉底式”对话、伪对话。在苏格拉底式对话中，教师把学生内在的知识结构、学生的人际认知、学生的情感态度等都纳入对话中，以促使学生进行反思。我认为这种对话方式要求教师能够注意儿童语言与成人语言的不同，能用儿童化的语言跟学生交流，同时用儿童的视角去理解儿童的语言。

曾听过学科带头人王静老师的一节课，她与学生的对话给我留下了深刻的印象。她的教学语言形象生动、富有童趣：“今天我要给你们上课，你们开心吗？开心、高兴的时候，我们是不是要拍张照片做纪念?”“我们怎样才能有一口又健康又漂亮的牙齿?”“把掌声送给了不起的同伴!”“看这个小朋友很有诚意哟!”“牙医哥哥来了，你们是害怕地走了，还是勇敢地迎上去?”

让我们一起来分析王静老师的一个教学片段。

师：小朋友不敢去拔牙，怎么办?

生：安慰他。

师：那你把我当成要去拔牙的小朋友来安慰安慰我。（假装小朋友，害怕状）我要去拔牙，很疼!

生：要放松，你可以假装自己在睡觉，就不会疼。

师：可是我还是觉得疼。谁再来安慰安慰我?

生：你不要害怕。

师：可是我很怕。

生：不要害怕，放松，一会儿就好。

师：会很疼的!

生：要放轻松，很快，不会疼。

师：我以为会很疼，现在我知道了。

生：我还有一个办法。

师：好，请你说。

……

在对话中，教师设置了安慰拔牙小朋友的情境，将学生和自己放在同一水平线上，让学生学习安慰别人，使学生在安慰别人的同时明白了牙齿有问题要看牙医，并克服了害怕看牙医的心理。

三、课堂观察应规避的误区[①]

课堂观察受观察者观察技术的限制，而且观察者都是带着自己的认识来观察、理解课堂的，由于观察者的理论水平、观察技术与研究能力不同，对课堂的理解往往也不同，因此，课堂观察往往会产生一些误区。课堂观察常

① 孙剑飞等．课堂观察手把手［M］．福州：福建教育出版社，2013.

见的误区：一是“课堂观察好比筐，什么都往里面装”，认为课堂观察就是听评课的全部，凡是听评课，都用课堂观察；二是为观察而观察。

课堂观察误区导致了课堂观察的异化现象。

从观察者角度来说，主要有以下几种。

准备不足、浅尝辄止。课堂观察对观察者的要求比较高，不同学科的课堂，甚至同一学科不同类型教学内容的课堂往往有不一样的要求和不同的风景。观察者在进入课堂之前，首先要研究本课教学，但是由于时间关系，教师作为观察者，往往是只在观察前参加十几分钟的课前会议，听授课教师简单介绍教学意图之后就进入课堂进行观察。有句话说得好：如果你没有具备相关的理论，往往美景当前你也会与之失之交臂。同样地，在课堂教学中，美景很多，但并不是每个人都有发现美的眼睛。观察者如果对该课教学了解不多，研究不深，容易导致外行看内行的现象，无法观察到课堂教学本质的东西，观察结果的整理与分析也就没有说服力，这样的观察与分析不仅不利于自己的发展，而且无法促进被观察者反思课堂和改进教学。

目的不明、重点不清。有些教师缺乏问题意识和研究意识，没有带着问题参加听课，进行课堂观察时没有明确的目的，把握不住观察重点，在听课过程中眉毛胡子一把抓，什么都看、什么都记，有如流水账，导致费时费力，既看不到课堂教学的亮点，也捕捉不到课堂教学存在的问题，更别说分析和研究了。

只见树木、不见森林。课堂观察只能观察和记录显性的行为表现，观察者往往局限于某个观察点，忽略了课堂教学的整体效果和学生的情感体验及课堂感受。由于每个观察者都有自己的观察视点，课堂教学被肢解成一个个片段，一个个细节。因观察者专注于已有观察视角，容易忽略片段之间、教学环节之间以及课堂环境、教师行为、学生行为等之间的联系，导致“以一斑窥全豹”。

生搬硬套、观察万能。课堂是师生展现自己生命的舞台，它具有很强的情境性和丰富的生成性。课堂观察是听评课的一种范式，是教师研究课堂的一种方式或方法，但不是唯一的方式或方法，它不是教师开展教研活动的全部，不是包治百病的灵丹妙药，它只解决它能解决的问题。如果说教学是一门艺术的话，课堂观察则是运用科学的方法解决教学艺术中的一部分问题，它善于对课堂行为进行局部的分析与诊断，而不善于对课堂事件进行整体的、综合的、宏观的把握。进行课堂观察主要完成三项任务：

一是描述教与学的行为，诊断教学问题；二是帮助教师改进课堂中具体的教学问题；三是改变教师日常的课堂研究行为。然而，课堂观察的局限性也是显而易见的，主要表现在以下几点：它只能观察可视、可感的直观现象与行为，如教师言语、学生的课堂反应及课堂活动等；它只能选择一个或若干个观察点或课堂行为进行细致而深入的观察研究，不能包含所有的行为或较多个观察点；它需要观察者接受一定的专业培训，具备相应的观察技能，要求观察者能集中心智观察，及时、准确地收集相关信息，随时做出决定；它需要被观察者抱着上“家常课”的心态来上课，要求被观察者具有愿意接受他人观察并不受现场观察影响的特质；它还需要一个合作共同体的基体，在基体内教师可以进行自由的对话与交流，以确保观察的持续性与有效性。

如果教学研究只选择课堂观察这唯一的方法，势必造成生搬硬套的现象。原本可以选用更加便捷的纸笔测试等方法来了解学生知识目标的达成情况，却用课堂观察烦琐的量化表格去收集与研究目的无关紧要的信息；原本需要通过访谈等方式来了解学生的想法、感受、体验，从而分析学生的情感态度与价值观，却通过一系列的行为记录来推测，结果加入了许多教师的主观认识和意愿。这样机械地应用课堂观察费时费力，达不到研究的目的。

从被观察者角度来说，主要是刻意表现、本末倒置。教学要以生为本，要根据学生的发展需要而设计和施教，但是被观察者为了满足观察者的需要（符合观察视角），刻意表现，如可用情感性语言进行渲染的却为了体现启发性教学一问不休，需要静思的却安排讨论交流，可直接了当切入课题的却花费大量时间去创设情境，需要充分挖掘文本内涵的却大量引入其他资源来挤占课堂时间……诸如此类现象使被观察者偏离了课堂教学是为了学生的发展这一终极目标，从而影响教学效率。

四、如何做有效的观察者

课堂观察旨在改善学生的课堂学习。无论是教师行为的改进，对课程资源的利用，还是课堂文化的创设，都以促进学生的学习和发展为目的。课堂观察的关注点是学生如何学习，会不会学习，学习的效果如何。课堂观察是研究教学的重要途径，是促进教师专业成长的有效方法。教师要想做有效的观察者，首先必须是一名严格、客观的观察者，要认真地观察。在观察的过程中，仅有经验是不够的，还需要给观察到的事情赋予意义。

教师的理论水平、发展历程、信念以及价值观会左右自身的判断，在很大程度上影响自身的观察，因此，克服和避免课堂教学观察异化现象，需要从以下几个方面努力。

1. 加强学习，提高素质

教师要不断学习和研究教育学、心理学、课程论、教学论，树立正确的教育观、人才观、课程观，把握国家基础教育课程改革的精神实质，研究课堂教学的艺术，掌握学生的认知规律。只有这样，教师才能站在一定的高度开展课堂观察活动。

2. 明确目的，把握重点

教师在进行课堂观察前，必须做好充分的准备，遵循课堂观察的原则和一定的程序。如在课堂观察之前，教师不但要选好观察点，明确要研究的问题，而且要研读所观察课例的教材和课标，通读执教教师的教学设计，把握执教教师的教学意图，深入了解学生实际。此外，还要明确观察的目的，把握观察的重点。

例如，“让我们学会合作”这节课的教学目标：知道在集体活动中分工与合作的重要性，知道什么是真正的合作；在活动中体验合作成功的喜悦，总结合作成功的条件；培养合作意识和合作能力。课堂教学设置了以下环节：第一个环节，故事导入；第二个环节，开启合作之门，认识合作；第三个环节，合作王国第一站——游乐场（体验游戏——火场逃生和记数字比赛，认识合作成功的条件）；第四个环节，合作王国第二站——休闲吧，讨论合作的意义，辨析“这种合作可行吗”；第五个环节，合作王国第三站——巧手屋。

从这节课的教学重点与教学流程来看，课堂观察应以两个游戏场景——火场逃生和记数字比赛为重点，观察学生是怎样合作的，以及学生在活动中的表现。

进行课堂观察时还要特别关注动态生成的过程。课堂教学是一个复杂的认知过程，是师生之间交流互动的过程，在这一过程中，教师、学生、教学环境等各个因素都在不断地发生变化，用一种普适性的量表进行观察是无法满足听评课的针对性和观察的有效性的。因此，教师在进行课堂观察时，不但要学会根据学科特点、课型特点及研究需要设计观察量表，而且要形成敏锐的洞察力，要随着课堂的变化不断改变自己的观察视角，并善于挖掘细微变化背后的文化意义。

3. 整体把握，点面结合

教学是一门艺术，每一节课都是不可复制的艺术品。教学过程是师生为实现教学任务和目的，围绕教学内容共同参与，通过对话、沟通和多种合作活动产生交互影响，以动态生成的方式推进教学的活动过程。教与学在教学过程中是不可剥离、相互锁定的有机整体。因此，教师在课堂观察中，应采取一种整体的观点，对课堂教学中涉及的教师、学生、教材、环境等因素的相互关系进行细致入微的观察，要既看到学生的行为，又能分析产生这种行为背后的原因，也就是说要研究执教教师和学生在课堂中的行为产生的文化背景，从而把握课堂的主旋律，感受执教教师的教学风格以及课堂的生命活力。同时，进行课堂观察时还要抓住主要矛盾，把握不同学科不同课节的关键点，从而做到点面结合——既能看到“森林”，又能仔细观察“树木”。

4. 观察为主，多法并用

了解课堂、研究课堂的方法很多，观察法只是其中的一种。仅靠一次观察是无法收集到详尽的数据的，教师要善于应用观察法，兼用调查、访谈等方法，全面收集信息，以对课堂做出更为客观、准确的分析。如果想了解学生是否喜欢这节课，是否喜欢该课中的教学方法，是否喜欢这位教师，以及学生情感态度与价值观等目标的达成情况，用问卷调查和访谈的方法更合适；如果想了解本课知识点和能力点的教学是否到位，学生是否已达成学习目标，用现场测试的方法更加简单、易行。

5. 定量观察和定性观察相结合

定量课堂观察是指运用事先准备的一套定量的、结构化的记录方式进行的观察。在这套记录体系里要明确地规定需要观察的行为或事件的类别，观察的对象以及观察的时间单位等。

课堂观察不仅要进行定量观察，还应当纯熟地应用质性的研究方法，通过文字描述呈现课堂的全貌，使课堂事件、课堂行为回归情境本身，让研究者利用个人经验更好地理解和诠释课堂。

“定性课堂观察是研究者依据粗线条的观察纲要，在课堂现场对观察对象做详尽的多方面的记录，并在观察后根据回忆加以必要的追溯性的补充与完善。观察结果的呈现形式是非数字化的，分析手段是质化的，主要是归纳法，并且资料分析在观察的进行过程中就可以开始进行。”[①]

定性课堂观察有四种主要的记录方式：描述体系、叙述体系、工艺学记录、图式记录。[②]

描述体系是在一定的分类框架下对观察目标进行的除数字之外的各种形式的描述。

叙述体系没有预先设置的分类，观察者事先抽取一个较大事件的片段，观察的同时对相关事件和行为做详细、真实的文字记录，同时可以加入观察者的一些现场的主观评价。

工艺学记录中以录音和录像的形式最为常见。

图式记录在定性观察中是一种更为直观的记录方式，即用位置图、环境图的形式直接呈现相关信息，它多作为一种辅助性观察手段被观察者使用，如进行随堂听课前，观察者先将教室布置图和学生座位图画出来，在听课过程中，再在座位图上做标记，记录学生的课堂学习情况。

其实，在课堂观察活动中，定量课堂观察和定性课堂观察并不是截然分开的，因为在实际课堂观察研究中，只用单一的手段很难达到研究的目的，往往要综合使用多种方法，所以我们应将定量观察与定性观察相结合，以使课堂观察更全面，更客观。

6. 以生为本，自然真实

课堂观察的目的是研究教学，最终也是为了促进学生的发展。课堂观察要在常态教学中开展，这就需要教师树立正确的教学观和研究观。不管有没有人进入课堂，不管有没有被观察的任务，教师都要以学生发展为本呈现一种真实的课堂实景。

第二节　真实品德课的课堂观察实践

一、关于一节录像课的课堂观察

笔者与几位教师在一次教研员高级研修活动中，开展了录像课品德与

---

① 陈瑶. 课堂观察指导［M］. 北京：教育科学出版社，2002.

② 同上。

生活“变来变去的水”[1] 的课堂观察活动。本课的活动目标：了解水的特性，知道水是无色无味的；通过简单的观察，了解水的三态变化；初步了解大自然中水的循环规律；增强对水的奥秘的探索兴趣。为了全面分析这节课，我们选择了三个观察点：课堂教学活动形式，教师课堂提问的有效性，教师对学生课堂学习差错的处理。通过对这三个观察点进行观察，我们既能把握这节课的教学活动形式及教师与学生的对话方式，又能关注课堂生成，尤其能关注在课堂中学生出现差错时教师的表现。以下是三位教师的课堂观察活动记录，其中既有定量观察的记录，又有简要的教学过程摘录，保证了课堂观察之后的分析能够点面结合、整体和局部结合。

教师1的课堂观察记录[2]

［观察维度］教师教学·呈现；学生学习·互动

［研究问题］课堂教学活动形式

课堂教学活动形式	次数	占总数的百分比（%）	学生反应	
			积极参与	被动接受
识记·讲解	4	10.3	2	2
问答·对话	8	20.5	5	3
示范·演示	4	10.3	4	0
讨论·交流	3	7.6	3	0
探究·体验	4	10.3	4	0
实验·操作	3	7.6	3	0
猜谜	1	2.5	1	0
汇报	4	10.3	4	0
视频	4	10.3	3	0
板书	4	10.3	2	2

说明：

1. 本课堂观察工具采用数据记录法。

2. 低年级的品德与生活课程的课堂教学倡导丰富多样的教学活动形式，据此设计了观察量表。根据观察的结果分析、判断教师教学活动形式的有效性。

3. 在听课时，观察者要记录执教教师在教学中所采用的教学活动形式，并及时分析其开展的教学活动属于哪一类，并以“正”字记录，属于其他情况的另做说明；同时观察学生的反应（积极参与、被动接受）做好记录，根据学生的反应来判断教学活动形式是否有效。

---

① 这节录像课是2010年录制的，现在教材已调整。

② 福建省厦门市教育科学研究院潘诗求老师提供。

[分析与评价]

1. 在教学中，教师能采用丰富多样的教学活动形式。

2. 教师能依据学生的实际生活创设体验活动，使学生在具体的活动中掌握了知识，培养了科学探究精神。

3. 教师能有目的地指导学生开展课前资料收集与实验体验活动。如让学生收集各种装水的容器，让学生课前在家做水变成冰的实验等。

4. 学生能积极主动地参与到各种探究体验活动中来。如将水装在不同的容器中，均在家做了把水变成冰的实验，积极探讨冰变成水的过程等，并能交流自己所看到的水的三态现象。

5. 教师能利用视频演示，将水的三态变化直观地呈现在学生面前。

6. 学生参与活动的积极性较高。

7. 对于模糊的概念，学生讨论的积极性较高。

教师 2 的课堂观察记录①

[观察维度] 教师教学·对话；学生学习·互动

[研究问题] 教师课堂提问的有效性

教师提问									
序号	问题	激趣	交流	引导	问题	体验	理解	演练	其他
1	小朋友们，在生活中，我们离不开阳光、空气，还有什么？			√					
2	你们都把水带来了吗？			√					
3	这是老师发现的水的一个特点，你还能说说水的其他特点吗？			√					
4	你是从哪儿知道水的这一特点的？			√					
5	(谜语) 谁猜出来了？是什么呀？	√							
6	今天我们讲的是水，怎么猜起冰的谜语来了？	√							

① 福建省厦门市教育科学研究院李日芳老师提供。

（续表）

教师提问									
序号	问题	激趣	交流	引导	问题	体验	理解	演练	其他
7	怎样才能让水变成冰呢？							√	
8	（实验）你们都做成功了吗？			√					
9	我认为水遇冷就会变成冰，这样说可以吗？		√						
10	今天冷不冷？水变成冰了吗？	√							
11	谁来说说他的实验和你的实验有什么不一样的地方？		√						
12	水姑娘请老师给你们带来了一些礼物，瞧，这是什么？	√							
13	你们想和冰亲密接触，做冰块接力的游戏吗？							√	
14	谁来说说你发现了什么？			√					
15	冰和水（示范用手抓水）有什么不一样呢？					√			
16	你们在日常生活中见到过冰融化吗？					√			
17	刚才老师用湿布写的字怎么不见了？					√			
18	生活中你见过水蒸发后变成水蒸气的现象吗？					√			
19	除了发现水烧开后会越来越少外，你还有什么发现吗？					√			
20	你怎么知道水烧开时会变成水蒸气？			√					
21	这白气究竟是什么呀？想弄明白吗？						√		

（续表）

教师提问									
序号	问题	激趣	交流	引导	问题	体验	理解	演练	其他
22	原来这才是水蒸气啊，你们有什么疑问吗？				√				
23	你是怎么做的？有什么发现？		√						
24	平常你还见过哪些冒白气的现象呢？			√					
25	这些水珠是由什么变成的？			√					
26	看看他究竟遇到了什么问题？			√					
27	为什么冬季的早晨小明家的玻璃上总有冰花呢？					√			
28	水是怎样在这天地之间变来变去的？让我们跟着小水滴去旅行吧。	√							
29	你们愿意继续去探索水的奥秘吗？			√					
30	多观察，多思考，你们一定会有更多的发现。	√							

说明：

在听课时，观察者要记录执教教师在教学过程中所提的问题（以教师原话为准），并根据问题的设计意图，及时分析这些问题属于（激趣、交流、引导、问题、体验、理解、演练）哪一类，并在相应的类别下打“√”，属于其他情况的另做说明；同时观察学生的反应（积极参与、被动接受）并做好记录，对学生的反应进行分析，以判断教师的提问是否有效。

[分析与评价]

1. 据统计，教师共提出30个问题，问题类型分布如下：激趣6个，交流3个，引导11个，问题1个，体验6个，理解1个，演练2个。

2. 本课属市级观摩研讨课，教师与学生都准备得比较充分，教师提的问题能提高学生学习的积极性。

3. 教师提的最多的是引导性问题，说明其备课认真；这些问题使得教学设计环环相扣，保证了教学任务的顺利完成。

4. 排在第二位的问题是激趣性问题和体验性问题，均6个，表明教师注重激发学生的学习兴趣，注重引导学生通过体验来获取知识，注重引导学生进行探究性学习，这是本节课的亮点。

5. 品德与生活课程强调要培养学生的问题意识，引发学生对生活的好奇，使学生乐于并善于提出自己感兴趣却不明白的问题。在本节课教学中，教师并未对学生的问题意识进行培养。

教师3的课堂观察记录①

[观察维度] 教学·互动·教师行为

[研究问题] 教师对学生课堂学习差错的处理

教学环节	学生课堂学习差错摘要	差错类型	教师行为摘要	教师行为类型
一、导入				
二、说说水的特点	全透明，没有味道	B	什么是全透明，把话说完整，还有其他特点吗？	B. 中立：态度平和地指出错误；请其他学生回答
	水是白色的，没有颜色的	A、D	你刚才说没有颜色，但前面又说是白色的，到底是什么颜色的？水还有其他特点吗？	C. 尊重：利用错误引导学生学习；请其他学生回答
	水会变黑	F	水什么时候会变黑？水还有其他特点吗？	C. 尊重：利用错误引导学生学习；请其他学生回答
	像一面镜子，会变成水蒸气	D	一边演示用手抓水，一边解说，问："将水放入不同的容器，就会呈现不同的形状，这说明水怎样？"	B. 中立：解释说明
	水不固定	B	什么不固定？	C. 尊重：利用错误引导学生学习
	容器不固定	B	说得真好！	A. 不尊重：忽视

① 福建省厦门市湖里区教师进修学校朱淑秀老师提供。

（续表）

教学环节		学生课堂学习差错摘要	差错类型	教师行为摘要	教师行为类型
三、进行水变成冰的实验	1. 说说实验过程	我把水放进冰箱……	D	还有没有其他的方法？	B. 中立：请其他学生回答
		……放进冰箱速冻几个小时	D	几个小时？	B. 中立
		沉默	B	没关系，请其他小朋友回答。	C. 尊重：肯定学生的努力
		两天后变成冰	D	你感觉需要两天的时间吗？	C. 尊重：利用错误引导学生学习
		水变来变去	F	水怎样变来变去？	C. 尊重：利用错误引导学生学习
		过几天	D	好的，你觉得需要几天，还需要什么条件？	C. 尊重：利用错误引导学生学习
		水变成冰的实验操作	A	明确零度	B. 中立：明确正确答案
	2. 说说生活中水变成冰的现象	南方是热带地区	A	哦，好的。	C. 尊重：肯定学生的努力（但老师的判断是错的）
		还可以变成水蒸气	F	听清楚老师的问题好吗？重复问题，请其他学生回答。	B. 中立：态度平和地指出错误，请其他学生回答
四、探究冰如何变成水	1. 游戏	冰块接力游戏有的同学很慢，有的同学太快	A	忽略	A. 不尊重：忽视
		冰变成水	D	是呀。	C. 尊重：肯定学生的努力
	2. 你发现了什么	很滑，碎了，掉	D	水会不会摔碎？	C. 尊重：鼓励学生自己探索，利用错误引导学生学习
		水是液体的，冰是固体的	D	还有别的吗？冰块还有什么变化吗？	C. 尊重：鼓励学生自己探索

（续表）

教学环节	学生课堂学习差错摘要	差错类型	教师行为摘要	教师行为类型
四、探究冰如何变成水 3. 生活中冰变成水的现象	滴水	D	冰在手心怎么会变成水？	C. 尊重：利用错误引导学生学习
	融成水	D	为什么冰会融化成水？学生说“因为热”，老师高兴地说“对，你们真棒。刚才小朋友提到一个很重要的字眼‘热’”，师板书“热”。	C. 尊重：利用错误引导学生学习 B. 中立：明确正确答案
	喝可乐	B	没有理答	A. 不尊重：忽视
	麦当劳，可乐，晃	D	解释“晃”的原理——摩擦生热	C. 尊重：利用错误引导学生学习
五、探究水变成水蒸气	喝开水，水蒸气影响到眼睛	E	看到什么？忽略	A. 不尊重：忽视
	雾蒙蒙的	A	请其他学生回答。	B. 中立
	眼镜雾雾的	B	请其他学生回答。	B. 中立
	书上的图表示的	A	白色的气是水蒸气吗？刚才谁说水蒸气看不到？让学生做实验，说发现。最后教师说明。	C. 尊重：鼓励学生自己探索 B. 中立：明确正确答案
六、小水滴旅行	（小熊的问题：玻璃上的水哪来的？）冰或雨	C	可是这是在屋内。	B. 中立：请其他学生回答
	雾	C	雾是怎么进来的？	B. 中立：请其他学生回答

说明：

1. 课堂学习差错是指在互动情境下，学生在学习过程中所产生的不正确的想法、说法等。

2. 学生课堂学习差错类型：A. 知识性错误，B. 表达错误，C. 不合理的错误，D. 思考不全面，E. 教师无法判断正误，F. 未把握问题的指向等。

3. 教师行为有以下三类：A. 不尊重学生，具体表现为对学生的回答忽视或批评；B. 中立，具体表现为态度平和地指出错误，请其他学生回答，解释说明，明确正确答案；C. 尊重学生，具体表现为肯定学生的努力、鼓励学生自己探索、利用错误引导学生学习。

[分析与评价]

学生课堂学习差错观察统计表

学生课堂学习差错类型	频次	百分比（%）
A	6	20.0
B	6	20.0
C	2	6.7
D	12	40.0
E	1	3.3
F	3	10.0

从上表可看出，学生在课堂上出现差错最多的是思考不全面，占差错总数的40%。这种情况对于二年级的学生在品德与生活课程中的学习表现来说是正常的。

教师对学生学习差错的处理课堂观察统计表

教师行为类型	具体表现	频次	（表现）百分比（%）	（类型）百分比（%）
A	忽视	4	12.1	12.1
	批评	0	0	
B	态度平和地指出错误	2	6.1	39.4
	请其他学生回答	7	21.2	
	解释说明，明确正确答案	4	12.1	
C	肯定学生的努力	3	9.1	48.5
	鼓励学生自己探索	3	9.1	
	利用错误引导学生学习	10	33.3	

1. 教师具有正确的儿童观，允许学生出错。整节课，教师没有对学生的错误给予批评，可见教师十分尊重学生。其中鼓励学生积极探索的次数占教师行为总次数的9.1%，利用错误引导学生学习的次数占教师行为总次数的33.3%，这对于教龄未满五年的年轻教师来说，是难能可贵的。

2. 教师没有培养学生直面错误的勇气，只有两次指出了学生的错误。在对待学生的差错时，教师多保持中立（39.4%），这无助于学生的进步和发展。这说明，教师在面对学生的学习差错时，在如何即时评价、巧妙理答、机智应对等方面的能力还有待提升。

二、关于课堂提问有效性的课堂观察①

1. 观察目的

帮助教师优化课堂提问，有效发挥课堂提问的驱动作用；促使学生对问题进行分析、思考和迁移，训练学生的思维品质，提高其思维能力。

2. 观察点

教师课堂提问的有效性。

3. 选择课例

品德与社会五年级下册“罪恶的战争”。

4. 观察准备

(1) 召开课前会议，所有参加课堂观察的听课教师和执教教师都要出席。执教教师介绍本节课的教学目标和教学重难点，参与课堂观察的听课教师浏览观察量表，观察量表设计者向大家说明表格应如何使用。

(2) 参与课堂听课活动。所有参加听课的教师必须分坐在学生周围；发放观察量表；上课，参加观察的教师分小组，按观察量表中的项目认真观察师生双边活动情况，并做好记录。

(3) 观察量表

问题序号	具体问题	问题指向	问题层次	学生获得答案的途径	教师候答时间	学生回答问题的形式	教师理答情况	目标达成情况

说明：

问题指向：A. 清晰，B. 模糊。

问题层次：A. 识记，B. 理解，C. 应用。

学生获得答案的途径：A. 个人经验，B. 教材文本，C. 资料获得，D. 其他（记录时写明）。

教师候答时间：A. 过长，B. 过短，C. 适当。

学生回答问题的形式：A. 无应答，B. 个人回答，C. 集体回答，D. 讨论汇报，E. 其他（记录时写明）。

教师理答情况：A. 表扬、欣赏，B. 补充、完善，C. 提醒、引导，D. 不理睬或批评，E. 重复学生的答案，F. 打断、代答，G. 追问，H. 其他（记录时写明）。

目标达成情况：A. 未完成，B. 基本完成，C. 圆满完成。

---

① 福建省厦门市康乐小学江雅梅老师提供。

5. 观察分工

郑颖颖老师负责观察、记录“执教教师所提问题的指向和层次”；薛丽萍老师负责观察、记录“学生获得答案的途径”和“教师候答时间”；何秋婷老师负责观察、记录“学生回答问题的形式”和“教师理答情况”；吴倩老师负责观察、记录“目标达成情况”。

6. 观察结果与反思

教师提问有效性观察量表

课题：罪恶的战争　　年级：五年级　　授课人：江雅梅

观察人：______　　时间：______

观察点	问题指向	问题层次	学生获得答案的途径	教师候答时间	学生回答问题的形式	教师理答情况	目标达成情况
统计	A：27 B：1 （无意义的问题 2 个）	A：13 B：12 C：3	A：15 B：7 C：8	A：0 B：3 C：27	A：0 B：22 C：6 D：2	A：4 B：13 C：6 D：0 E：2 F：0 G：5	A：3 B：12 C：15

（1）课堂中，教师的提问多而散，不利于学生对新知识的探讨和学习，应该提一些有针对性的问题，不能为了提问而提问，“是不是”“对不对”“想不想”“好不好”这样的问题尽量不问，面对高年级的学生更应该避免提这样的问题。

（2）课堂提问的内容应当紧扣教材，围绕教学目标展开，每一次提问都应有助于学生的思考，有助于学生对新知识的理解。对于提问是为了启发学生探索的欲望，还是为了引导他们获得新的知识，教师必须心中有数。设计的问题要能抓住教学内容的内在矛盾，能为学生提供思考的机会，并能在提问中培养学生独立思考的能力。为培养学生的发散性思维，问题应该具有一定的探究性，并适当留有空白，赋予学生思考的空间，培养学生的思考能力。

（3）课堂提问必须有明确的目的，如课堂组织的定向性提问、了解学情的摸底性提问、学习方法的指导性提问、知识理解的启发性提问、触类旁通的发散性提问、温故知新的复习性提问等。巧问能激发学生学习的积极性，提高课堂效率。

三、关于课堂教学资料呈现情况的课堂观察

参加“厦门市小学专家型教师培养对象”培训时，在车老师的带领下，我们到长春一所小学观摩了品德与生活、品德与社会课，其中两节课给我的印象比较深，现就这两节课的课堂教学资料呈现情况做简要分析。

第一节课“让世界充满爱”

资料一：爱的繁体字“愛”。

资料二：关于不幸和灾难的视频，如有关汶川地震、贫困地区、弱势群体的视频。

资料三：教材。

资料四：洗脚妹刘丽的助学事迹。

资料五：神秘女士“微尘”捐款，使众多“微尘”加入慈善行列，使“微尘”成为公益品牌。

资料六：“瑞恩的井”基金会资料。

资料七：同桌讨论。这些小故事中的主人公都是普普通通的小人物，但他们的事迹都很感人，他们的事迹说明了什么？

资料八：中央电视台《道德观察》栏目中关于民工兄弟为救轻生的女青年献出了生命的资料。

教师：我想到了另一个问题，女青年因为失恋自杀，民工兄弟为了救人而献出了生命。对女青年的行为，你有什么看法？

资料九：交流课前寻找到的“爱心天使”。

学生：我的腿受伤了，同学和老师买药给我，他们是爱心天使。

学生：我发高烧后，爸爸妈妈连夜送我去医院，他们是爱心天使。

学生：我在三岁时走丢了，一个路人帮我给警察打电话，后来警察把我送回了家，他们都是爱心天使。

学生：我看到有人欺负弱小，于是打了他。

教师：你很有正义感，但这样处理不对，打人不能解决问题，你应该找大人来解决。

学生（小雅）：我五年级的时候，有一次因为烧伤住院了，老师带同学们来看我，他们安慰我、鼓励我，帮助我走出了困境，他们都是爱心天使。

教师：爱心天使就在我们身边，每位同学都是爱心天使。比如小雅，她每天放学都留下来帮值日生一起打扫卫生，她就是我们的爱心天使。昨天小雅悄悄问我："老师，我丑吗?"我问："为什么这样问?"她说："前几天，有人说我很丑。"

教师：同学们，你们说，小雅丑吗?

学生：不，她的心灵是美的，心灵美才是真正的美。

学生：小雅很坚强，坚强的人最美。

[教师代表六年级（3）班全体同学给了小雅一个拥抱。]

资料十：天堂和地狱的故事。

这节课中所呈现的资料既有文本资料又有生活资料，教师以文本资料为载体，调动了学生的生活经验和知识经验；既有课内资料又有课外资料，教师在教学时以课外资料为主，课内资料运用不够充分；既有教师收集的资料，又有学生收集的资料，以教师收集的资料为主，学生收集的资料主要是寻找的"爱心天使"，略显单薄。

资料层次清晰、角度多元，使学生认识到"爱"是不分国界、不分人种、不分年龄、不分贫富的。同时，教师能够利用典型的资料，引导学生进行多角度的分析。如通过民工兄弟与轻生女青年对生命的态度的比较，使学生不仅体验到"爱"，还学会了"爱"。

在教学中，教师能关注学生的感受，虽然课堂上学生互相交流的机会较少，但讲述的这些事使大家都很受感动。笔者以为，这正是品德与社会课需要达到的情感教育的效果。当然，教师还可以根据本节课的教学目标，多为学生提供一些来自国际救援的资料，努力突显"让世界充满爱"，而不仅是"让我们的生活充满爱"。

第二节课"妞妞的困惑"

资料一：教师播放视频：果园里，农民在水果上洒农药；菜园里，农民在蔬菜上喷洒农药；土地被污染，变得贫瘠；许多动物死亡。

资料二：小组内交流农药和化肥有什么危害？去除果蔬中农药的办法有哪些？如果不用农药和化肥，有什么办法可以使农作物既增产又避免虫害?

资料三：学生汇报。汇报的方式为教师请举手的学生回答。学生既有用自己的语言简要汇报的，又有按照文本资料介绍的，还有边呈现实物边介绍的。

分析： 学生收集的资料有图片、文稿、实物，种类比较丰富。另外，关于“农药和化肥的危害”这方面的资料比较多，学生有关这方面内容的交流也比较多，这使学生发出“农民太可怕了”“农药太可怕了”这样的感慨，这样处理似乎不太恰当。教师应该把交流的重点放在“如果不用农药和化肥，有什么办法可以使农作物既增产又避免虫害”上。

四、关于教师课堂评价语言的课堂观察①

1．观察量表

教师课堂评价语言观察量表（评价对学生产生影响的结果）

量表类型：描述体系　　观察对象：教师、学生

研究问题：教师课堂评价语言的类型及频率

<table>
<tr><td colspan="2">开课时间</td><td></td><td colspan="2">开课地点</td><td></td><td>学科</td><td></td><td>年级</td><td></td></tr>
<tr><td colspan="2">执教者姓名</td><td></td><td>教龄</td><td></td><td>单位</td><td></td><td>课题</td><td colspan="2"></td></tr>
<tr><td colspan="2">观察者姓名</td><td></td><td>教龄</td><td></td><td>单位</td><td></td><td>备注</td><td colspan="2"></td></tr>
<tr><td rowspan="3">积极评价</td><td colspan="9">实事求是的、真诚的、具体的、启发性的、指导性的、诙谐幽默的、机智的、赏识的、宽容的、科学的……</td></tr>
<tr><td>统计</td><td colspan="4">次数________</td><td colspan="4">频率________</td></tr>
<tr><td>典型评价语言及学生反应记录</td><td colspan="8"></td></tr>
<tr><td rowspan="3">简单评价</td><td colspan="9">判决式的、笼统的</td></tr>
<tr><td>统计</td><td colspan="4">次数________</td><td colspan="4">频率________</td></tr>
<tr><td>典型评价语言及学生反应记录</td><td colspan="8"></td></tr>
<tr><td rowspan="3">消极评价</td><td colspan="9">失真的、违心的、迎合的、伤自尊的、乏味的、单调的、呆板的、违背科学的、违背社会伦理的……</td></tr>
<tr><td>统计</td><td colspan="4">次数________</td><td colspan="4">频率________</td></tr>
<tr><td>典型评价语言及学生反应记录</td><td colspan="8"></td></tr>
</table>

说明：频率＝（次数÷三项次数之和）×100%。

---

① 福建省厦门市华昌小学原诗老师提供。观察量表采用的是厦门市教育科学研究院李智老师及他的研究团队一起设计的《教师课堂评价语言观察量表》。

教师课堂评价语言观察量表（评价针对的内容）

量表类型：描述体系　　观察对象：教师、学生

研究问题：教师课堂评价语言的类型及频率

开课时间		开课地点		学科		年级	
执教者姓名		教龄		单位		课题	
观察者姓名		教龄		单位		备注	
评价思维结果	注重思维成果及结论的评价语言						
	统计	次数________		频率________			
	典型评价语言及学生反应记录						
评价思维过程	注重思维过程、思维方法、解题方法、思维品质的评价语言						
	统计	次数________		频率________			
	典型评价语言及学生反应记录						

说明：

1. 频率＝（次数÷二项次数之和）×100％。

2. 本表与上表所记的评价语言如有重复，可直接在上表中做标记，以提高记录速度。

3. 观察量表适用范围：教师对学生的学习行为进行及时的评价，这种行为是普遍存在的，因此本表适用于各学科的课堂观察。教师在课堂中的评价行为虽多以语言来体现，但也有非语言的呈现形式（如动作、神情等）。本表聚焦的是教师的评价语言。

2. 观察记录

教师课堂评价语言观察量表（评价对学生产生影响的结果）

量表类型：描述体系　　观察对象：教师、学生

研究问题：教师课堂评价语言的类型及频率

开课时间	2014.5.13	开课地点	天安小学		学科	品德与社会	年级	六年级
执教者姓名	陈雅琴	教龄		单位	天安小学	课题	学会沟通	
观察者姓名	原诗	教龄		单位	华昌小学	备注		
积极评价	实事求是的、真诚的、具体的、启发性的、指导性的、诙谐幽默的、机智的、赏识的、宽容的、科学的……							
	统计	次数　12		频率　75％				
	典型评价语言及学生反应记录	“好方法！”“你可以换个时间、换个环境或选择适当的时机与父母沟通。”“可以试试角色互换的方法。”“她一定是个懂事的孩子。”……						

（续表）

<table>
<tr><td>开课时间</td><td>2014.5.13</td><td colspan="2">开课地点</td><td colspan="2">天安小学</td><td>学科</td><td>品德与社会</td><td>年级</td><td>六年级</td></tr>
<tr><td>执教者姓名</td><td>陈雅琴</td><td>教龄</td><td></td><td>单位</td><td>天安小学</td><td>课题</td><td colspan="3">学会沟通</td></tr>
<tr><td>观察者姓名</td><td>原诗</td><td>教龄</td><td></td><td>单位</td><td>华昌小学</td><td>备注</td><td colspan="3"></td></tr>
<tr><td rowspan="3">简单评价</td><td colspan="9">判决式的、笼统的</td></tr>
<tr><td>统计</td><td colspan="8">次数 4 　频率 25%</td></tr>
<tr><td>典型评价语言及学生反应记录</td><td colspan="8">“哦，好。”“请坐。”重复学生的话</td></tr>
<tr><td rowspan="3">消极评价</td><td colspan="9">失真的、违心的、迎合的、伤自尊的、乏味的、单调的、呆板的、违背科学的、违背社会伦理的……</td></tr>
<tr><td>统计</td><td colspan="8">次数 0 　频率 0</td></tr>
<tr><td>典型评价语言及学生反应记录</td><td colspan="8"></td></tr>
</table>

说明：频率＝（次数÷三项次数之和）×100%。

教师课堂评价语言观察量表（评价针对的内容）

量表类型：描述体系　　观察对象：教师、学生

研究问题：教师课堂评价语言的类型及频率

<table>
<tr><td>开课时间</td><td>2014.5.13</td><td colspan="2">开课地点</td><td colspan="2">天安小学</td><td>学科</td><td>品德与社会</td><td>年级</td><td>六年级</td></tr>
<tr><td>执教者姓名</td><td>陈雅琴</td><td>教龄</td><td></td><td>单位</td><td>天安小学</td><td>课题</td><td colspan="3">学会沟通</td></tr>
<tr><td>观察者姓名</td><td>原诗</td><td>教龄</td><td></td><td>单位</td><td>华昌小学</td><td>备注</td><td colspan="3"></td></tr>
<tr><td rowspan="3">评价思维结果</td><td colspan="9">注重思维成果及结论的评价语言</td></tr>
<tr><td>统计</td><td colspan="8">次数 14 　频率 87.5%</td></tr>
<tr><td>典型评价语言及学生反应记录</td><td colspan="8">评价语言：“好方法。”“这是个处理成功的案例。”……
学生反应：发言的学生流露出兴奋的表情</td></tr>
<tr><td rowspan="3">评价思维过程</td><td colspan="9">注重思维过程、思维方法、解题方法、思维品质的评价语言</td></tr>
<tr><td>统计</td><td colspan="8">次数 2 　频率 12.5%</td></tr>
<tr><td>典型评价语言及学生反应记录</td><td colspan="8">评价语言：“通过某某同学的发言，我们知道他懂得换位思考了，很不错。”“她用了一种办法——写信与父母进行沟通。”</td></tr>
</table>

说明：

1. 频率＝（次数÷二项次数之和）×100%。

2. 本表与上表所记的评价语言如有重复，可直接在上表中做标记，以提高记录速度。

3. 观察量表适用范围：教师对学生的学习行为进行及时的评价，这种行为是普遍存在的，因此本表适用于各学科的课堂观察。教师在课堂中的评价行为虽多以语言来体现，但也有非语言的呈现形式（如动作、神情等）。本表聚焦的是教师的评价语言。

3. 观察结果及分析

为了更好地观察和研究陈雅琴老师执教的“学会沟通”一课，我带着《教师课堂评价语言观察量表》进行课堂观察。

该观察量表主要记录教师课堂评价语言的类型及频率。在本节课教学中，陈老师进行语言评价共16次。我们根据评价对学生产生影响的结果，把课堂评价分为积极评价、简单评价和消极评价三类。

在教学中，陈老师没有使用消极的评价语言，这体现了其良好的个人素质和师德修养。课堂中，陈老师的积极评价频率高达75%，对学生产生了极为有效的引导作用。陈老师在评价中用得较多的是鼓励性的语言，如“好方法”；也有指导性语言，如“你可以换个时间、换个环境或选择适当的时机与父母沟通”；有肯定及鼓励性的评价，如“她一定是个懂事的孩子”。当然，课堂上也出现了一些简单评价，本课中陈老师的简单评价频率为25%，是在比较合理的范围内的，其中，陈老师容易出现的简单评价语言是重复学生的话。如果是需要强调的重点内容，是有必要进行重复的；如果不是重点内容，教师一味地重复学生的回答就没必要了。

另外，本观察量表还根据评价针对的内容，把教师的评价分为“评价思维结果”和“评价思维过程”两种。很多时候教师更注重评价学生的思维结果，而忽略评价学生的思维过程、思维方法。陈老师也不例外，其“评价思维结果”比较多，共有14次，频率为87.5%。但陈老师也能够适当地评价学生的思维过程，如“通过某某同学的发言，我们知道他懂得换位思考了”，这就提醒了学生，换位思考是一种重要的思维方法，鼓励学生运用这一思维方法解决问题，这样的评价思维过程的语言是有效的、机智的。如果课堂上教师可以适时增加一些评价思维过程的语言，特别是在学生交流自己遇到的“沟通事件”，而大多数学生汇报的都是相似的成功案例时，教师可以用评价思维过程的语言帮助学生打开思路，使学生不仅谈一些沟通成功的案例，也说一些沟通失败的案例，并在失败中共同探讨出解决方法。我们会发现，这样的评价语言能够给学生提供适当的引导，也更具实效性。

教师的课堂评价语言都是在教学过程中自然生成的，它考验着教师的教学能力、反应能力。同时，它与学生的课堂反应分不开，学生的积极回应，有时候更能激发教师的教学智慧。

4. 反思

教师的课堂评价语言在课堂教学中起着至关重要的作用。有效的课堂评价语言能激发学生学习和思考的兴趣，能使学生开拓思维，加深情感体验。因此，对教师课堂评价语言的观察与研究具有重要的价值，利用《教师课堂评价语言观察量表》进行课堂观察，能使我们的观察具有一定的针对性和方向，便于研究。

课堂评价语言是事先无法确定的，这就要求教师具有扎实的教学功底，一定的教育理论水平，敏锐的观察力，准确的判断力和良好的口头表达能力。通过对陈老师课堂评价语言的观察与分析可以看出，陈老师有着敏锐的观察力和较强的语言表达能力，她的一些课堂评价语言和方式值得我们借鉴。

五、关于学生收集、整理、运用信息的能力及课堂参与情况的课堂观察①

1. 观察点的选择

该课堂观察以厦门市高殿中心小学郭璐茜老师执教的“人人都应该懂得的‘道路语言’”为观课对象，主要对学生收集、整理、运用信息的能力及课堂参与情况进行观察研究。选择该观察点既是课例的需要，也是推进省级课题“《品德与社会》学生实践能力评价研究”的需要。实践能力包含的内容很多，如观察能力，探究能力，思考能力，表达能力，收集、整理、分析资料的能力，与他人合作完成学习任务的能力等。在多种能力当中，我们根据本课特点，选择学生收集、整理、运用信息的能力及课堂参与情况作为此次课堂观察的观察点。

品德与社会新课标中，明确把培养学生“初步掌握收集、整理和运用信息的能力，能够选用恰当的工具和方法分析、说明问题”作为课程目标

---

① 福建省厦门市钟宅民族小学陈月凤老师提供。

之一，我们选择的这个观察点有利于培养学生的实践能力。总之，我们进行课堂观察的目的是促进学生实践能力的发展，使教师对学生的能力有更全面的了解，进而有针对性地对学生进行学习引导。

2. 观察量表的设计

下面以第7组课堂观察量表为例进行介绍。

“人人都应该懂得的‘道路语言’”课堂观察量表

观察对象：学生　研究问题：学生收集、整理、运用信息的能力及课堂参与情况

<table>
<tr><td>开课时间</td><td>2015.6.5</td><td colspan="3">开课地点</td><td colspan="2">厦门市湖里区教师进修学校附属小学</td><td>学科</td><td>品德与社会</td><td>年级</td><td>四年级</td></tr>
<tr><td>执教者姓名</td><td>郭璐茜</td><td>职称</td><td colspan="2">一级教师</td><td>单位</td><td>高殿中心小学</td><td>课题</td><td colspan="3">人人都应该懂得的“道路语言”</td></tr>
<tr><td>观察者姓名</td><td>原诗</td><td>职称</td><td colspan="2">一级教师</td><td>单位</td><td>华昌小学</td><td>观察对象</td><td colspan="3">第7组（4人小组）</td></tr>
<tr><td rowspan="2">活动内容</td><td rowspan="2">实践能力</td><td rowspan="2">学生</td><td colspan="2">完成情况</td><td rowspan="2">参与情况</td><td rowspan="2" colspan="5">观课教师简评（语言描述）</td></tr>
<tr><td>量</td><td>质</td></tr>
<tr><td rowspan="4">收集交通标志</td><td rowspan="4">A</td><td>生1</td><td>6</td><td>B</td><td>A</td><td rowspan="4" colspan="5">在此环节中，小组大多数成员参与积极性较高，都能够收集到相关的信息，并且亲手制作了交通标志，但也有未在课前准备的成员，其在小组活动中就显得比较被动，更多的时候是倾听。</td></tr>
<tr><td>生2</td><td>3</td><td>B</td><td>A</td></tr>
<tr><td>生3</td><td>0</td><td>C</td><td>C</td></tr>
<tr><td>生4</td><td>6</td><td>A</td><td>A</td></tr>
<tr><td rowspan="4">说出交通标志的含义</td><td rowspan="4">C</td><td>生1</td><td>6</td><td>A</td><td>A</td><td rowspan="4" colspan="5">在此环节中，小组成员交流有序，能够依次说出自己收集的交通标志的含义。其中，生4还能够提醒组内其他成员在交流交通标志时说话声音大一点儿，让小组组员都能听清楚。建议未做好收集工作的组员也根据生活经验谈谈交通标志的含义。</td></tr>
<tr><td>生2</td><td>3</td><td>B</td><td>A</td></tr>
<tr><td>生3</td><td>0</td><td>C</td><td>B</td></tr>
<tr><td>生4</td><td>6</td><td>A</td><td>A</td></tr>
<tr><td rowspan="4">将交通标志分类</td><td rowspan="4">B</td><td>生1</td><td>3</td><td>A</td><td>A</td><td rowspan="4" colspan="5">在此环节中，小组成员能够将交通标志进行基本的分类，但本组学生对教师提出的要求不太明白，导致未能在规定时间内完成分类。</td></tr>
<tr><td>生2</td><td>1</td><td>B</td><td>B</td></tr>
<tr><td>生3</td><td>1</td><td>B</td><td>B</td></tr>
<tr><td>生4</td><td>3</td><td>A</td><td>A</td></tr>
<tr><td rowspan="4">在平面图上贴上交通标志</td><td rowspan="4">D</td><td>生1</td><td>4</td><td>A</td><td>A</td><td rowspan="4" colspan="5">在此环节中，小组成员积极参与、热情高涨，能够根据自己的理解以及与小组成员的交流正确判断交通标志的位置，并粘贴到平面图上。但是该组在这一环节中分工不明确，行动无序。</td></tr>
<tr><td>生2</td><td>3</td><td>A</td><td>A</td></tr>
<tr><td>生3</td><td>1</td><td>B</td><td>A</td></tr>
<tr><td>生4</td><td>3</td><td>A</td><td>A</td></tr>
</table>

（续表）

观课小结： 感谢郭老师给我们带来了这富有借鉴意义、实用性强、贴近生活的一节课。在从“学生收集、整理、运用信息的能力及课堂参与情况”来观察这节课后，我更加关注课堂中学生的“学”了，同时我对此也有了一些认识与思考。 一、适当指导，培养实践能力 从“收集交通标志”环节，可以看出郭老师在课前对学生做了精心的指导。课前安排学生通过观察，或利用书籍、网络等了解交通标志，并让学生自己制作交通标志用于课堂展示。在学生展示时，我观察到，学生自己制作的交通标志的大小、所用的纸张等比较一致，可见老师在课前进行了指导，而且大多数学生制作的交通标志是彩色的，颜色能够做到与实际交通标志统一，较为规范。可见，学生课前收集和整理信息时，教师的指导是十分重要的。教师布置课前任务时，表达得越明确，越清晰，越贴近儿童心理，学生越能较好地完成任务，并在实践中获得能力的提升。 二、大胆交流，锻炼实践能力 作为课堂观察者，我深入学习小组，除了观察到学生收集信息的能力外，更直接地观察到学生整理信息的能力。在“说出交通标志的含义”环节中，学生在小组内有序地交流了自己收集到的交通标志的含义，可见平时课堂上小组交流活动比较频繁，小组成员分析信息的能力以及表达能力是比较强的。在展示活动中，该组学生的表现也是比较大胆和踊跃的，这与学生掌握和具备了一定的汇报能力和交流能力是分不开的。 三、创新运用，提高实践能力 在这节课中，学生除了要认识一些交通标志外，还要学会运用这些交通标志，真正理解其含义，运用信息的能力是对学生的实践能力提出的更高要求。在本课中，教师设计了“将交通标志分类”和“在平面图上贴上交通标志”环节引导学生运用信息。学生积极开动脑筋，运用所学知识完成任务，实践能力在活动中得到了提高。在“在平面图上贴上交通标志”环节中，虽然答案是开放的，但是建议教师对学生的作品进行讲解，以帮助学生正确认识交通标志的含义与作用。 通过对这节课的观察，我对学生的实践能力的培养有了更深入的认识。学生收集、整理、运用信息的能力是进行品德与社会课程学习的重要实践能力，如果能够提高这些能力，将有助于学生自主探究问题，进一步认识社会，认识事物。

说明：

1.“实践能力”栏目：A. 收集信息，B. 整理信息，C. 分析、说明信息，D. 运用信息。

2.“完成情况”栏目：“量”为计数，填写学生完成的数量，记录次数时，请用“正”字统计法记录；“质”可分为 A. 优，B. 良，C. 中，D. 差。

3.“参与情况”栏目：A. 主动参与，B. 配合参与，C. 旁观、被动参与，D. 妨碍他人、被动参与。

4.“观课教师简评”栏目：观察者进行客观的语言评价并提出建设性意见。

3. 观察项目说明

（1）活动内容。本表内设计的活动内容包括四个方面：收集交通标志、说出交通标志的含义、将交通标志分类、在平面图上贴上交通标志。其与执教教师设计的教学内容相吻合，主要对学生活动完成的质量及学生的参与度进行观察。

（2）实践能力。实践能力是指人们在有目的地探索和改造现实世界的一切社会性客观物质活动过程中所表现出来的能力和素质。品德与社会新课标中对学生能力的培养提出了这样的要求："初步掌握收集、整理和运用信息的能力，能够选用恰当的工具和方法分析、说明问题。"所以我们在进行课堂观察时从以下四个方面入手：学生收集信息的能力，整理信息的能力，分析、说明信息的能力，运用信息的能力。收集交通标志属于收集信息的能力，说出交通标志的含义属于分析、说明信息的能力，将交通标志分类属于整理信息的能力，在平面图上贴上交通标志属于运用信息的能力。

（3）完成情况。在完成情况栏中，既有对活动的数量的统计，也有对学生完成质量的判定，从而能全面了解学生活动的完成情况，从侧面反映学生对该环节的掌握情况。

（4）参与情况。对学生参与情况的观察主要从四个方面进行：主动参与，配合参与，旁观、被动参与，妨碍他人、被动参与。通过对学生小组活动参与情况的观察，我们可以看到学生对学习内容的掌握情况及学生的学习兴趣，了解学生在活动中的角色定位。

（5）观课教师简评。对整个小组或者小组个别学生进行描述、评价，并提出建设性建议，这对执教教师改进教学内容有一定的促进作用。

4. 观察安排

观察小组成员：吴晓婷（第1组）、张燕（第2组）、梁音（第3组）、江雅梅（第4组）、邵玉碧（第5组）、陈雅琴（第6组）、原诗（第7组）、黄宝妮（第8组）、张斯洁（第9组）、陈月凤（第10组）、杨钟志（第11组）、陈晓群（第12组）。

主要任务：观察与记录。在本次课堂观察中，要求每位教师都要融入4人小组中，观察学生的小组讨论情况，观察学生在课堂上的表现，并进行及时有效的记录，最后做出汇总与分析。

观察报告撰写人：陈月凤

主要任务：汇总观察量表，撰写观察报告。

5. 观察结果及分析

（1）学生“收集信息的能力”

① 完成数量

每个学生平均收集4个交通标志，其中有5人没有完成课前老师布置的收集交通标志的任务，收集数量最多的一名学生共收集了11个交通标志。

由此数据可以看出，学生课前收集资料的积极性是很高的，据执教教师介绍，她只要求学生收集3个交通标志就行了，而学生收集交通标志的平均数已超过了老师的要求。可见，学生对该课例感兴趣，学习的积极性很高。针对个别没有完成老师布置的任务的学生，执教教师可以课后与其沟通了解原因。

② 完成质量

优	良	中	差
28人	11人	3人	2人

总体情况良好，第2组、第3组、第8组完成的质量最好，其中第3组学生平均收集交通标志的数量为7个，且质量较高。第2组和第8组学生收集交通标志的数量较少，但是完成的质量较高。教师在平时布置信息收集任务时，应根据学生的年龄特点布置，要引导学生以质取胜而不是以量取胜。

③ 参与情况

主动参与	配合参与	旁观、被动参与	妨碍他人、被动参与
22人	15人	7人	0

完成质量较好的学生较有自信，因此参与的积极性较高。

④ 观课教师简评（选取两位教师的简评为代表）

对第2组的简评：学生能在课前主动收集资料，在小组活动时主动展示、交流收集到的交通标志，并积极上台展示，这与老师课前任务布置的技巧——不求量而求质有关，因为这样的要求更能促进学生的思考，激发学生的积极性。

对第5组的简评：学生乐于收集，收集的交通标志很丰富，且数量较多，说明该组学生收集资料的能力较强。

（2）学生“分析、说明信息的能力”

① 完成数量

学生平均能够说出 3 个交通标志的含义，其中第 3 组的一名学生收集了 10 个交通标志，且能正确说出这 10 个交通标志的含义，而部分学生对自己收集的交通标志的含义并不清楚，共有 8 名学生无法说出自己收集的交通标志的含义。

② 完成质量

优	良	中	差
20 人	13 人	7 人	4 人

完成质量并不理想。学生只会收集却不知其义，说明学生的分析能力有限，需要教师在课堂教学中多加关注。

③ 参与情况

主动参与	配合参与	旁观、被动参与	妨碍他人、被动参与
18 人	18 人	8 人	0

学生主动参与的积极性还是有所欠缺的，需要教师多加引导。

④ 观课教师简评（选取两位教师的简评为代表）

对第 4 组的简评：在小组汇报时，组长应说明汇报的顺序，若无人愿意先汇报，组长可为组员示范，第一个进行汇报，以调动组员的积极性；在某一人汇报时，出现了个别组员整理自己的交通标志的现象，且多数组员不能认真倾听。

对第 10 组的简评：部分学生对所收集的交通标志的含义并不清楚；学生的参与积极性较高，但对信息的了解程度不够。

（3）学生“整理信息的能力”

① 完成数量

在教师讲解后，学生对交通标志有了进一步的了解，因此在对交通标志进行分类时，平均每个学生对 4 个交通标志进行了正确分类，有一个学生没有完成分类。

② 完成质量

优	良	中	差
35 人	6 人	2 人	1 人

从以上数据可以看出，学生对信息的理解较清楚，能够在课堂上快速做出分析、判断。

③ 参与情况

主动参与	配合参与	旁观、被动参与	妨碍他人、被动参与
18 人	22 人	4 人	0 人

组长等一些较优秀的学生在这一活动中起主要作用，其他学生则自动退为旁观者，不主动承担一定的任务，这种现象在该环节特别明显。

④ 观课教师简评（选取两位教师的简评为代表）

对第 9 组的简评：在该环节，小组内人人都参与其中。在分类时，组员之间进行了讨论；在他人汇报时，组员都能认真倾听并及时做出评价和反馈。

对第 11 组的简评：对该组学生来说这一环节较容易，学生能轻松地将交通标志进行分类，但个别学生的分类存在错误，这与其第一环节的任务完成情况有关。

（4）学生“运用信息的能力”

① 完成数量

该环节是对整节课教学内容的概括，学生完成数量平均为 3 个，完成数量最多的是第 1 组，共在平面图上贴了 21 个交通标志，这说明学生对信息的了解还是比较到位的，因此能正确运用信息。

② 完成质量

优	良	中	差
17 人	20 人	6 人	1 人

在该环节中，第 2 组、第 7 组、第 8 组完成的质量较高，第 11 组完成的质量最差，整组只粘贴了 4 个交通标志。究其原因，除了对信息的掌握运用能力较差外，学生不懂得小组合作也是重要因素。

③ 参与情况

主动参与	配合参与	旁观、被动参与	妨碍他人、被动参与
20 人	21 人	3 人	0 人

学生的参与情况还是比较好的。

④ 观课教师简评（选取两位教师的简评为代表）

对第 2 组的简评：能运用教师发的交通标志和自己收集的交通标志完成粘贴任务，4 个人都参与了上台展示，小组合作时分工可以再明确些。

对第 7 组的简评：学生参与积极，能够与小组成员进行交流、沟通。不足之处是组内分工不明确。

6. 反思和建议

(1) 培养学生收集、整理信息的习惯

收集资料的过程其实就是学习的过程，通过观察发现该班学生收集资料的积极性和主动性较欠缺，被动学习的情况较普遍，即使有学生收集了信息，但对信息进行进一步了解或者处理的学生几乎没有。针对这种情况，教师要在教学中加强培养学生收集信息的意识，让学生养成收集、整理信息的好习惯。同时，可降低信息收集的难度，提前布置任务，针对学生可能出现的困难事先有所预设。有教师建议，在学期初就把该学期一些重要的收集任务先行布置，这个方法未尝不可，但需要教师对课本非常熟悉，备课充分。

(2) 培养学生与人合作的能力

懂得合作是一切能力培养的基础，通过课堂观察我们发现，不懂得合作的小组不能很好地完成教师布置的任务，因此，教师在教学中一定要注重培养学生的合作意识。首先，要形成学生合作共同体，知道除了要对自己的学习负责，也要对同组同学的学习负责。其次，组内分工要明确，责任到人。最后，组内交流时的倾听很重要，大家要相互尊重，做一个懂礼貌的人；要边听边思考，吸取他人长处，弥补自身不足，不断充实自己。

(3) 培养学生运用知识解决实际问题的能力

学习知识，就是为了解决生活中的实际问题，在本课的教学中，教师模拟了从鼓浪屿到学校的各种路况，让学生根据学到的相关知识，将交通标志粘贴于相应的道路上，这便很好地培养了学生对知识的运用能力。因此，教师应多为学生创设情境，让学生将学到的知识学以致用。

在本次课堂观察中，我们重点关注了学生课前、课中的学习行为及学习质量，教师只有了解了学情，才能有效解决教学中的问题，真正促进学生的发展。

附

人人都应该懂得的“道路语言”课例简案

高殿中心小学　郭璐茜

[教学目标]

1. 认识和辨认生活中常见的交通标志，并正确理解它们的含义。

2. 懂得运用交通标志，发挥交通标志的作用。

3. 进一步提高自己的交通安全意识和自我保护意识。

[教学重难点]

1. 认识和辨认生活中常见的交通标志并学以致用。

2. 知道交通标志的含义，从而提高自我交通安全意识和自我保护意识。

[教学准备]

教师准备课件和交通标志小图片；学生课前收集身边的交通标志，并制作交通标志。

[教学过程]

一、创设情境，提出问题

1. 介绍“我是交通安全小超人”课堂评价表。

2. 提出问题：外国小朋友如何才能安全、顺利地从鼓浪屿到达厦门市湖里区教师进修学校附属小学？

二、探究实践，解决问题

1. 说一说交通标志。

(板书：交通标志。)

小组交流。

全班交流（请组长展示组内学生收集的交通标志并逐一介绍）。

2. 认一认交通标志。

教师播放视频，学生认交通标志。

3. 分一分交通标志。

(板书：警告标志　禁令标志　指示标志。)

4. 用一用交通标志。

小组活动：小组4人合作设计一份从鼓浪屿到学校的道路交通标志指示图。

小组汇报（选两个小组汇报），教师引导，总结。

5. 欣赏国外的交通标志。

(板书：交通标志——人人都应该懂得的“道路语言”。)

三、激发情感，增强意识

1. 课件出示违反交通规则的图片和因违反交通规则造成重大事故的案例。

2. 师生交流。

3. 教师总结。

（板书：遵守　珍爱生命。）

四、评价

组长公布组内获得星星最多的同学，教师为其颁发交通安全小超人卡片。

“我是交通安全小超人”课堂评价表

评价标准 姓名	收集标志	说标志	分标志	贴标志	总星数	备注	评价人
	☆☆☆	☆☆☆	☆☆☆	☆☆☆			
	☆☆☆	☆☆☆	☆☆☆	☆☆☆			
	☆☆☆	☆☆☆	☆☆☆	☆☆☆			
	☆☆☆	☆☆☆	☆☆☆	☆☆☆			
	☆☆☆	☆☆☆	☆☆☆	☆☆☆			

说明：

1. 收集1个交通标志涂☆，收集2个交通标志涂☆☆，收集3个交通标志涂☆☆☆。

2. 说出一个交通标志的含义涂☆，说出2个交通标志的含义涂☆☆，说出3个交通标志的含义涂☆☆☆。

3. 正确对1个交通标志进行分类涂☆，正确对2个交通标志进行分类涂☆☆，正确对3个交通标志进行分类涂☆☆☆。

4. 贴对1个交通标志涂☆，贴对2个交通标志涂☆☆，贴对3个交通标志涂☆☆☆。

六、关于小组合作学习有效性的课堂观察①

1. 观察目的

主动参与、善于合作、乐于探究，这是新课程改革大力倡导的学习方式。于是，原本“安静”的课堂一下子就“热闹”起来了，以小组合作为主的合作学习被教师们广泛采用。教师从讲台上走了下来，伏下身来与学生交流，拉近了师生之间的距离。但仔细观察我们就会发现，课堂中有很多合作学习存在问题，使得合作学习的效率较低。例如，有的教师把合作学习作为一种形式或一种点缀，只给学生两三分钟的时间，学生还没有真正进入学习状态，合作学习就草草收场了；有的教师重视对合作结果的评价，忽视对合作过程有效性的指导；有的合作学习看似全员参与，实际上是学优生“一统

① 福建省厦门市安兜小学邵玉碧老师提供。

天下”，学困生“袖手旁观”；有的合作学习，学生不会倾听，不会合作，课堂几乎处于失控状态……种种现象表明，合作学习流于形式的多，取得实效的少。低效甚至无效的合作学习给一线品德教师带来了许多困惑，为此，我们决定进行小组合作学习有效性的课堂观察，以了解学生小组合作学习的现状，进而制订有效的措施，提高小组合作学习的有效性。

2. 观察点的选择

“重形式，轻实质”使小组合作学习成为课堂摆设，这样的小组合作学习有以下特点：一是追求课堂活跃。不少教师为追求教学形式与方法上的翻新，特别是在上公开课、示范课时，常会运用“小组合作讨论”的形式。课堂上虽然出现了激烈的讨论，但效果并不好。二是选题不当。这样的合作不切实际，不合时宜，更没有效果。究其原因是，合作学习小组组织不规范，往往是按座位就近随意分组，组员没有明确的分工，不能担负起相应的职责，教师没有担当起指导者、参与者和合作者的角色，没有在合理组织、有效指导、积极参与等方面发挥指导作用。因此，我们把组内学生是否有明确的分工，学生的参与程度，学生是否认真倾听、互助互学，通过合作交流能否解决问题，小组自主、合作、探究的氛围如何等，设置为观察点来观察小组合作学习的有效性。

3. 观察准备

制作观察量表（见下表）。

小组合作学习中学生的表现观察量表

观察内容：小组合作学习的有效性　　观察对象：________

执教教师：________　课题：________　日期：________

评价内容 组别	分工明确（20分）	参与程度（20分）	认真倾听、互助互学（20分）	通过合作交流能解决问题（20分）	自主、合作、探究的氛围（20分）	总分（100分）
第1组						
第2组						
第3组						
第4组						
第5组						
总体评价						

说明：教师要注意观察，及时给每个小组打分；打分要公平、客观。

小组合作学习课堂学习观察量表

观察对象：________ 执教教师：________ 课题：________

一级指标	二级指标	评分细则及说明	得分
学生表现（80分）	1. 自学	（1）准备到位，动作迅速（4分） （2）动手动脑，扎实规范（8分） （3）自主思考，提炼问题（8分）	
	2. 发言	（1）参与面大，发言踊跃（6分） （2）切中主题，质量较高（8分） （3）声音洪亮，简洁流畅（6分）	
	3. 合作	（1）组内合作有序，配合默契，帮扶有效（6分） （2）组内分工明确，人人积极参与，组员充分履职（7分） （3）交流、倾听、质疑、争论、归纳等习惯良好（7分）	
	4. 展示	（1）组内展示充分、有序（5分） （2）组间展示规范有序（5分） （3）敢于提问，有效质疑（5分） （4）点评准确，评价恰当（5分）	
效果（20分）	目标达成	（1）积极参与活动，目标达成率高（10分） （2）思维活跃，态度积极，对教师满意率高（10分）	
总体评价			

说明：教师要在课堂上认真观察小组的表现，客观、公正地记录分数。

4. 观察记录和结果

小组合作学习中学生的表现观察量表

观察内容：小组合作学习的有效性

观察对象：安兜小学三年级（2）班

执教教师：黄燕玲

课题：品德与社会三年级下册“合理购物ABC”

日期：2015.5.30

评价内容 / 组别	分工明确（20分）	参与程度（20分）	认真倾听、互助互学（20分）	通过合作交流能解决问题（20分）	自主、合作、探究的氛围（20分）	总分（100分）
第1组	15	15	18	10	14	72
第2组	10	12	15	13	15	65
第3组	18	16	15	15	15	79
第4组	10	15	15	15	15	70
第5组	15	15	18	16	20	74
总体评价	大部分学生在认真倾听、互助互学方面表现较好，学生参与的程度也较高，但也有个别学生被动参与，游离于课堂之外。不足之处主要集中在组内分工不够明确，组员没有担负起相应的职责，因此影响了小组合作解决问题的效率。					

说明：教师要注意观察，及时给每个小组打分；打分要公平、客观。

小组合作学习课堂学习观察量表

观察对象：安兜小学三年级（2）班第1组

执教教师：黄燕玲　　课题：品德与社会三年级下册“合理购物 ABC”

一级指标	二级指标	评分细目及说明	得分
学生表现（80分）	1. 自学	（1）准备到位，动作迅速（4分） （2）动手动脑，扎实规范（8分） （3）自主思考，提炼问题（8分）	15
	2. 发言	（1）参与面大，发言踊跃（6分） （2）切中主题，质量较高（8分） （3）声音洪亮，简洁流畅（6分）	16
	3. 合作	（1）组内合作有序，配合默契，帮扶有效（6分） （2）组内分工明确，人人积极参与，组员充分履职（7分） （3）交流、倾听、质疑、争论、归纳等习惯良好（7分）	13
	4. 展示	（1）组内展示充分、有序（5分） （2）组间展示规范有序（5分） （3）敢于提问，有效质疑（5分） （4）点评准确，评价恰当（5分）	14
效果（20分）	目标达成	（1）积极参与活动，目标达成率高（10分） （2）思维活跃，态度积极，对教师满意率高（10分）	18
总体评价	学生在课前准备、课堂常规方面表现得都不错，小组成员发言积极，师生互动情况良好。在小组合作讨论中，教师提的问题不够明确，学生的分工不够明确，学生主动探究意识不强，缺乏评价机制不能很好地调动学生的合作学习积极性。学生在汇报方面表现较好，展示充分、有序，但是在提问质疑方面有待提高。		76

说明：教师要在课堂上认真观察小组的表现，客观、公正地记录分数。

5. 结果分析

教师必须切实解决上述问题，使小组合作学习有效服务于课堂教学，真正突出学生的主体地位，提高学生的学习能力，培养学生的合作精神。

（1）合理组建小组，形成学习共同体

如何组建小组，关系到小组合作的效果，组建小组时应充分考虑以下因素：首先，确定合理的小组数及小组人数。教材中“说一说”“小辩论”等栏目中的讨论题，都是开放性的思考题，具有一定的探讨价值，因此，合作讨论时，组内如果人数太少，则达不到集思广益的效果，人数太多，又受课堂时间限制不能做到人人参与，畅所欲言，所以，每组人数以4～6人为宜。其次，注意小组成员的合理搭配。应本着组内异质、组间同质的原则进行分组，这样，各小组的水平接近，有利于公平竞争，有助于培养学生的合作意识和团队精神。

(2) 合理分工，明确职责

可将学生分成若干小组，每组 4 人，选出组长一名，负责组织工作；选出副组长一名，负责协调、记录工作。组长为 1 号，副组长为 2 号，组员分别为 3 号、4 号。这样安排既可以保证小组学习的有序进行，又可以为全班交流提供便利。比如，教师检查学生读课文时，不用再逐一叫学生的名字，可以直接说："请每个小组的 4 号来读。"

(3) 积极创设合作氛围，激发学生合作学习的热情

有的教师认为，合作学习就应该充分发挥学生的主体作用，让学生自由合作，教师只做旁观者，在学生汇报时认真倾听就可以了，这种认识是错误的。培养学生的合作能力需要经过一个由"扶"到"放"的过程，需要循序渐进。教师要走到学生中去，参与学生的讨论，帮助学生把握讨论的进度。对讨论有困难、讨论无序或讨论偏离主题的小组要及时进行引导，同时要放手让学生大胆讨论。教师要注意观察小组合作的情况，对表现好的学生及时进行表扬，并向全班同学说明他们受到表扬的原因，无形中使他们成为其他小组模仿的对象。

(4) 构建合理的评价机制

以小组为单位进行评价，必然能促进小组成员的共同进步，但也可能给学优生带来不利的影响。因此要制订科学合理的评价方案，既要注重对小组的评价，也不能忽视对个人的评价。

总之，小组合作学习是培养学生自主探索、合作交流意识的有效途径，是构建高效课堂的关键。教师应该清楚地认识到小组合作学习的重要性，在教学过程中针对具体情况，创造性地使用教材，以提高小组合作学习的有效性，真正把小组合作学习落到实处。

七、关于学生参与课堂教学活动积极性的课堂观察①

1. 观察目的

根据以往的教学经验，小学生在课上一般都能非常积极地参与课堂活动，积极举手发言。同时，小学生受身心发展水平的制约，在上课时注意

① 福建省厦门市康乐小学江雅梅老师提供。

力容易转移。对小学生参与课堂教学活动的积极性进行观察，有利于我们对这些问题进行更深入的了解，进而对提高小学生参与课堂教学活动的积极性进行探讨。

2. 观察点

学生参与课堂教学活动的积极性，包括听讲是否认真、回答问题的情况、开展课堂讨论的情况、动手操作的完成情况，等等。

3. 观察准备

（1）设计观察量表

选定观察主题后，我们围绕观察主题确定了 4 个观察指标——课前准备的情况，回答问题的情况，开展小组活动的情况，对待出错行为的情况，并对这 4 项指标进行了细化，最终确定了 11 项具体的观察内容，制作了如下的观察量表。

小学生参与课堂教学活动积极性的观察量表

<table>
<tr><td rowspan="3">基本资料</td><td>学校</td><td></td><td>班级</td><td></td><td>组别</td><td></td></tr>
<tr><td>观察者姓名</td><td></td><td>执教教师</td><td></td><td>日期</td><td></td></tr>
<tr><td>教学科目</td><td></td><td>课题</td><td colspan="3"></td></tr>
<tr><td colspan="3">观察内容</td><td colspan="3">出现次数</td><td>效果评价</td></tr>
<tr><td>1</td><td colspan="2">学生课前充分准备（人次）</td><td colspan="3"></td><td rowspan="13"></td></tr>
<tr><td>2</td><td colspan="2">学生集体回答问题</td><td colspan="3"></td></tr>
<tr><td rowspan="2">3</td><td rowspan="2">学生个人回答问题</td><td>被动</td><td colspan="3"></td></tr>
<tr><td>主动</td><td colspan="3"></td></tr>
<tr><td>4</td><td colspan="2">学生举手（人次）</td><td colspan="3"></td></tr>
<tr><td rowspan="2">5</td><td rowspan="2">学生参与小组讨论</td><td>被动</td><td colspan="3"></td></tr>
<tr><td>主动</td><td colspan="3"></td></tr>
<tr><td>6</td><td colspan="2">小组讨论时学生认真倾听</td><td colspan="3"></td></tr>
<tr><td>7</td><td colspan="2">学生动手操作</td><td colspan="3"></td></tr>
<tr><td>8</td><td colspan="2">学生向教师提出问题</td><td colspan="3"></td></tr>
<tr><td>9</td><td colspan="2">学生指出教师的错误</td><td colspan="3"></td></tr>
<tr><td>10</td><td colspan="2">学生指出同学的错误</td><td colspan="3"></td></tr>
<tr><td>11</td><td colspan="2">听课不认真、不专注（人次）</td><td colspan="3"></td></tr>
</table>

说明：

课前充分准备的标准：按教师要求收集了课上需要的材料。

听课不认真的标准：上课经常做小动作，说悄悄话或开小差。

另外，有些指标记录的是次数，有些指标记录的是人数，在观察内容后都有标注。

（2）进行观察分工

观察小组的教师共 12 人，观察同一个班级。班级分为 12 个小组，每位教师负责观察一个四人小组，共 11 项观察内容。教师人手一份观察量表，根据事先的人员分工，记录观察内容中的次数或人数。

4. 观察记录和结果

本次观察主要采用以下方法：一是利用分小组分课堂位置的观察方法，教师每 3 人一组，在教室内不同的位置进行观察，重点观察学生的活动；二是采用记录的方法，观察课堂上学生的各种表现；三是采用定量与定性相结合的分析方法。除了数量上的记录以外，我们还进行效果评价。最后，我们将每个人的观察结果进行汇总，并对效果评价展开讨论。本次观察效果评价的标准有四点：①课前准备是否充分；②课堂气氛是否活跃；③学生是否积极参与；④学生课堂活动的完成程度。经过对 12 张观察量表进行统计，我们得到以下结果。

小学生参与课堂教学活动积极性的观察量表

<table>
<tr><td rowspan="3">基本资料</td><td>学校</td><td colspan="2">厦门市康乐小学</td><td>班级</td><td>二年级（1）班</td><td>组别</td><td></td></tr>
<tr><td>观察者姓名</td><td colspan="2"></td><td>执教教师</td><td>江雅梅</td><td>日期</td><td>2014 年 10 月 24 日</td></tr>
<tr><td>教学科目</td><td colspan="2">品德与生活</td><td>课题</td><td colspan="3">二年级上册“种子的探索”</td></tr>
<tr><td colspan="4">观察内容</td><td>出现次数</td><td colspan="3">效果评价</td></tr>
<tr><td>1</td><td colspan="3">学生课前充分准备（人次）</td><td>47</td><td colspan="3" rowspan="13">总的来说，本堂课学生积极性都较高，课堂气氛较活跃。一开始的猜谜游戏，学生发言都很积极。在交流收集的种子的情况以及交流种子的不同时，学生都能积极地参与，但是由于时间不够，个别学生未进行交流，讨论时还有将近一半的学生没有认真听。动手操作找种子环节的效果非常好，低年级的学生还是很乐于动手的。从观察量表可以看出，学生的听课纪律不错。</td></tr>
<tr><td>2</td><td colspan="3">学生集体回答问题</td><td>11</td></tr>
<tr><td rowspan="2">3</td><td colspan="2" rowspan="2">学生个人回答问题</td><td>被动</td><td>3</td></tr>
<tr><td>主动</td><td>13</td></tr>
<tr><td>4</td><td colspan="3">学生举手（人次）</td><td>36</td></tr>
<tr><td rowspan="2">5</td><td colspan="2" rowspan="2">学生参与小组讨论</td><td>被动</td><td>19</td></tr>
<tr><td>主动</td><td>22</td></tr>
<tr><td>6</td><td colspan="3">小组讨论时学生认真倾听</td><td>28</td></tr>
<tr><td>7</td><td colspan="3">学生动手操作</td><td>47</td></tr>
<tr><td>8</td><td colspan="3">学生向教师提出问题</td><td>1</td></tr>
<tr><td>9</td><td colspan="3">学生指出教师的错误</td><td>0</td></tr>
<tr><td>10</td><td colspan="3">学生指出同学的错误</td><td>0</td></tr>
<tr><td>11</td><td colspan="3">听课不认真、不专注（人次）</td><td>6</td></tr>
</table>

说明：

课前充分准备的标准：按教师要求收集了课上需要的材料。

听课不认真的标准：上课经常做小动作，说悄悄话或开小差。

另外，有些指标记录的是次数，有些指标记录的是人数，在观察内容后都有标注。

5. 结果分析

总体而言，在本节品德与生活课上，课堂气氛在前期比较活跃，学生参与课堂教学活动的积极性较高。当然也存在教师提问时，举手发言者寥寥无几的状况。

在课前准备方面，上课前全班学生都做了充分的准备，收集了许多种子。

在回答问题方面，学生举手的人次累加起来虽然很多，但由于教师提问较多，针对每一个问题，举手的学生仍然只占少部分。这可能是因为教师的问题对二年级学生而言有一定难度，且面对那么多听课的老师，有些学生不敢举手回答问题。

在开展小组活动方面，学生的积极性还是比较高的，但被动参与小组讨论的学生人数也不少，还需要教师的多方引导。

在对待出错行为方面，对于学生的错误，其他学生基本没有反应，这与学生的知识掌握程度有关，也与学生在课堂上的注意力不够集中有关。在教师的指导下，学生一般都能改正错误，做出正确的回答。

6. 反思

（1）结合学生实际，从学生兴趣出发，提高学习积极性。在教学过程中，教师应当根据学生的原有知识水平及学生的年龄、心理特征等进行提问，并选择学生喜闻乐见的活动，以提高他们的学习兴趣。

（2）注重学法指导，提高学生的学习能力。学会合作和倾听是一种能力，这种能力从一年级开始就要有意识地培养。在教学中，教师应该注重对小组如何讨论、交流等进行指导，完善评价机制，让学生掌握一些必要的学习方法，使学生养成良好的学习习惯，积极地参与小组活动。

第四章

反转——真实品德课的学生评价

第一节 真实品德课以发展性评价为基础

一、课程评价存在的问题

长期以来，课程评价存在很多问题，主要表现在以下几点。

过分强调甄别与选拔的功能，而忽视了改进和激励的功能；过分关注对结果的评价，而忽视了对过程的评价；过分关注评价的结果，而忽视了评价过程本身的意义；过分注重对学业成绩的评价，而忽视了对综合素质的评价；评价方法单一，过于注重量化和传统的纸笔测试法，而缺少体现新的评价思想和观念的新方法；评价主体单一；等等。

二、发展性评价的基本理念

新课程改革明确提出，要建立促进学生、教师和课程不断发展的评价体系。随着研究的深入，新的评价理念也应运而生。

“评价是与教学过程并行的同等重要的过程。评价不是完成某种任务，而是一种持续的过程；评价被用来辅助教育，它是教与学主要的、本质的、综合的一个组成部分，贯穿于教学活动的每一个环节。

“评价提供的是强有力的信息、洞察力和指导，旨在促进发展。评价的基本目标是为了教育并促进学生的表现，而不仅仅是为了检查学生的表现；评价是为学生学习服务的，其目的在于提高学习的效率，是学习的动力和源泉；评价是为人的终身发展服务的。

“评价应体现以人为本的思想，建构个体的发展。评价要关注个体的处境和需要，尊重和体现个体的差异，激发个体的主体精神，以促使每个个体最大可能地实现其自身价值。

“在具体的评价体系中，这些基本理念主要体现为：

“评价主体互动化。强调评价过程中主体间的双向选择、沟通和协商，关注评价结果的认同问题，即如何使评价对象最大限度地接受评价结果而不是结果本身的正确性；改变单一评价主体的现状，加强自评、互评，使评价成为教师、管理者、学生、家长共同积极参与的交互活动，如家长开放日、公开答辩等。

“评价内容多元化。注重学生综合素质的考查，不仅关注学业成绩，而且关注学生创新精神和实践能力的发展，以及良好的心理素质、学习兴趣与积极情感体验等方面的发展；尊重个体差异，注重对个体发展独特性的认可，给予积极评价，发挥学生多方面潜能，帮助学生悦纳自己、拥有自信；以质评为基础，应用先进的评价方法，不仅考查‘认识’或‘概念’等认知层面，同时关注对‘表现’等行为层面的考查，如行为观察、情境测验等。

“评价过程动态化。不仅关注结果，更注重学生成长发展的过程，有机地将终结性评价与形成性评价结合起来；给予多次评价机会，其目的在于促进评价对象的转变和发展；鼓励将评价贯穿于日常的教育教学行为中，使评价实施日常化、通俗化，如口头评价、作业评价、成长记录袋等。”①

三、发展性评价的功能②

发展性评价除了基本的检查和固有的选拔、筛选功能外，还具有以下功能。

反馈调节的功能。发展性评价的评价结果不应只停留在评价者一方，而应将评价结果以科学的、恰当的、具有建设性的方式反馈给被评价者，促使其最大限度地接受，从而更为客观、全面地认识自我，促进自身的发展。在评价实施过程中，评价者和被评价者在相互平等、尊重和互惠的基础上，通过协商、讨论、辩论等不同的沟通方式自主地调控评价活动，同时这也是相互交流学习的机会。

展示激励的功能。发展性评价更多地把评价活动和过程当作被评价者自我展示的平台和机会，鼓励被评价者展示自己的努力和成绩。在发展性评价中，各种评比和反馈成为积极、有效的激励手段。

反思总结的功能。发展性评价看重个体的参与。评价会对学生产生不同程度的压力，这有助于调动其内在的动力，从而使其自觉地内省与反

① 钟启泉. 为了中华民族的复兴　为了每位学生的发展:《基础教育课程改革纲要(试行)》解读［M］. 上海：华东师范大学出版社，2001.

② 同上。

思，总结前期行为，并思考下一步的计划；发展性评价的日常化，将促进学生养成良好的反思与总结的习惯，这对学生的发展来说是有益的。

记录成长的功能。发展性评价倡导多元化的评价内容，倡导灵活使用不同的评价方法和手段，尤其重视质性评价，而且强调评价的日常化，这样便可以清晰、全面地记录学生成长中的点点滴滴，哪怕是一次微小的进步，一次简单的评价活动，都有利于看到学生成长的轨迹，这对以发展的眼光来客观评价学生的发展具有深远的意义。

积极导向的功能。这是发展性评价的基本功能之一。发展性评价与教学过程同等重要，发展性评价重视评价过程本身，能够渗透到课程改革的各个环节，如教学内容的利用、教学方式的改变、教师自身的成长等，这有助于构建促进教师、学生、学校发展的课程发展模式。

第二节　真实品德课中发展性评价体系的建立

从操作层面来看，对学生的评价主要由教师来组织完成，然而，这种评价应在学校的统一安排下进行。学校应在课程标准的指导下，制订科学的、可操作的评价标准，并设计评价工具，支持教师系统地开展对学生的评价。此外，教师也应该给学生提供进行自我评价的机会，促使他们对自己的学习过程进行回顾、反思和评价，进而培养学生学习的主动性和对学习负责的态度，使学生养成自省的习惯。

促进学生全面发展的评价体系应包括以下四个工作环节。

一、明确评价内容和评价标准

评价工作的第一步是明确对学生的学习进行评价的内容和标准。为了便于评价的实施，学校对学生的要求应该用清楚、简练、可测量的目标术语表述出来。同时，对学生的评价不仅要关注其学业成绩，而且要注重和发展其多方面的潜能，了解学生发展中的需求。基于这样的考虑，学校制订的学生学习目标应包括学科学习目标和一般性发展目标两个方面。

关于学科学习目标，品德课程标准已经对该学科的学习目标做了清楚的描述，在“课程目标”中列出了学生在学完本学科后应该形成的情感、态度、价值观，应该具备的能力，应该掌握的知识与方法。

关于一般性发展目标，新一轮基础教育课程改革专家组根据党和国家的教育方针，提出了六个方面的目标要求：学会学习的技能、扩充并整合知识的技能、沟通的技能、思考和推理的技能（以批判性思考、问题解决和创造性思考为主）、合作的技能、个人与社会责任。

二、设计评价工具

有了对学生学习的评价标准，还要设计和制作相应的评价工具。在大多数情况下，这些评价工具通常以评价表的形式呈现。不仅要有反映学生学业成绩的评价表，而且要有反映学生学习过程和学习态度的评价表。

三、收集和分析反映学生学习情况的数据

分析学生当前的学习水平是全面评价学生学习必须考虑的最关键任务之一，只有准确分析学生当前的学习水平，教学才可能具有针对性。因此，需要收集和分析能够反映学生学习过程和学习结果的有关数据，并利用这些数据描述学生的学习情况。

1. 收集反映学生学习情况的数据

采用不同的评价和测量方法，可以收集到不同类型的数据和证据。常用的方法有标准化考试，标准参照测验，以成绩为基础的评价，学生工作样例，对学生表现的观察、调查和访谈等。

在确定是否完全收集到了描述学生学习情况的数据时，需要审视以下问题，与学生学习有关的所有方面的数据都收集到了吗？所收集的数据是否被恰当地分组，是否便于进一步分析？数据是否全面、准确地反映了学生的全部学习情况？是否能够依据收集的数据清楚地描述学生学习的优势和不足？

一旦收集到关于学生学习情况的数据或表现，就需要对其进行汇总，并用恰当的形式进行归纳总结。

2. 对收集到的数据进行分析

教师需要对收集到的数据和证据进行分析，形成一个对学生学习情况的分析报告，客观地描述学生当前的学习情况。

在分析中，要注意以下几个问题：应对来自各种测评手段的数据进行综合性分析，以全面描述学生的学习情况及发展情况；如果有纵向的数

据，则应包括倾向分析；如果可以获得其他组的对比数据，则应通过横向比较来分析学生的学习情况和发展情况。

四、明确促进学生发展的改进要点

根据描述学生学习情况和发展情况的总结报告，可以了解学生学习的优势和不足，在此基础上，教师需要确定改进学生学习的要点。改进学生学习的要点应该用清楚、简练、可测量的目标术语表述出来，应描述我们期望看到的学生达到目标时的行为表现。

第三节　真实品德课的学生评价实践

一、真实品德课的学生评价方式

真实品德课倡导的学生评价方式主要有以下几种。

1. 观察

教师在自然状态下，有目的、有计划地观察学生在日常学习和生活中所表现出来的情感、态度、能力和行为，并记录下来，作为对学生进行评价和引导的依据。

2. 描述性评语评价

在与学生进行充分交流的基础上，教师用描述性的语言将学生在一段时间内学习本课程的态度、表现等写成评语，并针对学生学习中存在的问题提出改进建议，描述性评语应多运用鼓励性语言。

3. 项目评价

教师按照不同项目将学生分成若干小组，由学生自主设计活动计划，进行研究，最终形成研究报告，师生可以对各小组成果进行分析、评价。

4. 作品评价

学生活动的作品目标注重的是学生素质的整体发展，是以贴近生活，走进生活，在生活中学习的新理念为指导的，它与语、数、英等学科的常规作业目标相比，更注重对学生综合运用知识的能力以及在解决问题过程中的积极情感和坚强意志的培养，更注重对学生审美能力及合作意识的培养，对学生实践能力和创新能力以及良好的道德、生活及学习习惯的培养。

作品评价就是将学生在制作、实践、调查、访问、探究、收集资料等活动中产生的作品进行展示和交流，让师生共同评析。

5. 纸笔测试

按照品德课程标准的基本要求，以学年及单元的知识与能力目标为基准，通过纸笔测试的方式对学生的学习情况进行评价。

6. 访谈

教师通过与学生进行各种形式的交流和对话，获得学生某方面发展状况的信息，并了解学生思想情感的变化，据此对学生进行评价和引导。

7. 问卷调查

教师通过设计问卷和组织学生回答问卷，获得有关学生发展的信息。

8. 成长记录袋

教师为学生建立成长记录袋，记录学生在学习中的各种表现，主要记录其进步和成就。进入成长记录袋的资料以学生的自我记录、自我小结为主，教师依据成长记录袋中的内容对学生进行评价。

二、表现性评价的应用

传统的纸笔测验虽然能测量学生认知领域的学习结果，但无法真正测量“学生能力与情感、态度领域的学习结果”，如设计能力、小组合作学习能力等均难以通过纸笔测验进行评价。品德课程标准中把情感、态度目标列为第一位，可见其更关注学生情意目标及行为目标的达成情况。因此，对学生的评价应该分析怎样表现（知识）和表现行为之间的差异，如此才能检讨教学成效，实施补救教学。也就是说，教师只有善用表现性评价才能适切地评价学生的各种学习表现。

1. 表现性评价的内涵

表现性评价是指教师在真实的教学情境中，依据专业判断来评价学生的学习表现，包括作品和学习过程。它要求教师能够编拟与学习结果应用情境类似的模拟测验，让学生表现所知和所能。

与传统的纸笔测验评价相比，表现性评价具有下列特质：强调实际生活的表现，着重高层次思考与解决问题的技巧，兼容跨领域或学科的知识，重视学生学习的个别差异，允许评价时间弹性化，促进学生自我决定与负责，讲究评分、标准与人员的多元化，强化沟通与合作学习能力，兼顾评价的结果和过程，着重统整化、全方位、多样化的评价，强调专业化、目标化的评价，强调教学与评价的统合。①

表现性评价虽然有很多优点，但实施起来仍有其限制，如设计不易，施测计分时间较长，内容代表性较差，计分较复杂主观，较难进行团体比较等。

2. 表现性评价的类型

Cronlund（1993）依据测验情境的真实程度，将教学情境常用的表现性评价分为以下五种类型。①纸笔的表现性评价：此评价虽通过纸笔来完成，但比传统纸笔测验更强调在仿真情境中应用知识与技能，通常使用设计、拟定、编制、制造、创造等行为动词，如设计一份海报，拟定活动流程，撰写读书报告。②辨认测验：此测验要求学生辨认解决实作作业问题所需的知识或技能。③结构化表现的表现性评价：此评价要求学生在标准、控制的情境下完成实作作业，这种测验中的情境的结构性很高，要求每位学生均表现出相同反应。④模拟表现性评价：此评价是要求学生在模拟情境中完成与真实作业相同的动作，强调实作的正确程序。⑤工作样本表现性评价：此评价要求学生表现出实际作业情境所需的真实技能，学生需在控制良好的情境下完成工作，如要求学生制作电子版书信、操作机器等。②

3. 表现性评价标准的编制

表现性评价适用的学科范围很广，所有正式的表现性评价标准均必须具有四个重要特征：界定清晰目的，依据表现性评价结果进行决策；可明确判断的观察表现或作品；提供适当的情境，以引发和判断学生的表现或作品；提供判断或分数来描述学生的表现。因此，编制表现性评价标准，必须历经以下步骤。

---

①李坤崇. 教学评估：多种评价工具的设计及应用［M］. 上海：华东师范大学出版社，2010.

②同上。

（1）明确界定评价目的

教师在进行教学前，必须依据教学目标与教材内容来决定评价目的，评价目的可以帮助教师评定学生等级，建立学生学习档案，诊断学生的学习，帮助学生了解一个过程的重要步骤，或一件作品的主要特征，帮助家长了解学生的学习情况。目的不同，观察和评分方法也随之而异。

（2）确定实作作业（评价内涵）

表现性评价目的越清晰，越容易拟定明确的表现性评价的内涵（即实作作业）。确定实作作业就是确定表现性评价的行为表现，此行为表现可从三个方面进行界定：重要的学习内容和技能；行为表现的性质——评价点着重的是过程还是成果，或是两者兼顾；判断的规则和标准（判断的规则指将重要的学习内容和技能进一步具体化为可观察的行为，判断的标准指制订表现优异的、普通的或不佳的程度标准）。

（3）发展可观察的实作作业

确定实作作业后，需发展可观察、可测量、可量化的实作作业。如设定清晰的作业，具体说明设定作业的目的与依据，明确说明作业设定的方法、评定程序与调整程序，清楚说明参与作业设定的团队与取样方法，呈现参与者了解任务的证据。

（4）提供可观察的实作表现情境

教师可采用自然发生的行为或设计特殊情境让学生表现出特殊行为。

（5）制作使用说明和评价准则

为提高表现性评价的信度和效度，教师要谨慎制作使用说明，确定评分程序、人员和标准。如果表现性评价的设计者不是进行教学评估的教师，则应详细撰写使用说明，内容可包括评价单元、评价目标、评价项目、评价方法、实施步骤、评价标准、计分方式、结果运用等项目。不管设计者是否是实施评价的教师，都要考虑评分程序是过程评价，还是结果评价，还是两者兼具，评价人员包括谁，评分方法是采取整体计分法还是分析计分法。此外，评定评价结果的方式，甚至评价后的处理，都必须在评分前确定。

三、评定量表的设计与应用

评定量表具有简便，易操作，能进行即时、多元评价的特点，在品德课教学评价中占有重要的地位，但是如何科学地设计评定量表，并有效地加以应用，则是当前品德课亟须教师探讨和研究的课题，因此，笔者力图通过评定量表的设计与研究，研发适于教师和学生日常教学使用的评定量表，掌握评定量表使用的方法，真正让评价发挥促进教师和学生发展的功能。

1. 评定量表的内涵

李坤崇教授在《教学评估：多种评价工具的设计及应用》中指出："评定量表是指一组用来作为判断依据的行为或特质，及能指出学生在每种属性中不同程度的量表，可用以评价学生的学习态度、策略与兴趣，或人格、情意发展状况。"评定量表具有三个重要的功能：一是可将观察方向导引至具体、明确界定的行为或特质层面；二是可提供一个共同的参照架构，即以同一组特质来比较每一组学生的情况；三是可提供记录观察者评判结果的简便方法。

2. 评定量表在设计和使用上的关注点

在品德课程中，学习评价的目的是鼓励学生不断进步，促进学生良好习惯的养成、品德的形成与社会性发展，使学生感受到成长的快乐。学习评价要发挥其激励、教育功能，强调重过程的发展性评价，实施知、情、行统一的综合评价。笔者所研究的学习评价不是对学生的行为习惯、品德与社会性发展水平做出终结性评定，而是定位于某一学科的学习上，因为学生品德好不好、社会性发展水平高不高，是各种因素综合的结果，是各种教学共同作用的结果。因此，笔者研究的学生学习评价只能定位在一门特定学科或一个特定主题上，不能作为对学生品德素养的综合评价。

综上所述，评定量表在设计和使用上有以下几个关注点。

设计评定量表时的关注点：结构明确，各条目描述精练，内容丰富，施测简便。

使用评定量表时的关注点：有针对性，客观真实记录，加强对比分析，及时总结反思，不断改进完善，注重过程与发展。评定量表既可用于现场观察的直接记录与评价，也可用于经过较长时间的纵向观察和以印象为基础的综合评价；既可用于他评，也可用于自评；既可用于过程性评价，也可用于成果性评价。

3. 评定量表的修改与完善

评定量表的设计是一个反复思量和比照的过程，它需要依据课程标准中的评价标准和评定量表的设计要求进行反复斟酌和修改。笔者及研究团队主要采用行动研究法设计评定量表。在选择观察点，设计评定量表，开展实践活动，进行评议反思，修改和完善评定量表，应用于实践活动，撰写观察报告的研究过程中，不断总结评定量表在设计及应用中的经验和教训，从而形成适用于本区品德课教学的评定量表，供教师选用。

设计评定量表主要从以下方面入手。

在学生学习评价上，从活动作业、学习表现和综合实践能力三个方面设计评定量表。

活动作业分为共性作业和个性作业，共性作业指教科书中设计的活动作业，个性作业指教师根据学生学习情况、社会生活等，结合教学内容、学校活动设计的有趣、可行、有个性的拓展性作业。活动作业评价可采用等第加评语的方式。

学习表现包括学习的态度和学习的成效，学习的成效在这里主要指参加实践活动时的行为、举止、习惯及与人交往和相处时的表现。观察学生参与学习活动的积极性；观察学生是否爱发表意见、出主意、想办法；观察学生是否能与他人友好合作，是否能认真倾听、归纳观点等。学习表现评价主要采用观察记录加评语的方式。

综合实践能力指学生综合的社会实践能力和生活实践能力，而这种能力是在各种不同的情境中表现出来的。因此，这一评价带有综合性，即可以与其他评价手段结合起来运用。

4. 编制评定量表操作使用说明

学校组织教师编制可供任课教师借鉴或使用的学生活动作品评定量表。此外，还要提供一份清楚完整的评定量表操作使用说明，清楚明确地定义出各项评价项目的评判标准，以方便学生、家长和教师使用。

5. 评定量表使用效果分析

(1) 有效地促进了学生的学习

评定量表的使用，促进了学生良好习惯的养成、品德的形成与社会性发展，使学生感受到成长的快乐，充分发挥了学习评价的激励、教育功能，强调了重过程的发展性评价。

评价的主体是学生、教师和家长，评价的形式为自评、互评、师评和家长评，这符合新课程改革所提倡的多元、开放、整体的评价观。

通过评定量表对学生进行评价时，既注重过程，又关注结果，因此可以帮助学生更好地完成活动作品，促进学生综合素质的提升。如通过评定量表对小组共同完成一份活动作品进行评价时，既要评价学生之间的分工与合作情况，也要评价活动作品的完成情况，这便促使学生在活动过程中注意分工与合作，注重作品的质量。

(2) 改进了教师的教学行为，提升了教师的评价能力

首先，对教师的教学进行评价不是为了甄别，而是为了促进教师反思，促使教师改进课堂教学。评定量表所呈现出的结果，有助于教师发现自己在教学工作中的疏漏和学生在学习过程中的难点。

其次，教师在设计与应用评定量表的过程中，不断对照课程标准，不断调整与完善评价方案，也不断地改正对学生的片面看法，从而能更客观、全面地认识学生，更深入地了解学生，更有耐心地引导和教育学生。

案例：

通过对评定量表的设计与应用，教师逐渐厘清并端正了儿童观，认识到应该尊重学生，和学生平等对话，原谅和宽容学生的错误，并进行积极引导。一位教师通过观察自己于2010年录制的课例认识到：在备课中，教师要对提的问题多加斟酌，提的问题要符合学生的年龄特点，使他们易于理解；在教学过程中，面对学生的错误，既要肯定他们做出的努力，也要鼓励他们在改正错误的基础上继续探索、学习。于是，在之后的教学中，该教师有意识地改正自身在这些方面的缺点，不断完善自己的课堂。

观察该教师今年录制的一节课例，可以看到他的进步——尊重学生的选择权；能“融错”，即巧妙地利用学生的错误资源进行教学。

师：为什么小眼镜会找到这些同学，而且想跟这些同学做朋友呢？

生：因为他们看电视或看书时离得太近了，这样会近视，所以小眼镜要和他们做朋友。

师：你能不能具体说说其中的一幅图？

生：他躺着看书。

师：躺着看书，好。还有没有其他的原因？

生：他写字的时候离书本太近了。

师：他写字的时候总是趴着，离书本太近了。还有没有其他原因？你来说（指一名学生）。

生：不能在光线下看书。

师：你能不能说清楚，他在哪里，在什么样的光线下看书？

生：他在路灯下看书。

师：那你觉得光线是很昏暗的还是明亮的？

生：很亮，很刺眼。

师：很亮，很刺眼吗？路灯距地面八九米，照下来的光线怎么样？

生：很暗。

师：所以在昏暗的光线下看书也是不好的。

案例中，该教师让学生具体说说其中的一幅图，而不是指定某一幅图，这充分尊重了学生的选择权。当有学生从图中总结出“不能在光线下看书”时，教师引导他说清楚图中的“他”是在哪里看书，光线如何，学生出现“路灯很亮，很刺眼”的不正确认识时，教师引导其从路灯距离地面的距离认识到路灯的光线其实是昏暗的，在昏暗的光线下不适合阅读。

6. 使用评定量表遇到的问题

（1）如何促进所有学生积极参与到学习中来。相对于语、数、外而言，家长和学生对品德课的重视程度较低，尤其是一些学困生，自己的作业完不成，在小组共同完成作业时不参加，无视评定量表所呈现的评价结果。对于这类学生，该如何利用评定量表去激发他们的学习兴趣及参与的积极性是值得思考和研究的问题。

（2）评定量表中针对学生的学习过程进行评价的等级较难界定，在小组互评中，学生之间的分歧较大。

（3）评价者的素养影响着评价的结果，特别是家长评价、学生自评、组内互评，责任心强的人的评价较为客观，反之则比较随意，从而导致评价不客观。

四、对学生活动作品进行评价的实践①

1. 确定学生共性活动作品

确定学生共性活动作品，要以课程标准提出的评价方式和方法为指

① 福建省厦门市湖里区教师进修学校附属小学彭小翠老师提供。

导，以教科书和教师指导用书为载体，结合本地区学生的学习和社会生活情况等来进行。例如，课题组在对品德与社会的学生活动作品进行评价的实践中，确定了三到六年级学生的共性活动作品共计24份，并结合学校活动和学生的假期生活设计了4份有趣、可行的个性活动作品。以下是一些活动作品的范例。

三年级寒假活动作品“吉祥话大PK”记录单

【活动作品】“吉祥话大PK”记录单

春节，大家最爱听什么话？当然是吉祥话啦，这是我们中国人世代相传的特色文化。合家欢乐、恭喜发财、年年有余、紫气东来、健康长寿……这些吉祥话大家过年的时候大概能说上百八十遍或者更多。春节是一年的开始，每个人都希望从吉祥的话语中获得更多的喜气、运气。春节时你都会说哪些吉祥话？你对长辈、同辈、小辈说的吉祥话有什么不同？让我们来个“吉祥话大PK”吧，来晒晒你知道的吉祥话，让大家都沾沾喜气。比如，饺子煮破了不说“破了”，而要说“挣了”。在你的家乡还有哪些有趣的话呢？一起来聊聊吧！

【活动目的】

(1) 学说简单的新年问候语，简单了解一些中国新年的传统文化。

(2) 能进一步感受新年喜庆、热闹的气氛。

【作品要求】

(1) 完成“吉祥话大PK”记录单。

(2) 我知道过年我要说什么话。

看见爷爷奶奶，我说：________________

看见叔叔阿姨，我说：________________

看见小朋友们，我说：________________

三年级第四单元活动作品“说说我们生活的社区”调查报告

【活动作品】“说说我们生活的社区”调查报告

【活动目的】

(1) 知道做调查的方法和调查报告的基本格式。

(2) 通过调查了解居委会的工作以及居委会为社区居民做出的贡献。

【作品要求】

(1) 到居住地的居委会进行简单的调查。

(2) 围绕自己感兴趣的问题撰写调查报告。

我的居委会

居委会名称：________________

居委会历史：________________

居委会人们主要的交往场所：________________

居委会人们最关心的问题：________________

我的调查报告

调查内容：________________

调查时间：________________

调查对象：________________

调查过程：________________

调查结果与分析：________________

四年级第一单元活动作品“我的家乡”主题绘画

【活动作品】“我的家乡”主题绘画

【活动目的】在合作绘画的活动中增进合作技能，加深对方向的认识。

【作品要求】

(1) 各组画指定方位的景物。

(2) 小组合作完成活动作品。

四年级第四单元活动作品“我的小种植”

【活动作品】我的小种植

【活动目的】通过体验活动，形成简单的劳动能力，感受劳动的快乐。

【作品要求】利用花盆种植少量的青菜、葱、蒜等好种易活的植物。

五年级第四单元活动作品“班级标识”

【活动作品】班级标识

【活动目的】在初步掌握设计徽章的常识的基础上，动手设计班级标识，增强集体荣誉感和责任感。

【作品要求】

(1) 能画出反映班级特色、代表团队精神的班级标识。

(2) 作品美观大方，主题突出。

(3) 清楚地表述自己所设计的班级标识的象征意义，并在班级交流。

六年级第一单元活动作品“品格的试金石——诚信”手抄报

【活动作品】“品格的试金石——诚信”手抄报

【活动目的】在学完本主题之后，通过制作手抄报，深化对诚信的认识，体会诚信的重要性。

【作品要求】

(1) 收集生活中有关诚信的小故事和名言警句。

(2) 写出自己学习本主题的收获、体会。

2. 依据多元评价理论设计评定量表

在设计活动作品评定量表的过程中，我们特别关注以下几个方面的问题。

(1) 结构明确，定义清楚

能客观评价学生活动作品真实情况的评定量表必须方便评价者清晰地看到评价的内容，将评价者的观察方向引导到具体、明确的需要评价的本质内容上来。

(2) 特质精选，内容丰富

品德课程是一门人文性很强的活动型综合课程，教学中，我们不仅要关注学生的基础知识，还要培养学生的各种能力，培养学生健全的人格。因此，评定量表在评价项目的选择上覆盖面要广，但对活动作品的评价又不可能面面俱到，因此在设计评定量表时必须有所侧重，既要体现学科特点，又要精选核心内容。应该以课程标准为依据，结合活动在教材中的地位和作用，从学习态度、学习能力与方法、学习结果三方面，对学生完成活动作品的过程和呈现的结果进行综合评价。

（3）主体多元，形式开放

设计活动作品评定量表要关注评价主体的多元化、评价形式的开放性，克服学生对评价结果被动接受的消极心态，让学生充分参与到评价中来，成为评价的主人。以下是课题组设计的六份不同年级的活动作品评定量表。

表 1

<table>
<tr><td colspan="5">活动作品名称："吉祥话大 PK" 记录单</td></tr>
<tr><td colspan="2">班级：</td><td colspan="2">姓名：</td><td>成绩：</td></tr>
<tr><td colspan="2">教师评价</td><td colspan="3">小组互评（展示作品）</td></tr>
<tr><td>完成时间</td><td>正确写出吉祥话</td><td>卷面整洁</td><td>声音响亮</td><td>介绍清楚</td></tr>
<tr><td></td><td></td><td></td><td></td><td></td></tr>
</table>

评价标准：

完成时间：在规定的时间内完成活动作品得 1☆，未在规定的时间内完成活动作品不得☆。

正确写出吉祥话：正确写出三句吉祥话得 3☆，正确写出两句吉祥话得 2☆，正确写出一句吉祥话得 1☆，未写出吉祥话不得☆。

卷面整洁：书写工整，卷面整洁得 2☆；书写较工整，卷面较整洁得 1☆；书写潦草，卷面不整洁不得☆。

声音响亮：在小组交流中能响亮地说出自己收集的吉祥话得 1☆，反之不得☆。

介绍清楚：能清楚地说出自己所收集的吉祥话得 1☆，反之不得☆。

成绩：8 颗星为 A，7 颗星为 B，4～6 颗星为 C，3 颗星及以下为 D。

表 2

<table>
<tr><td colspan="8">活动作品名称："说说我们生活的社区" 调查报告</td></tr>
<tr><td colspan="3">班级：</td><td colspan="3">姓名：</td><td colspan="2">成绩：</td></tr>
<tr><td>自我评价</td><td>小组评价</td><td colspan="6">教师评价（报告内容）</td></tr>
<tr><td>完成时间</td><td>展示交流</td><td>完整</td><td>正确</td><td>语句</td><td>书写</td><td>起因</td><td>结果</td></tr>
<tr><td></td><td></td><td></td><td></td><td></td><td></td><td></td><td></td></tr>
</table>

评价标准：

完成时间：能采访居委会工作人员，并在教师规定的时间内完成调查报告得 1☆，反之不得☆。

展示交流：在四人小组中能大方交流自己的调查报告得 1☆，反之不得☆。

报告内容：能完整填写调查报告中的各项内容得 1☆，调查报告格式正确得 1☆，语句通顺得 1☆，书写工整得 1☆，能从调查报告中看到调查的起因得 1☆、看到调查的结果得 1☆。

成绩：8 颗星为 A，6～7 颗星为 B，4～5 颗星为 C，3 颗星及以下为 D。

表 3

<table>
<tr><td colspan="6">活动作品名称：“我的家乡”主题绘画</td></tr>
<tr><td colspan="6">参与者姓名：</td></tr>
<tr><td colspan="2">组间互评
（态度）</td><td colspan="2">小组自评
（合作能力）</td><td>教师评价
（契合主题）</td><td rowspan="3">我的收获</td></tr>
<tr><td>完成时间</td><td>整洁美观</td><td>分工合理</td><td>乐于参与</td><td>完成质量</td></tr>
<tr><td></td><td></td><td></td><td></td><td></td></tr>
<tr><td>教师评语</td><td colspan="5"></td></tr>
</table>

评价标准：

完成时间：按时完成得 2☆，延时完成得 1☆，没有完成不得☆。

整洁美观：卷面整洁，能形象地画出家乡的部分景物得 3☆；卷面整洁，但景物不够美观得 2☆；卷面不整洁，景物不美观得 1☆。

分工合理：小组分工合理，每人有一项力所能及的任务得 2☆；小组分工不合理，个别成员没有任务得 1☆。

乐于参与：在完成作品的过程中，小组成员积极参与，遇到矛盾能及时解决得 2☆；能在同伴的提醒下完成任务得 1☆；不能主动积极地参与小组合作不得☆。

完成质量：方位、景物完全正确得 3☆，方位、景物错 1 处得 2☆，方位、景物错 2 处得 1☆，方位、景物错 3 处及以上不得☆。

我的收获：可以写收获、困难，或不能完成的原因等。

成绩：10 颗星及以上为 A，9 颗星为 B，6～8 颗星为 C，5 颗星及以下为 D。

表 4

<table>
<tr><td colspan="4">活动作品名称：我的小种植</td></tr>
<tr><td colspan="4">参与者姓名：</td></tr>
<tr><td colspan="3">个人自评
（我爱种植）</td><td rowspan="3">我爱观察
（写自己的观察感受）</td></tr>
<tr><td>是否种植</td><td>是否出芽</td><td>茁壮成长</td></tr>
<tr><td></td><td></td><td></td></tr>
</table>

评价标准：

是否种植：种植 2 株及以上得 2☆，种植 1 株得 1☆，未种植不得☆。

是否出芽：出芽得 2☆，未出芽得 1☆。

茁壮成长：植物超过 10 厘米得 3☆，超过 5 厘米得 2☆，超过 2 厘米得 1☆，2 厘米及以下不得☆。

成绩：7 颗星为 A，5～6 颗星为 B，2～4 颗星为 C，1 颗星为 D。

表 5

活动作品名称：班级标识					
参与者姓名：					
小组自评（态度）		组间互评（完成质量）			教师评语
完成时间	活动表现	突出班级特色	设计美观	设计意图表达	

评价标准：

完成时间：按时完成得 2☆，延时完成得 1☆，没有完成不得☆。

活动表现：绘制班级标识时专心致志得 1☆，遇到疑惑能主动向老师或同学请教得 1☆，不打扰他人得 1☆。

突出班级特色：所设计的班级标识能够反映班级精神得 3☆，反映不够准确得 2 ☆，反映不出班级精神得 1☆。

设计美观：所设计的班级标识美观大方得 3☆，较美观大方得 2 ☆，不够美观大方得 1☆。

设计意图表达：设计意图的表达清晰明了得 2☆，设计意图的表达较清晰得 2 ☆，设计意图的表达不清晰得 1☆，未写明设计意图不得☆。

成绩：13 颗星为 A，11～12 颗星为 B，8～10 颗星为 C，7 颗星及以下为 D。

表 6

活动作品名称：“品格的试金石——诚信”手抄报					
参与者姓名：					
组间互评（态度）		小组自评（合作能力）		教师评价（契合主题）	我的收获
完成时间	整洁美观	分工合理	乐于参与	完成质量	
教师评语					

评价标准：

完成时间：按时完成得 2☆，延时完成得 1☆，没有完成不得☆。

整洁美观：卷面整洁美观，能体现主题，图文并茂得 3☆；卷面整洁美观，但没有很好地体现主题得 2☆；卷面不整洁或不美观且不能体现主题得 1☆。

分工合理：小组分工合理，每人有一项力所能及的任务得 2☆；小组分工不合理，个别成员没有任务得 1☆。

乐于参与：在完成作品的过程中，小组成员积极参与，遇到矛盾能及时解决得 2☆；能在同伴的提醒下完成任务得 1☆，不能主动积极地参与小组合作不得☆。

完成质量：能很好地体现诚信在生活中的重要性得3☆，能较好地体现诚信在生活中的重要性得2☆，不能直观地体现诚信在生活中的重要性得1☆，不能体现诚信在生活中的重要性不得☆。

我的收获：可以写收获、困难，或不能完成的原因。

成绩：11～12颗星为A，9～10颗星为B，6～8颗星为C，5颗星及以下为D。

3. 尝试运用，不断完善

活动作品评定量表设计好后，如何判断它是否能对学生在活动作品中呈现的学习态度、学习能力与方法、学习结果进行全方位、多主体的评价，是否具有简便、易操作的特点，是否能促进学生素质的发展，帮助教师不断反思和调整自己的教学行为呢？实践是最好的检测方法。于是，我们在教学过程中进行了大胆的尝试。

（1）实践、反思，调整活动作品评定量表

活动作品评定量表的设计是一个反复思量、比照的过程，是依据课程标准中的评价标准和评定量表的设计要求反复斟酌、修改的过程。

下面以“人人都应该懂得的‘道路语言’”活动作品评定量表的设计为例来说明。

第一稿

活动作品主题：人人都应该懂得的“道路语言”

校外辅导员带领学生调查本地区常见的交通标志。

各小组整理在实地调查中收集的图片，确定汇报形式（PPT、手抄报），在全班进行展示汇报。

<table>
<tr><td rowspan="2">姓名</td><td colspan="2">辅导员评价</td><td colspan="3">小组互评</td><td colspan="2">教师评价</td></tr>
<tr><td>个人作品</td><td>小组成果</td><td>准时参加</td><td>乐于承担</td><td>合理分工</td><td>平等讨论</td><td>按时完成</td></tr>
<tr><td></td><td></td><td></td><td></td><td></td><td></td><td></td><td></td></tr>
<tr><td>辅导员评语</td><td colspan="7"></td></tr>
<tr><td>我们的反思</td><td colspan="7"></td></tr>
<tr><td>教师评语</td><td colspan="7"></td></tr>
</table>

不足：评价内容过于繁杂，评价标准不明确。

第二稿

活动作品主题：人人都应该懂得的“道路语言”

姓名	辅导员评价		小组互评			教师评价	
	准时参加	乐于承担	合理分工	平等讨论	完成时间	个人作品	小组成果
我的感受							

评价标准：

准时参加：准时参加活动得 2☆，迟到得 1☆，没有参加不得☆。

乐于承担：乐于承担调查任务得 2☆，没有认真完成调查任务得 1☆，不愿接受调查任务不得☆。

合理分工：能商量着安排任务，且分工合理，小组活动氛围好得 2☆；能商量着安排任务，分工较合理，常会闹矛盾得 1☆；分工不合理，矛盾不断不得☆。

平等讨论：能平心静气地参与小组讨论，主动出谋划策，并能主动完成小组安排的任务得 2☆；能完成小组安排的任务，但缺少主动性得 1☆；常与小组同学闹矛盾，自己的任务不愿完成不得☆。

不足：该活动作品要以小组为单位完成，但评价量表所设计的评价内容却是针对个人的，不易操作。评价标准不全面，对“完成时间”“个人作品”“小组成果”未做说明。

第三稿

活动作品主题：人人都应该懂得的“道路语言”

姓名	成绩	辅导员评价				教师评价	
		准时参加	乐于承担	平等讨论	合理分工	完成时间	小组成果
我们的感受							

评价标准：

准时参加：准时参加小组活动得 1☆，不能准时参加小组活动不得☆。

乐于承担：乐于承担小组分配的任务得1☆，不愿意承担小组分配的任务不得☆。

平等讨论：能平心静气地参与小组讨论，主动出谋划策，并能主动完成小组安排的任务得1☆；不参加小组讨论不得☆。

合理分工：能商量着安排任务且分工合理，遇到困难能互相帮助，小组活动氛围良好得1☆；小组分工不合理，不能相互帮助不得☆。

完成时间：按时完成得2☆，延时完成得1☆，未完成不得☆。

成绩：6颗星为A，5颗星为B，4颗星及以下为C。

(2) 操作活动作品评定量表的过程

如何操作评定量表去评价学生的活动作品？在实践的过程中，我们主要关注以下问题。

一是在学生动手完成活动作品之前，评定量表必须与全体学生见面，教师要讲明评价的项目以及评价的标准，让学生心中有数。

二是评定量表必须伴随学生完成活动作品的整个过程（年龄越低越需要如此），方便学生时时比照。

三是使用评定量表完成对学生的活动作品的评价后，教师要梳理教学得失，及时弥补知识缺漏，并向学生反馈其活动作品所获得的等级，表扬先进，鞭策后进。

下面以品德与社会三年级下册第六单元学生活动作品“我的购物统计”为例，介绍评定量表的使用过程。

① 创设情境，出示“我的购物统计”文字资料。

彭老师到商场购物2次，到菜市场购物10次，到便利店购物8次，到儿童服装店购物1次，到面包店购物1次。彭老师到商场购物花了582元，到菜市场购物花了480元，到便利店购物花了120元，到儿童服装店购物花了380元，到面包店购物花了25元。彭老师购买服装花了700元，购买日用品花了150元，购买化妆品花了50元，其余687元用于购买食品。两周来，彭老师及其家人购物花费如下：彭老师的花费1587元，外婆花费600元，彭老师的丈夫花费300元，彭老师的孩子花费0元。

请你根据老师提供的购物情况，选择自己感兴趣的一个方面做一个统计图，并说说从图中你发现了什么。

② 教师讲明本次活动的目的及要求，并出示活动作品评定量表。活动目的：知道制作统计图的基本步骤。活动要求：以四人组为单位，每位学生选择自己感兴趣的一方面内容，绘制统计图并写出自己的发现。

<table>
<tr><td colspan="6">学生活动作品：我的购物统计</td></tr>
<tr><td colspan="2">班级：</td><td colspan="2">姓名：</td><td colspan="2">成绩：</td></tr>
<tr><td colspan="2">组间互评</td><td colspan="4">教师评价</td></tr>
<tr><td>完成时间</td><td>展示交流</td><td>整洁美观</td><td>乐于参与</td><td>绘制正确</td><td>有所收获</td></tr>
<tr><td></td><td></td><td></td><td></td><td></td><td></td></tr>
</table>

评价标准：

完成时间：按时完成得2☆，延时完成得1☆，没有完成不得☆。

展示交流：大方交流自己的统计结果得1☆，讲清自己的发现得1☆。

整洁美观：作品整洁，比例分配合理得3☆；作品不整洁，比例分配不够合理或作品不够整洁得2☆；作品不整洁，比例分配不合理不得☆。

乐于参与：在完成作品的过程中，小组成员积极参与得1☆，感到快乐得1☆，遇到矛盾及时解决得1☆。

绘制正确：理解横轴和纵轴的意义，并能正确地使用得2☆；理解横轴和纵轴的意义，却不能正确地使用得1☆；不理解横轴和纵轴的意义，且不能正确使用不得☆。

有所收获：可以写收获、困难，或不能完成的原因等。

成绩：11～12颗星为A，9～10颗星为B，6～8颗星为C，5颗星及以下为D。

③ 学生以四人组为单位讨论各自选择的内容，一起回顾绘制统计图的方法，交流自己的计划。在充分的交流之后，学生独立完成一份活动作品，教师巡视并给予一定的指导。

④ 教师邀请一组完成相对较好的学生展示、交流各自的活动作品。教师组织全班学生依据评定量表的评价标准对展示小组中每位学生的活动作品进行评价。

⑤ 各小组通过活动作品评定量表进行组间互评。

（3）汇总、分析，不断调整教学策略

评价的最终目的不仅是为了总结学习成果，更是为了引起评价者和被评价者的反思。教师要对通过活动作品评定量表的数据进行汇总与分析，发现教学的得与失，调整教学策略。如品德与社会三年级下册“一起画学校”一课的学生活动作品的“完成时间”这一项目中，许多小组只得了一颗星，从评定量表中反映出的问题引发了教师的思考：给予学生完成任务的时间是否充分？学生的合作能力该如何培养？小组合作完成学校地图的绘制是否有更高效的方式？学生对学校主要活动场所是否了解？学生对学校的方位是否明确？于是教师根据具体情况及时调整了教学策略：复习实地辨别方向的方法和平面图的绘制方法；探究学校不同方位上的主要学习和活动场所；引导学生讨论该如何愉快、高效地合作，并制订活动要求。不断反思，才能让教学更高效。

第四节 一线教师的学生评价报告

一、学生课堂表现评价报告①

1. 评定量表的设计

品德课的学习评价要注重学生态度、兴趣、能力等方面的发展状况，及时调节教学，更好地促进学生的发展；评价手段要多样，灵活运用学生自评或互评、教师评价、家长评价等多样化评价方式；要关注个体差异，设计多元评价指标，多层面地反映学生的个性特点和多元智能。

综合以上观点，我设计了两份评定量表在五年级进行试验。

表1 学生课堂学习评定量表

班级：______ 组名：______ 组长：______ 姓名：______

项目 \ 周别	1	2	3	4	5	6	总计
发言							
作业							
表扬							
批评							
组评							

说明：

（1）本评定量表按分值计算，每次累计1分。

（2）本评定量表由组长记录、统计、保存，组员监督。

（3）表扬、批评指的是被老师表扬或批评，组评由组长组织组员进行评价。

（4）每两周统计一次积分。

---

① 福建省厦门市康乐小学江雅梅老师提供。

表 2　学生课堂学习评定量表

学校：______　班级：______　组名：______　姓名：______

项目	A 级	B 级	C 级	个人评价	同桌评价	组长评价
认真	上课坐姿端正，认真听讲，自觉做笔记。	上课能认真听讲，在老师的提醒下做笔记。	上课无心听讲，极少或不做笔记。			
积极	积极举手发言，积极参与小组讨论与交流。	能举手发言，能参与小组讨论与交流。	不举手发言，极少或不参与小组讨论与交流。			
与人合作	善于与人合作，能虚心听取别人的意见。	能与人合作，能接受别人的意见。	缺乏与人合作的精神，难以听进别人的意见。			
作业完成情况	认真完成作业，书写工整，见解有一定深度。	按时完成作业，能表达自己的意见，但较肤浅。	不能按时完成作业。			
收集、整理资料情况	能按要求收集、整理资料，资料种类多样。	能收集相关资料，但未做任何处理。	未按要求收集资料。			
我这样评价自己						
同伴眼中的我						
老师的话						

说明：

（1）本评定量表针对学生的课堂学习表现做评价。

（2）本评定量表分为定性评价和定量评价两部分。

（3）定性评价为“我这样评价自己”“同伴眼中的我”和“老师的话”，都是对被评者做概括性描述，以帮助他们改进与提高，一个月评价一次即可。

2. 评定量表的使用效果

经过一个学期的试验，这两份表格反映的优缺点如下。

	优点	缺点
表1	简便易操作，使用积分制，如发言一次1分，完成作业一次1分，被老师表扬一次1分，被老师批评一次倒扣1分等，统计起来方便，在一定程度上反映了学生的学习态度。	反映表现水平的评价任务描述过于简单、粗糙，如“作业”“发言”等，因此反映不出学生的学习成效。另外，缺少自评这种评价手段。
表2	反映表现水平的评价任务描述详细，不仅有反映学生学习态度和学习成效的量化评价，还有具体描述性的评价。评价主体多元，有老师、同伴、自己，评价更全面。	用A、B、C等级区分不同的表现水平，评价者不同，评价标准就不同，虽然评价任务描述详细，但每个人理解的A级、B级、C级还是有差别的，评价时会引起矛盾。

最终，我们坚持使用了一个学期的评定量表是表1。

以五年级（3）班为例，通过对表1所得的数据的分析可以看出，该班学生学习表现两极分化很严重，整个学期下来，最高积分为203分，最低积分为5分，平常发言积极、小组活动参与度高的学生分值都普遍较高……这引起了我们的高度重视。我们分析其原因有以下几个方面。

（1）课程内容因素

本学科的课程内容呈现方式多样，解决问题的策略多元化，答案不唯一，给知识面广、善于表达的学生提供了广阔的天地，因此这部分学生向上分化；不爱发言、知识面窄、考虑问题不全面的学生则向下分化。

（2）学习方式的改变

学习方式向自主化、合作化改变，课堂多了民主性，少了强制性；多了自主性，少了被动性；多了创新性，少了模仿性。教师教学理念发生了变化，在课堂上更关注学生的探索与创新，于是在师生互动中就出现了新问题，一些自觉性差、自我要求低或不自信的学生只能“搭车”学习，在小组合作学习中不作为，与学优生间的距离越拉越大。

（3）评价者的负责程度

本表记录员主要是每个小组的组长，有的组长责任心强，记录认真完整，有的组长责任心较差，记录时不认真，记录不完整，从而导致分值上的差异。

3. 评定量表使用的几个困惑

（1）如何把学习评定量表与日常课堂教学有机结合

使用学习评定量表势必要占用课堂的教学时间，表 2 的评价项目具体详细，有学生自评、同伴互评、教师评价，还有描述性评价，实施起来需要花费很长时间，每堂课能留出时间来完成量表中的这些评价吗？也许是我能力有限，经过试验我觉得比较困难，所以简单但不完善的表 1 才被使用了一个学期。那么，到底能不能将完善的评定量表融入日常课堂教学之中，使二者有机结合起来呢？希望能得到大家的帮助。

（2）如何使评价体系更有学科味

本来我设计的评定量表是针对品德与社会学科的，没想到美术课程也可以用。我意识到，这份评定量表其实是可以通用的，也就是说，我设计的这份评定量表是没有学科特色的。如何使品德与社会学科的评价体系更具学科特色是我要解决的问题。

（3）如何促使学困生积极参与到评价中来

不管是怎样的评价体系，每个班总有几个学困生是很难被激起学习热情的。各类奖励与他们无缘，小组合作中组内同学把他们视为“包袱”，他们自己也甘愿当“局外人”，在课内“搭车”观光。如何才能触动这些学生积极进取的那根弦，提高他们的自信心，又不影响评价的公正性呢？

二、学生合作学习评价报告①

在以生为本、合作探究的教学理念的指导下，品德课中的许多课外实践活动都必须发挥合作学习的优势，以落实课程内容，实现教学目的。

实践证明，小组合作学习模式能充分调动学生自主合作探究的兴趣，培养学生良好的团队意识，有效提升学生的探究能力。在经历了实践阶段的积极探究之后，展示阶段成为学生最为期待的环节，因为所展示的成果是他们努力的结果，来之不易。如何通过每一次宝贵的展示培养学生的合作意识是我在课题研究中着力探索的问题。我发现展示后的有效评价是发

① 福建省厦门市江头中心小学陈玉云老师提供。

展学生能力的方向标。为此，我尝试制订小组合作学习展示阶段的评定量表，希望能借此刺激学生的展示欲望，同时为评委进行评价提示着力点。以下是我最早采用的展示阶段的评定量表。

学生合作学习成果展示小组评定量表

评审小组：（　　）年级（　　）班第（　　）小组

展示内容	第一组	第二组	第三组	第四组	第五组	第六组	第七组	第八组	第九组	第十组
分工合作										
材料展示										
展示效果										
价值观										
总分										
组长签名										

评价标准：

分工合作：展示组有效分工一人次加10分，依次累计，如果组员担当主讲加20分。

材料展示：展示一项材料加100分，依次累计，如果材料特别丰富附加100分。

展示效果：举止大方加10分，表达清晰加10分，互动热烈加10分，特别精彩加20分。

价值观：在活动和展示过程中能体现环保、安全、科学、服务意识、责任感等价值观，每体现一项加10分，依次累计。

这份评定量表能有效强化学生的评价能力，使展示组有的放矢地做好展示的准备，可谓一举两得。但是试验了一段时间后，我发现其还存在一些问题。

（1）学生总是纠结哪些分能得哪些分不能得，分数成了学生展示评价的“命根”。

（2）分数不能明确体现展示小组的优点和不足，评价的学生需要在成长记录本上记下展示小组的优缺点，同时记录展示小组介绍的知识点，这让评价的学生有点手忙脚乱。

（3）展示后的评价比较耗时，其他等候展示的小组等得着急，于是我在后续的课题研究中聚焦于展示阶段评定量表的导向作用，设计了《学生合作学习成果展示“星光大道”评定量表》。

学生合作学习成果展示“星光大道”评定量表

评审小组：（　　）年级（　　）班第（　　）小组

评价内容 组别	分工合作	材料展示	展示效果	个人成长	总星数	评委寄语
第（ ）组						

评价标准：

分工合作：（1）人人积极参与；（2）组员担当重任；（3）团队合作意识强。（各得 1☆）

材料展示：（1）活动过程有序；（2）探究成果有效；（3）成果内容较丰富。（各得 1☆）

展示效果：（1）举止大方；（2）表达清晰；（3）互动热烈。（各得 1☆）

个人成长：（1）有克服困难、勇于探究的精神；（2）有环保、安全、科学、服务等意识；（3）个人在活动中有收获。（各得 1☆）

评委寄语：可点评学生在展示中突出的亮点，或针对不足提出建议，或谈谈自己的思考、体会等。

在该评定量表中，哪个方面做到了就可得 1 颗星，使人一目了然。这样的评定量表可以指导学生进行展示后的有效评价，因此，它既是发展学生能力的方向标，也是提升教师教学能力的有效途径。

三、学生实践能力评价报告①

品德课倡导设计、组织满足学生发展需要的各类活动，让学生直接参与活动，在“做中学”，在实践中认识、感悟。如何促进学生参与活动的积极性？如何正面和全面评价学生参与活动的表现？这需要建立一个符合学科特点的评价体系，而评定量表在评价体系中体现出了优越性。

1. 评定量表的设计

根据课程需要，经过一段时间的研究，我设计了一系列评定量表进行试验。

---

① 福建省厦门市钟宅民族小学陈月凤老师提供。

第一阶段　主题活动计划记录表

活动主题：________________

<table>
<tr><td>选择该主题的理由</td><td colspan="3"></td></tr>
<tr><td rowspan="3">活动小组</td><td>小组名称</td><td colspan="2"></td></tr>
<tr><td>组长</td><td colspan="2"></td></tr>
<tr><td>组员</td><td colspan="2"></td></tr>
<tr><td>研究方式</td><td colspan="3">网络（　　）　书籍（　　）　电视新闻（　　）　报纸（　　）
访谈（　　）　其他（　　）</td></tr>
<tr><td rowspan="5">活动时间</td><td colspan="2">时间计划</td><td>完成时间</td></tr>
<tr><td colspan="2">第一阶段：确定主题，撰写计划</td><td></td></tr>
<tr><td colspan="2">第二阶段：收集、整理资料</td><td></td></tr>
<tr><td colspan="2">第三阶段：制作作品</td><td></td></tr>
<tr><td colspan="2">第四阶段：展示与演讲</td><td></td></tr>
<tr><td rowspan="5">活动计划</td><td>任务分解</td><td>承担人员</td><td>预计完成时间</td></tr>
<tr><td></td><td></td><td></td></tr>
<tr><td></td><td></td><td></td></tr>
<tr><td></td><td></td><td></td></tr>
<tr><td></td><td></td><td></td></tr>
<tr><td rowspan="2">活动预设</td><td>困难</td><td colspan="2"></td></tr>
<tr><td>解决方法</td><td colspan="2"></td></tr>
<tr><td>成果形式</td><td colspan="3">手抄报（　　）　课件演示稿（　　）　照片、录像（　　）
情景剧（　　）　知识问答（　　）　宣传语、传单（　　）
统计图（　　）　调查问卷（　　）　其他（　　）</td></tr>
</table>

说明：本表由组长统一填写。

第一阶段　主题活动计划评定量表

评价内容	评价标准	评价等级
积极发言	积极地参与活动计划的讨论，对活动计划的制订能够发表自己的见解，对本活动的发展和困难有预见性。	优秀
	比较积极地参与活动计划的讨论，对活动计划的制订能够发表自己的见解，对本活动的发展和困难能够有自己的想法。	良好
	能参与活动计划的讨论，但较少发表自己的见解。	合格
	不怎么参与活动计划的讨论。	需努力
出谋献策	积极参与讨论，能对活动计划的制订提出有价值的建议和意见。	优秀
	比较积极地参与讨论，能对活动计划的制订提出有参考价值的建议和意见。	良好
	对活动计划的制订较少有自己的想法，积极性不高。	合格
	不怎么参与活动计划的讨论。	需努力
任务接受	积极主动地承担分配的任务，有凝聚力，能让全组人员一起合作完成任务。	优秀
	积极承担分配的任务，愿意与同伴一起互助完成任务。	良好
	能承担一定的任务，但积极性较低。	合格
	很勉强地接受任务。	需努力

第二阶段　收集、整理资料记录表

姓名	任务	详细记录（收集资料的途径、所收集的参考资料等）

说明：本表由组长统一填写。

第二阶段　收集、整理资料评定量表

评价内容	评价标准	评价等级
收集资料	能快速准确地运用多种途径搜索、查找资料，遇到问题积极寻找解决的办法，不轻易放弃。	优秀
	能运用多种途径搜索、查找资料，遇到困难与同伴一起讨论，寻找解决的办法。	良好
	能搜索、查找相关资料，遇到困难喜欢马上寻求帮助。	合格
	被动地查找资料，遇到困难马上放弃，请他人代劳。	需努力
整理资料	具有较强的信息处理能力，认真整理资料，能及时发现现有资料的不足，并能积极主动查找、补充资料。	优秀
	有一定的信息处理能力，在资料整理方面比较认真，能积极配合小组成员查找、补充资料。	良好
	照抄查找到的资料内容，在整理资料和查找、补充资料时都会参与，但不够主动。	合格
	不太愿意参与资料的整理、查找、补充，缺乏配合精神。	需努力

成果展示评定量表

评价内容	评价标准	评价等级
任务完成	能根据计划，认真、快速地提前完成任务。	优秀
	能根据计划，认真地按时完成任务。	良好
	基本达到要求，基本完成任务。	合格
	完成部分计划，需要他人催促才能完成任务。	需努力
小组协作	组织能力强，善于沟通，乐于帮助他人，积极协调小组开展工作。	优秀
	主动沟通，主动配合他人，主动协调小组开展工作。	良好
	能配合完成小组工作，但不接受他人的意见和建议。	合格
	未能配合完成小组工作，偏离小组合作方向。	需努力

（续表）

评价内容	评价标准	评价等级
创新实践	能独立设计、开展活动，实践中应变灵活，解决问题的思路新颖，积极动脑。	优秀
	能独立设计、开展活动，有应变能力，解决问题的方法、思路正确。	良好
	不参与设计活动，不能随机应变，需要他人帮助才能解决问题。	合格
	不参与设计活动，较少实践，不积极解决问题。	需努力
作品展示	能高质量地完成负责的作品，制作精美，展示手法多样、先进，能清楚表达小组的观点，善于把内容转为有思考价值的问题进行提问，让同学们听懂，能调动同学的学习兴趣与参与热情。	优秀
	能按照要求完成负责的作品，能清楚表达小组的观点，能有效提问，让同学们听懂，能调动同学的学习兴趣与参与热情。	良好
	能参与完成小组作品，但质量不高，小组汇报时，表达不太清楚，但能调动同学的积极性。	合格
	作品展示时未表达自己的观点。	需努力

汇总表

被评人	分值记录	评价人	评语	学生自评

2. 评定量表的使用效果

经过一学期的试验，总结出该套评定量表的优缺点如下。

（1）优点：对教师的教和学生的学起到了很好的导向作用，学生可以根据评价标准拓展思维，发展多方面能力；在评定量表的设计中，只罗列了一些主要指标，不管是教师还是学生都可以有所创新。

（2）缺点：该评定量表是基于一般主题活动的常规评价而设计的，课型不同，评价标准也会有所差别，不能一概而论；由于评价标准较多，对学生的束缚较大，学生的思维会被限定。

3. 引发的思考

(1) 评定量表是否可以更全面，更细致

学生通过参与活动，以调查、采访、制作、游戏等多种方式在实际中感受，体验，领悟，发现，培养能力，发展个性，学会做人。学生的综合实践能力是多方面的，所以还需要针对不同活动设计观察量表，如针对采访设计的观察量表。

(2) 评价的公平性如何贯彻

该评定量表主要由组长组织小组成员进行评价，虽然已经给定了具体的评价标准，但由于人具有主观性，特别是学生看问题不够不全面，容易根据自己的喜好以日常的标准来判断，从而使评价缺乏一定的公平性。同时，小组间的竞争，也会对评价有所影响。

(3) 如何激发游离于活动之外的学生的参与热情

开展过活动的教师都知道，每次开展活动总会有一些学生游离于活动之外，他们参与活动的积极性不高，在小组合作中总是默默无闻，有时会因为他们而使小组无法完成任务，导致其他组员对他们不欢迎，在评定量表中他们的得分通常是最低的那个。如何将这部分学生带入小组合作中，激起其参与活动的热情，是需要不断探索的问题。

四、“唐朝盛世”学生活动作品评价报告①

【基本信息】

学校：福建省厦门市钟宅民族小学

班级：五年级（1）班

课题：品德与社会五年级下册“唐朝盛世”

【作品要求】

通过制作手抄报或课件，为大家介绍查找的材料及自己的学习收获、感受，并写出完成活动作品的收获。

【评价准备】

1. 活动作品

“唐朝盛世”课件

① 福建省厦门市钟宅民族小学陈月凤老师提供。

2. 活动目的

（1）知道唐朝时期是我国历史上的鼎盛时期，并从政治、人物、文化、诗歌、书法等方面做具体的了解。

（2）培养小组合作探究能力，训练收集、整理资料的能力。

3. 评定量表

<table>
<tr><td colspan="2">活动作品名称</td><td colspan="4">“唐朝盛世”课件</td></tr>
<tr><td colspan="2">参与者姓名</td><td colspan="4"></td></tr>
<tr><td colspan="2">态度
（组间互评）</td><td colspan="2">合作能力
（小组自评）</td><td>契合主题
（教师评价）</td><td rowspan="3">成绩</td></tr>
<tr><td>完成时间</td><td>整洁美观</td><td>分工合理</td><td>乐于参与</td><td>完成质量</td></tr>
<tr><td></td><td></td><td></td><td></td><td></td></tr>
<tr><td>我的收获</td><td colspan="5"></td></tr>
<tr><td>教师评语</td><td colspan="5"></td></tr>
</table>

评价标准：

完成时间：按时完成得 2☆，延时完成得 1☆，没有完成不得☆。

整洁美观：画面整洁，能体现主题，图文并茂得 3☆；画面整洁，但没有很好地体现主题得 2☆；画面不整洁或不美观得 1☆。

分工合理：小组分工合理，每人有一项力所能及的任务得 2☆；小组分工不合理，个别成员没有任务得 1☆。

乐于参与：在完成作品的过程中，小组成员积极参与，遇到矛盾能及时解决得 2☆；能在同伴的提醒下完成任务得 1☆；不能主动积极地参与小组合作不得☆。

完成质量：能很好地介绍唐朝的有关信息得 3☆；能较好地介绍唐朝的有关信息得 2☆；不能介绍唐朝的有关信息得 1☆。

成　　绩：11～12 颗星为 A，8～10 颗星为 B，6～7 颗星为 C，5 颗星及以下为 D。

我的收获：可以写自己的收获，或在完成活动作品的过程中遇到的困难，或不能完成的原因。

【学生作品呈现】略

【评价记录和结果】

组别	态度	合作能力	契合主题	总星数	等级
第一组	5 星	4 星	3 星	12 星	A
第二组	4 星	4 星	3 星	11 星	A
第三组	3 星	3 星	3 星	9 星	B
第四组	3 星	4 星	2 星	9 星	B
第五组	5 星	4 星	3 星	12 星	A
第六组	4 星	4 星	3 星	11 星	A
第七组	5 星	4 星	3 星	12 星	A
第八组	5 星	3 星	3 星	11 星	A
第九组	4 星	3 星	3 星	10 星	B
第十组	3 星	3 星	3 星	9 星	B
第十一组	2 星	2 星	3 星	7 星	C
第十二组	5 星	4 星	3 星	12 星	A

【结果分析】

1. 目标达成情况

本校学生的课外阅读量较少，对历史知之甚少，特别是对中国古代的朝代或文明不懂或不熟悉。学生的探究能力比较弱，缺少合作的精神。因此，我设计了制作“唐朝盛世”课件的小组活动，目的是引导学生从不同的方面探究这个朝代，使他们在活动中感悟唐朝的伟大和人民的智慧，培养学生收集信息、获取新知识的能力，同时让学生在分析和解决实际问题的过程中，培养交流能力与合作意识。

通过本次实践活动，我发现学生对唐朝有了进一步的了解。学生通过查找资料，加深了对唐朝各方面的认识，有些学生感叹道：“原来唐朝有这么多我不知道的东西，真是太厉害了!”学生收集资料的能力有了很大提高，收集的范围也更加广泛，有的学生还根据查找到的资料编排了小品。总之，本次活动效果还是不错的，目标基本达成。不足之处是部分学生出现畏难情绪，与小组其他成员合作得不是很好，班级展示时表现得较胆怯。

2. 本次活动的感悟

（1）品德与社会课程是以促进学生的品德和社会性发展为目标的德育课程，在教学实践中，教师的课程意识、儿童意识、效益意识对其实施起着关键性的作用。品德与社会课程的教学不能局限于课堂，需要有更广阔的社会空间。因此，教师在品德与社会课中应该多增加一些课外实践活动，让学生真正融入社会，真正学以致用。

（2）为了完成本次实践活动，我要求学生认真制订研究计划，利用课外时间进行调查，上网查阅资料，对资料进行分析总结，展示和汇报研究成果，进行班级讨论。学生在实践过程中发展了创新能力和对知识的综合运用能力。也许他们的研究还不够严谨，研究的结果也还不具备创新的价值，但是他们在研究中有收获、体验，有属于自己的快乐与成功，也算是达到了本次活动的初步目的。

五、"带着祝福上路"学生活动作品评价报告[①]

【基本信息】

学校：福建省厦门市钟宅民族小学

班级：六年级（2）班

课题：品德与社会六年级下册"带着祝福上路"

【作品要求】

（1）能正确看待自身的优势和不足。

（2）会分辨赠言的优劣，能根据不同情况写出最合适的赠言。

【评价准备】

1. 活动作品

"带着祝福上路"

2. 活动目的

（1）能积极参与，尊重、理解对方，抵制不文明语言，注意语言规范，初步形成自我评价和评价他人的能力。

（2）交流时的表述清楚明白、具体生动。

（3）感受同学之间纯真美好的情感。

① 福建省厦门市钟宅民族小学刘萍老师提供。

3. 评定量表

评价项目	评价内容	评价方式		
		自评	生评	师评
情感态度	能积极参与，尊重他人，抵制不文明语言，注意语言规范。			
过程和方法	对学习内容感兴趣，乐于探究；能大方、流利地进行交流、展示。			
知识和能力	能根据同学的特点，把自己的希望和祝愿组织成美好的语言；用普通话交谈，交流时的表述清楚明白、具体生动。			

评价标准：

学生如果在某项达到要求，即可获得1☆。8颗星及以上为A，6～7颗星为B，4～5颗星为C，3颗星及以下为D。

【学生作品呈现】略

【评价记录和结果】略

【结果分析】

临近小学毕业，学生之间有很多话要说。不少学生购买了精美的毕业留言本，请同学、老师、家长于毕业前夕在其留言本上写上几句话，以作留念。我翻看了学生之间的留言，感到真正写得有意义的留言很少，留言或内容空泛，或形式花哨，或嬉皮逗乐，或成人化倾向严重，甚至有一些消极、不健康的内容。如何引导学生写出内容健康、情感真挚、形式丰富的毕业赠言呢？

1. 创设情境，激发情感

在这堂课上，我以“言为心声”为出发点和归宿，充分利用话题的现实感，创设了完全真实的赠言情境，使师生置身其间，情动辞发。在情感的推动下，学生间的交流成了主体的内在需要。我利用学生学习生活的一些剪影，引导学生共同回忆同窗生活，以境激情引起学生情感的共鸣。学生对同学、对老师、对集体的留恋之情溢于言表，并在随后的赠言中充分流淌。

2. 传导积极体验，培养良好文风

古人云：“言为心声。”学生情动于中而言于外，并郑重地把它写在纸上，使赠言成为生命的呼喊和心灵的歌唱。在教学时，我设计了讨论赠言优劣这一环节，让学生在区分赠言优劣的基础上动笔，并将积极的情感体验传导给学生，影响学生的情绪，使学生产生积极向上、愉悦振奋的情感体验，为学生有个性地表达真情实感奠定了基础。

第五章

实践——真实品德课的课例

爱护我们生活的环境

【教材分析】

随着学生生活范围的扩展，他们越来越多地接触到家庭、学校之外的地方。培养学生对自己所在的社区、村庄、城镇等的热爱之情，是对学生进行集体主义、爱国主义、社会主义教育的重要基础。本课是品德与生活二年级上册第四单元“我爱我生活的地方”的第四个主题，旨在使学生形成初步的环保意识，知道如何保护环境，能用实际行动爱护生活的环境，为环保做力所能及的事情。

【学情分析】

二年级的学生善于观察，乐于表达，但他们观察的环境主要还集中在家庭、学校中，因此本次活动所选取的素材大多与学生生活密切相关，如教室的纸屑、班级的日光灯、随地吐口香糖等，都是学生日常生活中容易忽略的细节，目的是引发学生感知爱护我们生活的环境——从身边做起，从小事做起。

【教学目标】

1. 爱护自己生活的环境，培养初步的环保意识。
2. 能自觉爱护我们生活的环境，爱护公共设施。
3. 能为环保做力所能及的事情。

【教学重难点】

1. 开展小组合作学习，鼓励学生积极探究环保的好办法。
2. 增强环保意识，能自觉爱护生活环境，为环保做力所能及的事情。

【教学准备】

多媒体课件、调查表、实物水龙头等。

【教学过程】

一、引出课题，直观感受

师：小朋友们，今天我们学习、交流的课题是“爱护我们生活的环境”，（板书课题）和我们一起学习的还有我们的好朋友红精灵。它要找找我们班谁发言最响亮，谁为学校做贡献最多，谁听讲最认真。大家快跟红精灵打个招呼吧！

播放红精灵录音：嗨，同学们，你们好！今天我要带领大家参观我们的家乡，你们想和我一起去吗？看完有什么感受要交流啊！（课件出示厦门的美丽图片：绚丽的白鹭洲音乐喷泉、豪华的鼓浪屿渡轮、宏伟的海沧大桥、绿树成荫的万石植物园、美丽的筼筜湖畔等）

师：我们跟着红精灵一起走进更美的地方吧。（课件出示学校的图片）我们的学校这么整洁、美丽，你为它做过哪些事？

（小组交流、反馈，教师引导学生说说自己的劳动情况。）

【设计意图】红精灵是《品德与生活》一书中出现的小伙伴，它贯穿整个活动主题，在关键处对学生的学习进行点拨，提醒学生关注活动的细节。此环节，利用红精灵导入，激发了学生的学习兴趣。

二、走入校园，关注生活

播放红精灵录音：正因为有了同学们的付出，我们的校园变得更加美丽了。但是在平时的学习中，我也发现了不少问题。请同学们认真倾听，想想你有什么话想说。

1. 大课间时间到了，我们都赶着排队、出操，谁还管电灯或风扇有没有关呢！

2. 今天学校展出了优秀家长的宣传板，我来好好看看。咦，这个板有点薄，手指一戳就破了。嘿嘿，那我就再多戳几个洞吧！

3. 下课时，我看见桌子底下有一根吸管，我到底该不该捡起来呢？想想还是算了吧，不管它，当没看见，我直接走了。

4. 口香糖的味道甜甜的，真好吃。吃完了我想吐掉它，看看左右，“嘿嘿，没人”，我往地上一吐，然后走了。

（生七嘴八舌地议论这些做法是不对的。）

师：同学们的耳朵真灵，听出了关键的内容，还会提醒他人改正，真了不起。是呀，点点滴滴的小事却是环保大事，每个同学都注意一点儿，我们的环境就会更好。

师：周末老师到超市买了许多东西，要把它们带回家，我该用什么袋子装呢？塑料袋？环保袋？你们帮我选选吧。

生：环保袋。

师：你们说的都有道理，杨老师也选择了环保袋。至于原因，让我们来看一段视频，看完你们就明白了。（播放关于塑料袋的危害的视频）

【设计意图】本环节聚焦身边的环境，从细节入手，列举发生在校园的4种不文明行为，又以录音播放的形式展示，调动了学生的听觉，从而引起学生思考，使学生如临其境，产生共鸣。之后又设计了关于购物袋的选择的情境，并用视频直观展示塑料袋的危害，使学生把关注的焦点延伸到课外，使他们进一步关注时事，关注环保。

三、辨析行为，自我评价

播放红精灵录音：小朋友，爱学习、爱动脑的你们肯定也懂得爱护环境，我来考考你们吧。

1. 图片中的小朋友做得对吗？对在哪里？错在哪里？

2. 在生活中，下面的行为你做到了哪些？做到的，在笑脸下打“√”。做得不够好的，就在哭脸上打“√”。

	爱护桌椅	☺	☹
		（ ）	（ ）
	向破坏消火栓的人说“不”	☺	☹
		（ ）	（ ）

（续表）

	提醒踩踏草地的小朋友	☺	☹
		（　）	（　）
	把地上的垃圾捡起来	☺	☹
		（　）	（　）
	爱护花草树木	☺	☹
		（　）	（　）

师：杨老师走了一圈，发现你们当中大部分的同学都能自觉地爱护环境。当然，也有同学很诚实地画出自己不足的地方，没关系，只要及时改正，你们都是最棒的！

【设计意图】本环节注重“行为辨析，自我评价”。二年级的学生已有了自我辨析、评价的能力，虽然不及高年级学生，但是进行简单的评价还是可以的。所以我设计了有别于以往的评价方式，让学生先充分交流图片中的小朋友做法是否正确，产生思想共鸣，再出示评价表格，让学生进行自我辨析、自我反思，在思考自己不文明行为的同时，也警醒自己，约束自己。

四、环保我会做

师：小朋友们，我们不仅会说还要会做，红精灵又给我们出了一道难题，快看！（出示洗手的图片）

师：你们会洗手吗？（生示范）你们想看老师是怎么洗的吗？（师示范）你发现了什么？别小看了关水龙头这事，也别小看了这一个小小的甩手动作，这既能节水，又能保持洗手间干爽。我们一起来做一遍吧。

师：小朋友们学会洗手了，那怎么摆放我们的椅子以使教室更整齐

呢？（请学生示范、交流）

【设计意图】仅有思想的碰撞还不够，还要让学生动手实践。本环节的“环保我会做”，聚焦洗手事件，引导学生学会文明洗手，节约用水。

五、总结内容，儿歌结题

师：只要同学们多关注身边的事，多从小事做起，环保也可以很简单。（板书：从身边做起，从小事做起）让我们用一首儿歌把环保记在心间，结束今天的学习吧。（儿歌略）

师：爱护环境，从身边做起，从小事做起。教室学习园地有一张评价表，大家记得每天自评一次。

【设计意图】结合板书，点明活动主题，有利于学生把握活动的主要脉络，认清“自觉爱护环境”并非一句空话，从身边、从小事做起即可。儿歌朗朗上口，利于传诵，以儿歌结题，便于学生铭记。

【教学反思】

本节课针对低年段学生的特点进行教学设计，既有视觉、听觉感受，又有行为辨析、自我评价，学生易从中得到启示，知道如何爱护生活的环境。“红精灵”贯穿课堂教学各环节，与学生同学、同思、同分享，使得课堂学习氛围更加轻松。

第四部分“环保我会做”中，结合生活小习惯——怎样洗手，师生共同参与，说一说，动一动，做一做，让学生关心环境从点滴、从我做起。第五部分“儿歌结题”中，用趣味性较强的儿歌进行总结，使学生常记心间。

令我感到惊奇的是，在洗手示范环节中，第一个回答问题的学生就能准确地说出洗手的要点：小手洗完要在池里甩一甩。原先我预计学生在这方面会比较薄弱，需要由教师示范，结果根本不用教师操心。由此可以看出，在“备学生”方面，教师应该深入学生中间，了解学情，进而在课堂上引导学生交流不懂、不知的地方。另外，在时间上，掌握得不是很好，随着教学设计流程的完结，课堂时间还有剩余，没有做好充分预设，显得准备不足。

执教与文字整理：福建省厦门市湖里区教师进修学校附属小学　杨希

爱护我们的家居环境

【教材分析】

本课是品德与社会三年级上册第三单元“生活中的你、我、他”主题一“我们生活在一起”中的内容。本课首先呈现了几幅漫画，反映的是生活中经常发生的不讲公德的事情；接着展示了一个典型的场景“下水道堵了”，目的是帮助学生从因果关系的分析中懂得损人不利己的道理；最后引导学生在实际生活中行动起来，目的是通过了解不同生活环境下的邻里关系，使学生理解人与人之间的情感，发现人们生活在一起时可能产生的矛盾，进而理解道德在生活中的意义，在学习和体验的过程中初步感知“讲公德”。

【学情分析】

我班学生生活在厦门经济特区，虽然见多识广，但年龄尚小，他们有时会无意识地做出破坏家居环境、影响他人生活的事情。他们对自己家居环境中的公共设施稍有了解，却说不清为什么要保护公共设施；他们有保护自己家居环境的主观愿望，希望能为保护家居环境做一些力所能及的事情，但对具体该怎么做并不明确。

【设计思路】

基于以上对三年级学生心理和行为特点的分析，本节课我遵循充分、合理利用课程资源和品德教育回归生活的理念，利用教学视频拉近学生和生活的联系，让学生在体验活动中，在调查发现中，在对典型事件的剖析和探究中，形成认识并转化为能力。

【教学目标】

1. 了解自己家居环境现状，并能分析其中的原因，从中理解、感悟“心中有他人”的深刻含义；知道公共设施在人们生活中所发挥的作用。

2. 通过家居环境调查活动，提高调查能力，能依据调查内容及个性特点进行不同形式的展现，能为保护家居环境做一些力所能及的事情。

3. 体会保护家居环境的益处，进而产生从小爱护家庭周围环境的情感。

【教学重难点】

1. 观察、发现家居环境中存在的问题，用实际行动表达保护家庭周围环境的愿望。

2. 理解、感悟“心中有他人”的深刻含义。

【教学准备】

1. 学生：调查自己家周围有哪些公共设施；完成《家居环境问题调查表》，可以用照片、图画、文字等不同形式展示调查结果，并思考问题产生的原因。

家居环境问题调查表

调查时间		调查人	
我观察到的破坏家居环境的现象			
我的思考			

2. 教师：多媒体课件。

【教学过程】

一、美丽家园人人夸

师：孩子们，我们相处了一个多月，都已经熟悉了。老师生活的小区你们还没去过吧，想不想去看看呢？那现在就跟着我一起出发吧。（课件播放录音、出示图片）

师：嗨，大家好，欢迎来到我生活的小区。我家住在福满园小区，这是一个既漂亮又舒适的生活小区。这儿有绿茵茵的草地，高大的凤凰木，大型的健身器材；地面干净，环境幽雅；没有噪音，有的只是清脆的鸟鸣。人们在这儿生活得很温馨，孩子们在这儿可以安静地学习。我爱我生活的小区。（出示拍摄的花草树木、健身器材、人们的活动、安静的夜晚的图片、视频）

师：你们喜欢老师生活的小区吗？

生：喜欢，老师生活的小区，环境幽雅，十分安静。

师：（小结）是啊，谁都希望自己的家居环境既安全又方便，既干净又安静，既温馨又舒适。

【设计意图】家是每个人心中最温暖、最熟悉的地方，提起来就有说不尽、道不完的心里话。教师通过对自己家居环境的展示，勾起了学生对美好温馨的家居环境的向往，对文明的家居环境的热爱，为本课的学习做了良好的铺垫。

二、联系生活谈看法

1. 过渡

师：可是，日常生活中我们总会见到一些不文明的行为和不和谐的画面。(课件展示不和谐的画面）看了这些你们想说什么？

生：人们的不文明行为破坏了我们的家居环境……

2. 交流调查情况

师：同学们居住的小区的周边环境是不是也有很多这样不和谐的画面？课前老师布置同学们开展家居环境问题小调查，请大家拿出你的调查表，四人一组交流一下。要求每组的每个同学都要汇报，小组长就两方面的问题进行总结。

(生交流各自观察到的破坏家居环境的现象，以及为什么会产生这种现象。)

3. 组长汇报

师：哪位小组长来汇报小组同学观察到的破坏家居环境的现象？为什么会产生这种现象呢？

(小组进行汇报，教师有目的地梳理。)

师：是呀！这些现象破坏了我们的家居环境。其他小组还有补充的吗？今天这节课，我们就来共同探讨如何爱护我们的家居环境。（板书课题：爱护我们的家居环境）

【设计意图】在教学中，教师要调动学生的生活经验与认识，引导学生用多种感官去观察、体验、感悟社会，获得对世界的真实感受。这一环节通过课前让学生对自己生活的家居环境的真实情况进行调查，课中师生交流和讨论生活中存在的现实问题，引发学生对破坏家居环境的不良行为的思考，进而导出本课所要学习和关注的内容。

三、分析事例找原因

师：瞧，上星期一栋楼里就发生了一件麻烦事，让楼上楼下十几户人家都动了起来。(播放视频《下水道堵了》)

师：为什么会这样呢？我们一起找找原因吧。

（生分析下水道堵了的原因。）

师：是呀，下水道是公共设施，大家为了省事，常把杂物往下水道扔，暂时方便了自己，却破坏了公共设施，最终也影响了自己的生活。公共设施是为了满足大家的需要而建设的，是构成家居环境必不可少的设施，在生活中我们要爱护它们。（板书：爱护公共设施）老师课前请同学们调查自己家周围有哪些公共设施，谁来说一说？

（生汇报调查结果，出示常见的公共设施图片。）

师：爱护公共设施，我们的家居环境就能变得安全，生活就会更加方便，这是讲公德的好行为。（板书：讲公德）

师：看着疏通管道的叔叔捞出的杂物，住在楼里的人们都脸红了，羞愧地低下了头，这是为什么？

生：因为他们只图自己方便，而造成了大家的麻烦。

师：其实，有时候我们自己多动一下手，多走一点路，就不会给大家的生活造成麻烦。你们觉得经历了这件事，他们今后会怎么做？

（生讨论。）

总结：平时我们应该做到心中有他人。给予别人方便，就是给予自己方便。（板书：与人方便，与己方便）爱护家居环境并不难，我们应该从小事做起，从力所能及的事情做起。

【设计意图】“下水道堵了”是课本中呈现的生活中的真实事例。为了符合学生的认知特点，我把文本改编为动画呈现给学生。在讨论中，学生的思维、思想和情感得以碰撞，他们逐步明白了何谓公共设施以及公共设施在我们生活中的重要作用；何谓讲公德以及“与人方便，与己方便”的含义。这个活动是本课教学的重点内容。

四、活动体验践行动

1. 我们该怎么办

师：彭老师的好朋友给彭老师发来一张照片并述说了她的烦恼，大家看，（出示信箱被破坏的图片）她们小区的居民信箱遭到了孩子们的严重破坏。同学们想一想，这会给在这里生活的居民带来什么麻烦？

生：信件和报纸丢失，小区变得不美观……

师：面对这种现象我们该怎么办？

（小组讨论，提出劝阻、向居委会反映等建议。）

师：老师在日常生活中也遇到了一件烦心事，你们能帮老师想想办法吗？（出示乱停车导致消防通道被堵塞的图片）

（生想办法。）

师：看来爱护我们的家居环境不仅要靠在座的每一个人，还需要全社会人们的共同努力。

2. 我们应该这么做

师：二年级我们学过“爱护我们的生活环境”一课，同学们都知道爱护生活环境要从身边做起，从我做起。但老师觉得还不够，我们还要心中有他人，做一个有公德的人，而公德就在我们的身边。（课件播放图片，配音：我们可以动手打扫小区的卫生，我们可以为小区披上一件美丽的绿衣，我们可以弯腰拣起路上的垃圾，我们还可以做什么呢？）

（小结：写倡议书，制止不文明行为，爱护公共设施，心中有他人，等等。）

【设计意图】通过发生在学生现实生活中的事件，帮助学生体验、践行，激发学生用实际行动表达保护家庭周围环境的愿望，培养学生对生活的积极态度。通过课件展示，引发学生思考我们能为爱护家居环境做些什么，让学生体会参与到家居环境保护中来的自豪感，把爱护家居环境的责任意识传递给社区中的每一个人。

五、总结课堂升情感

师：（随着视频的播放）是啊，文明的行为从自身做起，美好的环境靠大家维护，公德就在我们的身边。让我们行动起来，为自己，也为他人创造一个健康、文明的家居环境吧！

【设计意图】在视频的播放中、老师的总结语中，学生的情感得到升华。

六、课后体验促延伸

师：愉快地生活除了要处理好邻里关系，爱护家居环境，还要感谢为我们的生活服务的人。请同学们填写课本 68 页的信息卡片。

【教学反思】

品德课程应注重学生生活的价值。学生的品德与社会性的发展源于他们对生活的认识、体验和感悟，学生的生活对品德课程的构建具有重要价值。因此，本课的设计关注了学生的真实生活。

课前家居环境的调查活动既培养了学生的调查能力和分析能力，又让学生直面现实生活，学会用自己的眼睛去观察、发现家居环境中的问题，这与对美好温馨环境的向往产生了强烈的冲突，从而使学生产生用实际行动爱护家居环境的愿望。

典型的生活事例是德育的源头活水，可触，可摸，可感。如文本中的“下水道堵了”的事件是生活中常见的，而大多数人又不以为然的破坏公共设施的行为。我把这个事件形象化、具体化，花费了大量的课堂教学时间和学生一起分析问题，在讨论和交流中，学生的思维、思想和情感得以碰撞，明白了“什么是公共设施”“为什么要爱护它们”，知道了“怎样做才是心中有他人”“什么是讲公德”，知道了“如何才能创造美好的家居环境”，达到了寓教于理、以理服人、以情感人的效果。

大量的生活视频拉近了文本与生活的联系。如教学过程中的第一个环节“美丽家园人人夸”，播放了我生活的小区的真实居住环境，一下子勾起了学生对美好温馨的家居环境的向往。

执教与文字整理：福建省厦门市湖里区教师进修学校附属小学　彭小翠

指导教师：福建省厦门市湖里区教师进修学校　朱淑秀

让我们学会合作

【教材分析】

“让我们学会合作”是品德与社会三年级上册第二单元“快乐的学校生活”主题三“我们的班集体”中的内容。本课通过让学生体验与他人合作完成游戏，感悟合作的重要性，从而学会与他人分享，形成初步的合作意识。合作意识在当今社会是非常重要的，本课的学习可以为学生今后的学习打下坚实的基础。

【学情分析】

现在社会分工日趋细化，许多工作都需要很多人共同合作才能完成，合作能力已成为衡量一个人能力的基本要素。三年级的学生已经有了初步的辨别是非的能力，在实际生活中他们也有与他人合作的经历，但是还缺乏合作的正确方法，在与他人合作中还经常会发生一些矛盾，导致合作不成功。本课的教学目的是让学生通过学习体验，总结合作成功和不成功的原因及条件，并学会怎样与人合作。因为三年级学生还小，以游戏引导他们探究能使他们易于接受，因此本课设计了几个体验点，以此有效激发学生的学习热情。

【教学目标】

1. 知道在集体活动中分工与合作的重要性，通过辨析认识什么是真正的合作。

2. 在活动中体验合作成功的喜悦，总结合作成功的条件。

3. 具有初步合作的意识和能力。

【教学重难点】

认识合作成功的条件，具有初步合作的意识和能力。

【设计思路】

品德与社会课程是一门体验性的课程。在本课中，我主要以体验式教学法为主，让学生通过游戏，掌握合作成功的秘诀，知道如何与人合作。“活动、体验、感悟、运用”是本节课的基本思路，以自制视频《手指五兄弟吵架》引入，让学生在“手指五兄弟”的带领下经过游乐场、休闲吧、巧手屋几个环节，探寻合作的秘诀，学会与人正确合作。

【教学准备】

自制视频、花瓣、多媒体课件。

【教学过程】

一、故事导入，激趣揭题

1. 学生朗读关于合作的名言

众人拾柴火焰高。

人心齐，泰山移。

二人同心，其利断金。

单丝不成线，独木不成林。

师：老师听了同学们整齐的朗读，感觉到我们班是一个团结的、懂得合作的集体。今天，老师带来五个朋友（出示五个手指）——手指五兄弟。它们是五个形影不离的好兄弟，可是……（播放自制视频《手指五兄弟吵架》）

（视频内容：食指高兴了，它说："我是咱五个里最有用的了，我干活时，你们就只能在旁边看着。"大拇指一听不高兴了："你最有用？算了吧，我最有力量，没有我，你们什么也做不了。""最有力量？又矮又胖的。你看看我，你就会明白什么叫鹤立鸡群。"中指得意洋洋地说。无名指一听可不干了："个子高难道就了不起吗？竹子高还是空心的呢。""哈……"其他手指哄堂大笑。"你才是空心的呢，连个名字都没有……"中指说。"没名字怎么了……"四个手指吵了起来。"吵什么，吵什么，要说有用还得是我。"小拇指不紧不慢地说。"你长得那么小，能有什么用？"四个手指嘲笑它说。"我代表诚信，你没看人们许诺勾手指时都用我吗？"小拇指不甘示弱。）

师：五兄弟就这样吵了起来。同学们，怎么办呢？你有什么想对它们说的？

生：它们不应该争吵，应该团结。

生：五根手指都是有用的。

生：五根手指都有自己的用处，缺少哪一个都会影响我们手的活动。

2. 直接体验

师：同学们，用一根手指能不能拿起课本？"手指五兄弟"一起呢？

（生试着用一根手指拿起课本，再用"手指五兄弟"拿起课本。）

师：只有相互合作，力量才是最大的。听了同学们说的，"手指五兄弟"意识到了自己的错误，重归于好。为了感谢同学们，它们邀请大家到合作王国游玩，想去瞧瞧吗？

【设计意图】自制的《手指五兄弟吵架》视频新颖有趣，比直白地讲故事更能激发学生的学习兴趣，同时为该堂课接下来的教学做了铺垫。由"手指五兄弟"带领学生进入合作王国探究合作的秘密，可以让学生尽情体验合作的快乐。

二、开启合作之门，认识合作

1. 认识合作的含义

师：在开启合作王国之门时，"手指五兄弟"想先考考大家，你觉得什么是合作呢？

生：有什么困难一起面对。

生：有什么事情大家一起做。

生：一件事需要许多人一起完成。

师：你认为需要几个人一起做呢？

生：好几个人。

师：“手指五兄弟”告诉我们，合作就是两个或两个以上的个人或群体，为了实现共同的目标而共同完成某项任务。（课件出示此结论，并改变字体颜色加以强调，突出强调两个“共同”）

2. 忆往昔：说说自己合作成功或失败的例子

师：让我们来共同回忆一下，你曾经跟哪些人合作过什么事情？结果怎么样？

生：我和小伙伴合作玩拼图，我们很快就完成了拼图。

师：你们通过合作，很快完成了拼图，你们真棒！

生：我和叔叔烤肉，如果我烤的肉焦了，他就帮我烤；如果他烤不好，我就帮他烤。我们两个烤的肉都很好吃。

生：上美术课的时候，我对面的同学帮我涂背景的颜色，我也帮他涂背景的颜色，结果两幅画都很漂亮。

师：你的心情怎么样？

生：很开心。

生：我和他（指同学）一起合作完成了一个手工作品，很漂亮。

生：我和姐姐一起合作捏橡皮泥——做熊猫，最后成功捏出了一只大熊猫。

师：同学们真棒，与别人合作都获得了成功。有没有同学与别人合作没有成功的？

生：我回老家的时候，和同伴一起烧饭，结果饭烧焦了。

生：我和同学一起参加足球比赛，没有合作好，输了比赛。

生：我和妈妈用橡皮泥合作制作一只猪，结果做成了一只狗。

师：刚才同学们说了合作成功的事，也说了合作不太成功甚至失败的事，看来合作是一件挺有学问的事情。让我们赶快跟着“手指五兄弟”进入合作王国，寻找合作成功的秘诀吧。

【设计意图】让学生明白，只要是两个人或两个人以上共同完成一件事，就是合作。通过让学生回忆生活中各种合作成功或失败的例子，使学生明白人人都需要合作，合作无处不在，进一步体会合作的重要性。

三、游乐场体验游戏，认识合作成功的条件

（点击课件进入“合作王国”。）

师：我们看到有三个路标，分别是——

生（齐）：游乐场、休闲吧、巧手屋。

师：同学们想先去哪里呀？

生：游乐场！

1. 游乐场游戏一：火场逃生

师：好，我们就跟着路标到游乐场。先来看一下第一个游戏是什么？

（出示游戏规则：火场逃生——瓶子代表着火的房子，小球代表人，每个小球都系着线，线的一端露出瓶口，要求每人拉住一根线，在规定的时间内，以最快的速度使“自己”从“着火的房子”中逃生。）

（生上台玩游戏，失败。）

师：怎么回事，竟然没逃生成功？

生：没商量好。

师：那你们商量一下好吗？

（生商量，再次游戏，其他人帮忙计时，6秒成功逃出火场。）

师：你们的心情怎么样？

生：很紧张，很开心。

师：为什么第二次你们成功了？

生：我们商量好了。

师：你们是怎么商量的？

生：我第一，他第二，他第三……

师：所以合作成功的第一个秘诀是什么？

生：要事先商量。

（师板书：事先商量。）

师：老师要提醒同学们，生活中发生火灾，逃生时间有限，要快速商量，做出决定。还有补充的吗？

生：分工要合理。

（师板书：合理分工。）

师：说得真好。还有吗？

生：要相互配合。

（师板书：相互配合。）

师：为了表扬同学们这么厉害，“手指五兄弟”邀请同学们玩下面这个游戏。

【设计意图】游乐场的“火场逃生”游戏是由学生代表上台体验，属于个别体验，但其他学生不是纯粹的看客，他们要用眼睛观察，用大脑思考为什么游戏会失败。学生通过成功与失败的对比，知道了失败的原因，得出了合作成功的秘诀。

2. 游乐场游戏二：记数字

（出示游戏规则：在规定的时间内快速记住以下数字。）

（师出示数字，生记忆。）

师：同学们都记住了吗？

生：没有。

师：为什么没记住呀？

生：因为我们各记各的，要把所有的都记住，太难了。

师：哦！太难了啊。那同学们有什么解决的办法吗？

生：有的背 A 组数据，有的背 B 组数据。

师：也就是要分工合作。

（生四人小组合作讨论分工。）

师：有没有信心挑战成功？（出示数字）全部记住的小组请举手。

（第一组说到 C 组数据时忘了，第二组准确说对了。）

师：为什么第一组会忘了呢？请忘记 C 组数据的同学来说说原因。

生：在分配任务的时候，我没听清楚要记的是 C 组数据。

师：为什么这个小组会成功？

生：我们每个人都记住自己负责的那组数据了。

师：所以合作成功的秘诀除了要事先商量、合理分工、相互配合外，还需要认真负责。

（师板书：认真负责。）

师：有的小组组员没有说出来，有的同学就开始小声指责他，这样做对吗？

生：不对，要帮助他。

（师板书：相互谅解。）

师：同学们，通过以上两个游戏我们知道了合作成功的秘诀，它们是——事先商量、相互配合、合理分工、认真负责、相互谅解。（师指板书，生齐读）

【设计意图】此环节的游戏活动要求每个同学都参与，让学生在游戏中亲身体验。学生将之前用眼观察后所得的感悟在亲身体验中运用，就有了新的认识，进一步总结出合作成功的秘诀。教师只是引导者，学生的感悟是自然而然地形成的，学生在快乐的游戏中学会了与人合作，明白了合作的重要性。

师："手指五兄弟"将合作的秘诀编成了一首歌谣，我们一起拍手来读一读。

合作取胜有法宝，齐心协力最重要；

合理分工是首要，互相配合要记牢；

出现矛盾别吵闹，埋怨指责最不该；

相互谅解是良药，团结合作能登宝。

【设计意图】采用拍手读歌谣的形式对合作成功的条件进行归纳，学生不仅喜欢，也能加深印象。

四、休闲吧说合作，辨析合作行为

过渡：玩了两个游戏，有点累了，"手指五兄弟"请大家到休闲吧休息一下。

1. 交流合作的普遍性

师：看，此时休闲吧正放映电影呢。（播放视频《2008 年北京奥运会开幕式——击缶倒计时》）

师：同学们知道这是什么活动吗？

生：2008 年北京奥运会开幕式。

师：你知道这里有多少名表演者在击缶吗？有 2008 名表演者、2008 面缶。这么多人能整齐地显示倒计时，你想说什么？

生：他们真团结。

生：他们的合作很成功。

师：老师觉得非常震撼，这是靠一个人的力量可以完成的吗？（不是）这靠的是——

生（齐）：许多人的合作。

师：其实，很多事情都需要合作，你们还知道哪些事情需要合作才能完成呢？

生：扫地时一个人会很慢，如果很多人，很快就能把地打扫干净。

师：教室的清扫工作是大家共同努力完成的。

生：运动会接力赛跑，需要每个人都努力才能取得好成绩。

生：建房子时，只有一个人速度会很慢，也不可能成功。

师：如果很多人一起完成，高楼大厦很快就会建成的。

生：房子建好了，搬家也需要很多人一起。

生：六一国际儿童节，我们班举行踢毽子比赛，需要大家一起，一个人完成不了。

师：要齐心协力。

生：搬床的话，床太大了，需要几个人一起努力。

师：是啊，我们任何人在这个世界上都不是孤立存在的，在各个方面都需要合作。例如，生活方面（出示和家人一起做饭、一起打扫卫生等图片）、体育方面（出示拔河、接力比赛等图片）、科技方面（出示很多科技人员合作研制“神舟六号”等图片）、工作方面（出示建房子、消防队员救火、生产车间等图片）、学校活动方面（出示平时的值日和大清洁等图片）、民间活动组织方面（出示划龙舟、舞狮等图片），等等。

【设计意图】北京奥运会千人击缶倒计时的画面震撼了学生，在了解到合作具有普遍性后，学生再次联系生活实际，用自己的眼睛去看，用耳朵去听，发现处处有合作，人人得合作。加上图片欣赏环节，学生对合作的认识更深刻了。

师：原来有这么多事情需要合作啊。那么是不是什么事都能合作呢？

2. 辨析“这种合作对吗”

课件出示以下内容。

（1）有同学考试时不会做，叫你把答案给他抄，并答应给你好处，你能与他合作吗？为什么？

（2）有同学打碎教室玻璃，就因为他是你的好朋友，你就隐瞒不报告，你认为这种合作可取吗？为什么？

生：不对，考试的时候让同学抄，这是作弊行为。第二个问题也是错的，他做了错事不能帮他隐瞒，而应该鼓励他主动承认错误，不要再犯。

师：说得太好了！

生：在考试的时候，你给他抄，你错了，他也错了。

生：第一题中的合作不可取，你给他抄，下一次考试他还不会，反反复复这样做，他的学习成绩就会越来越差。第二题中的合作也不可取，他错了，你不能帮他隐瞒，如果以后他犯了更严重的错误，难道你也要帮他隐瞒吗？

师：老师发现同学们都很厉害，说得很好。对，我们与人合作还应当坚持原则，分清是非，并且要遵纪守法。对别人、对自己、对社会有意义的事可以合作，否则就不能合作。

【设计意图】合作很重要，但不是所有的事情都能合作。该环节引导学生联系生活实际进行辨析，使学生进一步懂得了合作的真谛。

五、巧手屋拓展延伸巧合作

师：“手指五兄弟”还想带同学们到另外一个地方，是哪里呢？

生：巧手屋。

师：“手指五兄弟”说，我们在班集体中健康地成长，班集体就像美丽的花环，我们每个人就像其中的一朵小花。让我们一起动手做个花环吧！

（出示要求：利用教师提供的材料，四人小组合作拼出一朵花，在花朵上写上自己想为班集体做哪些事情，并签名。时间为 3 分钟。）

师：能不能挑战成功呢？有没有信心？

（生合作完成花环制作。）

师：快速做完后请一个代表拿上来。（师生合作将花钉成一个花环）

（生做花过程中播放音乐《众人划桨开大船》。）

师：通过制作花环，你明白了什么道理？

生：只有一朵花是做不成花环的，需要很多朵花才能够做成。

生：这朵花就像我们的班级，班级建设需要每个人的付出，团结就是力量。

师：老师再为我们的花环加上叶子，如果在这个花环上加上同学们的照片，那就是我们班集体的团结之花了。

师：多么美丽的花环啊！老师看到了一个团结的、会合作的集体，“手指五兄弟”想对同学们说——（比手势）你们真棒！祝愿同学们在今后的生活中，能与他人合作成功、合作愉快！

【设计意图】一堂课要让学生记住并深有感悟，就要让其动手。学生先小组合作贴花瓣完成一朵小花，再将一朵朵小花拼成花环。当学生看到作品时都很激动，他们能够把感悟到的道理落实到行动中，学会与人合作。

【教学反思】

本课遵循让品德教育回归儿童经验和生活的原则，以学生的生活为主线，通过“手指五兄弟”带领学生到合作王国的游乐场玩游戏，寻找合作成功的秘诀，让学生明白集体活动中分工与合作的重要性，在积极主动的参与中体验到合作的乐趣；带领学生到休闲吧聊合作的普遍性，辨析合作行为，让学生认识到什么是真正的合作；带领学生到巧手屋拓展延伸巧合作，使学生经历合作，提高了合作能力，再次体验了成功。

本节课教学设计层层推进，一环紧扣一环。我根据学生的年龄特点和实际情况，采用学生喜欢的方式，让学生进入童话般的合作王国，充分调动了学生参与学习的积极性，使他们在情感和态度上有了积极的体验，也使他们逐步明确了合作的重要性，还使他们懂得了合作成功的条件，具有了初步的合作意识和能力。

不足之处是整堂课教师的教学语言偏多，应该留出更多的时间让学生交流该怎么样合作，多谈自己的体会。

执教与文字整理：福建省厦门市钟宅民族小学　陈月凤
指导教师：福建省厦门市湖里区教师进修学校　朱淑秀

居家生活讲节约

【教材分析】

本课是品德与社会三年级上册第一单元“温暖的家”主题四“健康生活每一天”中的内容。教材通过展示具体事例，帮助学生认识到攀比是一种浪费行为，应该养成勤俭节约的生活态度和行为习惯，并通过让学生填写表格来对不讲节约的攀比现象进行自省。教学时，教师应引导学生透过节约的具体表现，在深入的学习活动中，提高认识，逐渐理解勤俭节约是我们中华民族的传统美德，是对劳动及劳动成果的尊重，是珍惜资源和爱护环境的表现。

【学情分析】

三年级的学生已经有了初步的节约意识，也知道一些在家庭生活中节约的方法，但是在生活中往往还做不到注意节约，对节约的认识还达不到“节约是对劳动及劳动成果的尊重，是珍惜资源和爱护环境的表现”这样的高度。使学生对节约产生更加深入的认识，树立勤俭节约的意识，从小养成勤俭节约的良好品质和行为习惯，是本课教学要达到的重要目标。

【教学目标】

1. 知道节约是中华民族的传统美德，是对劳动和劳动成果的尊重，是珍惜资源和爱护环境的表现；知道勤俭节约的具体做法。

2. 探究、讨论家庭生活中的浪费行为和节约行为。

3. 制订节约行动计划，养成勤俭节约的生活态度和行为习惯。

【教学重难点】

养成勤俭节约的生活态度和行为习惯。

【教学准备】

多媒体课件、图表等。

【教学过程】

一、再现文本情境，引入主题

（出示漫画。）

师：哪位同学来说说这几幅漫画讲的是什么？

生：看到别人有文具盒他也想要。

师：看完这几幅漫画你们有什么想法呢？

生：别人有的我不一定要有。

师：自己已经有了，可是看到别人有，自己还想要，这是一种什么行为呀？

生：不好的行为。

生：浪费的行为。

师：这种行为同学们在生活中也常遇到，比如，看到同学有很多贴画，自己也想要；看到别人有漂亮的发卡，自己也想买一个；看到别人有了新书包，自己也想要。这些都是什么行为呀？

生：浪费行为。

二、探究居家生活中的浪费现象

师：是的，这是攀比的行为，也是浪费的行为。这种行为在我们生活中有很多，同学们看到过哪些浪费的现象和行为？老师想先请同学们在小组内交流，交流时，老师有两个小小的要求，第一个要求是交流的时候每个同学都要说，至少要说两个，第二个要求是每个同学都要认真听别人说。

（生小组讨论交流，师巡视。）

交流内容：

地　点	浪费现象	我的看法

师：现在谁能把看到的现象跟我们分享一下呢？

生：水龙头一直开着，浪费水。

师：我们把这种现象叫作长流水，就是让水龙头一直开着，不把它关掉。同学们，是不是常看到这种现象？（板书：浪费　长流水）

生：浪费食物，吃饱后，把没吃完的东西倒掉了。

生：浪费钱，买了许多不需要的东西。

生：电视不看了也不关，浪费电。

师：有时电灯也不关，这也是浪费电。

师：像这些浪费水、浪费电、浪费粮食、浪费钱的现象，在我们生活中比比皆是。我们来看这些图片。

（出示图片。）

师：刚才同学们说过，这种现象是——

生：浪费粮食。

师：你和家人到外面用餐，有没有遇到过这种现象？

师：同学们，你们知道粮食是怎么来的吗？

生：农民伯伯种的。

生：播种、插秧……

师：二年级时我们学过“粮食来之不易”，农民伯伯要先播种，然后插秧，灌溉，施肥，收割，脱粒，还要爸爸妈妈用心去煮，这一系列过程，需要多少人付出多少汗水呀！

（出示图片。）

师：在二年级的时候我们学过纸是怎么来的，还记得吗？

（出示文字资料：纸是用木材制造的，全国年造纸消耗木材约 1000 万立方米。造纸的过程中还会排出大量废水，污染河流，它所造成的污染占整个水域污染的30%以上!)

师：所以浪费纸不仅是浪费资源，还是在破坏我们的环境。

(出示图片。)

师：这是什么现象?

(生摇头。)

师：这是包装，很多商品都会有过分包装的现象。你看这盒月饼，包装很精美，实际上里面就只有几块月饼。

(出示文字资料。)

师：同学们看到这些浪费现象，有什么想说的吗?

生：不可以浪费。

师：浪费其实就是——(出示文字)

生(齐)：浪费，是对劳动和劳动成果的不尊重。浪费，也是不珍惜资源和不爱护环境的表现。

师：是呀，所以我们要——节约，节约就是——(出示文字)

生(齐)：节约，体现了对劳动和劳动成果的尊重。节约，也是珍惜资源和爱护环境的表现。

师：今天老师带来了一首诗，很多同学都会背，让我们一起来背诵吧!

(生齐背《悯农》。)

师：这首诗配上音乐，会更优美。(配乐吟诵)

三、探究与交流生活中的节约点子

师：同学们知道了这些浪费现象，也知道了要节约，那在生活中要怎么做?你们肯定有许多办法。把你们看到的、听到的、想到的都跟同学们交流一下吧，要求每个同学都要说，每个同学都要听别人说。

(生小组交流，说节约的好点子，师巡视并做适当的指导和记录。)

师：老师发现这次小组交流同学们比第一次有进步了，我们学会了怎样进行小组交流，真棒!有的小组还懂得分配任务，更厉害了。哪个小组先来汇报一下?

生：我们小组中，他说的是关于节约食物的，我说的是关于节约水的，他说的是关于节约电的，他说的是关于节约纸的。(生介绍小组分工)

师：这就是组内分工。每个同学说一种，内容就会充实很多。

生：刷完牙的时候，水龙头要关上。

生：吃饭的时候要全部吃完，不要浪费。

生：（补充）在外面聚餐的时候，吃不完要打包。

（师板书：节约　食不乱倒。）

生：看完电视要关掉电源。

（师板书：电　关。）

生：用完水要记得关上水龙头。

生：淘米水可以用来浇花。

生：尿可以浇花。

（学生大笑）

师：大家别笑，这是自己造肥料。你们家里种过地吗？以前农民伯伯就是用自己家粪池的肥料来浇花浇菜的，这是自然肥，非常好的。

师：刚才有一个小组说到淘米水，淘米水还可以怎么用？看谁知道得多？

生：淘米水可以用来浇菜。

师：是的，这就是淘米水的二次利用。它有很多营养价值，有利于花木的生长。淘米水还可以用来洗碗，洗得特别干净。

师：这些好点子同学们可以回家再跟爸爸妈妈探讨探讨。食不乱倒，电要及时关，水要再利用，穿衣服不要攀比，文具盒有了就不再买了，等等，这些都是节约的行为。老师今天还带来了几组图片，大家看一下。

（出示图片。）

师：这是老师在一所学校拍的照片，这所学校为了让同学们养成不浪费饭菜的好习惯，先采用评比的方法选出节约金点子，再请同学们做手抄报宣传，使他们学校的学生都养成了吃多少盛多少的好习惯。

（出示节能灯的图片。）

师：同学们知道节能灯吗？节能灯比普通白炽灯的照明效果更好，一般情况下，在同一瓦数之下，一盏节能灯比一盏普通白炽灯节能 80%，所以我们提倡用节能灯。不过老师要提醒同学们，用节能灯时不能反复开、关，开关一次就等于耗用了灯 3 小时的使用寿命。

（出示空调图片。）

师：夏天，我们通常会把空调温度调的很低，甚至有些同学在外面玩得很热后，回到家会把空调开到 18 度。如果我们把空调温度调高 1 度，耗电量大约减少5%~8%。假如一个宾馆有300个房间，如果每个房间节约1度电，所节约的电就可以供十几个普通家庭使用，所以你可别小看这调高的1度。

四、深化主题

师：有人把刚才同学们说的好点子编成了一首歌谣，我们一起来读一读。

小朋友，要节俭，需知美餐血汗换。

吃多少，要多少，碗里不能有剩饭。

一张纸，一支笔，学习用品要爱惜。

水龙头，随手关，勤俭节约好习惯。

师：古往今来，人们写了许多关于勤俭节约的名言、谚语、诗歌等，今天老师带来了一些，我们一起来看一看。（出示关于勤俭节约的名言、谚语、诗歌）

师：关于节俭的格言我们自己也能写，你会写什么样的格言呢？

生：我们要节约用水。

生：我们要节约用电。

师：有没有更有创意的？

生：水是生命之源。

师：有创意。

生：生命只有一次，安全交通要牢记。

师：真棒！但如果能紧密联系我们这堂课学到的内容会更好。

师：如果再给自己写的格言加上一些图标，就能变成勤俭节约的标志了。今天老师向同学们推荐一个标志，就是国家节水标志。你们知道它代表什么意思吗？

（师出示国家节水标志。）

生：有手，有水滴，手捧着水滴。

师：除了代表手，还代表了什么？

生：像一条河流。

生：水滴到地上，告诉我们要节约每一滴水。

生：如果不珍惜水，就只剩下这么一滴水了。

师：甚至这滴水就是我们的眼泪！这个标志实际的意思是——

（出示："国家节水标志"由水滴、人手和地球变形而成。绿色的圆形代表地球，象征节约用水是保护地球生态的重要措施。标志留白部分像一只手托起一滴水。手是拼音字母 JS 的变形，寓意节水，表示节水需要公众参与，鼓励人们从我做起，人人动手节约每一滴水。手又像一条蜿蜒的河流，象征滴水汇成江河。）

师：这个标志告诉我们每一个人都要节约用水。

师：这节课，我们讨论了“居家生活讲节约”这一话题，最后让我们再一次吟诵《悯农》来结束本课的学习。

（师生齐诵《悯农》。）

【教学反思】

使学生养成勤俭节约的生活 F 态度和行为习惯是本节课教学的重难点，为此我创设了学生喜闻乐见的生活情境，以使他们在愉悦的情境中学习、体验。

本课教学活动所选择的材料源于生活，为学生所熟悉。上课伊始，我以学生喜闻乐见的漫画导入教学，激发了学生的学习兴趣，充分调动了学生学习的主动性，启发他们联系生活实际，找到生活中的浪费现象，进而使他们对节约产生较为深刻的认识，为培养勤俭节约的生活态度和行为习惯奠定基础。

在学生指出了身边的浪费现象之后，让学生去分析浪费的严重后果：造成资源浪费……然后让学生小组讨论节约的好点子，再进行小组汇报，使学生步步深入，层层感悟，知道了如何节约，进而达到了教育目标。这样不仅培养了学生发现问题、提出问题的能力，还锻炼了学生分析问题、解决问题的能力。

执教：福建省厦门市湖里区教师进修学校　朱淑秀
文字整理：福建省厦门市钟宅民族小学　陈月凤

闻名于世的丝绸之路

【教材分析】

本课是品德与社会四年级下册第五单元“穿越时空的生活”主题二“路在脚下延伸”中的内容。

“路在脚下延伸”主要介绍我国在道路交通建设方面的成就，而本课则将学生对道路交通的认识扩展到了古代，向学生介绍闻名于世的丝绸之路。学生通过本课的学习，能对丝绸之路有所了解，初步掌握与丝绸之路相关的知识，萌发爱国之情和民族自豪感。

【学情分析】

知识水平：这是学生第一次系统地接触有关丝绸之路的内容，课前学生在生活中对丝绸之路已有初步的了解，对丝绸之路开辟的历史背景也有简单的认识，能大致叙述。但学生对丝绸之路所处的地理位置比较陌生，不易触发真切的情感体验，所以在教学的过程中，我努力为学生提供探究环境和帮助，让学生在探究中进一步了解我国的历史文化，激发学生对祖国的热爱之情，使学生产生民族自豪感。

能力水平：四年级的学生年龄小，收集、整理资料的能力以及归纳、概括的能力较弱。因此，在本课教学中我注重对学生探究能力的培养，给学生提供一些资料，引导学生自主探究。四年级的学生已经会看地图，能够看懂地图上的各种符号、标记。在教学中，我为学生提供了地图，让学生在识图的过程中获得更加直观、形象的情感体验。

【教学目标】

1. 认识和了解历史上著名的丝绸之路。

2. 感受我国悠久灿烂的历史文化，了解源远流长的中华文明，萌发爱国主义情感和民族自豪感。

【教学重难点】

通过本课的学习，掌握与丝绸之路相关的知识，萌发爱国之情和民族自豪感。

【教学准备】

1. 收集丝绸之路相关的文字、图片资料，制作神秘锦囊。

2. 准备葡萄、丝绸等实物若干，以供学生模拟敦煌商品交易。

【设计思路】

品德与社会课程的教学，注重学生的主体地位，注重让学生在亲身参与的实践活动中逐步形成探究意识和创新精神。在教学设计上，我坚持以学生发展为本，充分体现品德与社会课程的综合性、实践性、开放性，关注学生的需求，引导学生在课堂上体验问题探究的全过程，将枯燥的理论学习“任务”转化为生动有趣的“问题”。

本课的内容虽然离学生生活较远，但在学生眼中，丝绸之路充满了神秘色彩。因此，我设计了一系列的探究、体验活动，创设了探究情境，并为学生准备了各种材料。在探究过程中，学生是活动的主人。在课堂上，学生自主决定探究的目标、方法和汇报的形式，而我则深入小组活动，观察学生的表现，给学生以指导，解答他们遇到的问题，为学生的探究活动提供帮助与支持，引导学生在小组探究中认识和了解丝绸之路，感受我国悠久灿烂的历史文化，了解源远流长的中华文明。

【教学过程】

一、导入

师：同学们，通过之前的学习，我们已经了解了四通八达的交通能给人们的生活带来极大的便利。今天，就让我们一起穿越时空，踏上一条千年古道。

师：看（出示图片），它长路漫漫，它白雪皑皑，它黄沙滚滚，它古老而神秘，它苍凉而大气，它有一个千古不朽的名字——丝绸之路。

师：出于与外界交流的需要，我们的祖先早在2000多年前的西汉时期就开通了连接东西方文明的陆上通道，它就是闻名于世的丝绸之路。今天就让我们一起踏上这条千年古道，沿着先人的足迹，去探寻它昔日的繁华，了解它辉煌的历史。同学们，关于丝绸之路，你们想了解些什么呢？

生：是谁开辟了丝绸之路？

生：丝绸之路是怎样产生的？

生：丝绸之路经过了哪些地方？

生：通过丝绸之路运输了哪些东西？

生：丝绸之路是一条什么样的路？

生：在开辟丝绸之路的过程中遇到了什么困难？

师：大家提出了好多问题，可见你们对今天的学习内容都非常感兴趣。老师为大家带来了几封从丝绸之路上流传下来的神秘信件，而丝绸之路的秘密就藏在这几封信里。

二、小组合作，初探丝绸之路

师：老师的这些信件从商品贸易、文化交流、形成背景、相关人物四个方面介绍了丝绸之路。现在，请各小组同学商量一下，看看你们最想了解哪个方面的内容，选好后请各小组的组长上来领取你们的信件。

（小组选择探究内容，领取信件。）

师：在开始探究前，请先来看老师的探究提示。首先请同学们静静阅读课本第 47 页的内容以及领到的神秘信件，然后将自己了解到的信息和自己的感受说给小组的同学听，最后每个小组派一名代表上来和我们分享你们获得的信息。现在可以开始了。

（生小组探究。）

师：好了。老师刚才在巡视的过程中发现同学们讨论得都很认真，有些同学还拿笔在上面做了记录。非常好！相信大家现在已经迫不及待地想和我们分享你们的学习收获了。现在就让我们一起来揭开丝绸之路的神秘面纱吧。哪个小组愿意先来汇报？

生：我是第三小组的代表，我们汇报的是丝绸之路的形成。在公元前 139 年，汉武帝派张骞出使西域，准备联络被匈奴从河西赶到西域的大月氏，共同夹击匈奴。但是张骞一行人在途中前后两次被匈奴人俘获，被扣留了 11 年才回到长安。公元前 119 年，汉武帝派张骞第二次出使西域。

师：好的，请坐。他和我们交流的是丝绸之路是如何形成的。在这组的带领下，我们已经慢慢揭开"丝绸之路"的神秘面纱啦。

师：在历史上，有一个人，他的名字和丝绸之路紧紧地联系在一起，他就是——

生：张骞。

师：现在，我们通过一段视频来重温一下张骞出使西域的故事。

（师生共同观看视频。）

师：张骞曾经几次出使西域？

生：两次。

师：对。张骞开辟丝绸之路之前，中国与西域各国之间是相对孤立、封闭的，正是因为张骞开辟了丝绸之路，才打破了这一局面，使相互之间的经贸往来变得更加方便。

生：我代表我们组汇报丝绸之路的商品贸易。有许多商品经过丝绸之路运往国外，如我国的丝、丝织品、瓷器、茶叶、铁器等。另外，国外的青金石、葡萄、胡椒、良种马、香料等也通过丝绸之路运到了我国，促进了我国和其他国家的交流，繁荣了经济，丰富了人们的生活。

师：丝绸之路，还是一条商贸大道。在 2000 多年前，我们的祖先就通过丝绸之路，将我国的一些商品，如丝织品、瓷器、茶叶等运往了国外，同时外国的一些东西也通过丝绸之路运到了我国。所以我们说丝绸之路还

是一条商贸大道。（板书：商贸大道）

师：老师这里有一个故事想和同学们分享。在公元前1世纪，古罗马有一个执政官叫凯撒。有一天，他去剧场听歌剧，（生举手）你想说什么？

生：老师，这个故事我听过，我来说一说吧！

师：可以，请你说！

生：凯撒那天穿的就是丝绸，从此丝绸就在古罗马流行起来了。

师：说得真好。从此以后，穿中国的锦衣绣服，用中国的精美瓷器，就成了西方贵族的时尚。可见当时的中国真的非常了不起。下面还有哪个小组愿意来展示一下？

生：我们组要介绍的是文化。东汉初期，佛教自丝绸之路全面传到西域各国，一些宗教也随着丝绸之路来到中国，并沿着丝绸之路的分支，传播到韩国、日本与其他亚洲国家。

师：由此可见，宗教也通过丝绸之路进行传播。关于文化的传播，还有没有要补充的？

生：作为四大发明之一的造纸术也是经由丝绸之路传往西方的。丝绸之路的开辟，使得纸制品开始在西域以及更多的地方出现。

师：的确，丝绸之路不仅是一条商贸大道，还是一条各国人民传播文化和先进技术的友谊之路。（板书：友谊之路）

师：谁愿意继续展示？

生：我们组介绍的是和丝绸之路有关的人物。西汉时，张骞出使西域开辟了丝绸之路。西汉末年，丝绸之路一度断绝。公元73年，东汉的班超又重新打通了丝绸之路，并将这条路线首次延伸到了欧洲。还有玄奘，他曾经通过丝绸之路去天竺取经，他就是《西游记》中唐僧的原型。意大利的耶稣会传教士利玛窦，也经过丝绸之路来到中国，将西方的地理学、天文学、数学、机械学等科学文化传到中国。

师：很棒！这位同学是用自己的话把资料概括出来的，你们刚刚听她介绍的时候有没有听到一个熟悉的名字？（玄奘）的确，玄奘就是《西游记》中唐僧的原型，虽然我们知道《西游记》的情节是虚构的，但它却是根据玄奘天竺取经的真实故事加以改编的，从书中可以看出，当时丝绸之路上的环境非常艰苦，困难重重。

生：通过查资料，我还知道，郑和下西洋也把我国的瓷器、茶叶等带到了其他国家。

师：那你知道郑和走的是哪条路吗？

生：他走的是海路。

师：的确，郑和当时走得是另外一条路，它被人称作海上“丝绸之路”。

三、重走丝绸之路

师：在大家的努力下，丝绸之路已经展现在我们的面前了，现在你们想不想和老师一起重走丝绸之路呢？

生：想。

师：我们要重走丝绸之路，首先得在地图上找到丝绸之路的位置。打开课本第47页，和小组的同学一起看看这幅地图，找一找丝绸之路是以哪里为起点的，经过了哪些地方。

（生小组探究。）

师：很多小组已经完成了任务，现在我想听听你们的发现。

生：西汉时，丝绸之路以长安为起点，沿河西走廊到了敦煌。

师：到达了当时重要的一个中转站——敦煌。

生：在敦煌这里，分成了三条道路。

生：一条是从哈密到吐鲁番，到乌鲁木齐，到伊宁……

生：一条是从库尔勒到库车，到阿克苏，到喀什……

生：一条是先到楼兰古城，然后到若羌，到和田，到莎车……

师：好，汇报得非常清楚！这就是丝绸之路的路线。其实，丝绸之路最远还到达了西亚、欧洲。看，丝绸之路就这样展现在了我们的面前。同学们，你们知道丝绸之路有多长吗？丝绸之路有7000多千米呢。你们去过的最远的地方是哪里呢？

生：北京。

师：从厦门到北京的距离大约是2000千米，那7000多千米是厦门到北京距离的几倍？

生：3倍多。

师：对，老师当时从厦门坐飞机去北京，坐了3小时呢。聪明的小朋友，你们算一下，如果我们现在重走丝绸之路，坐飞机的话需要多长时间？

生：差不多10个小时。

师：古代没有飞机，只能用什么交通工具？

生：骆驼。

生：马车。

师：当时受交通工具所限，人们只能使用骆驼或马车来走过这漫长的丝绸之路。老师再告诉你们一个数字，古代马车和骆驼每天最多只能行走大约 100 千米，请你们再来算算看，走完这 7000 多千米要花多长时间呢？

生：70 天。

师：70 天，也就是两个多月的时间，这还是在途中一天都不能停留，实际上所用的时间可能要更长。

师：你们知道当时丝绸之路上的环境如何吗？我们刚才通过读图，发现了两个地方，一个是玉门关，一个是阳关。这两个地方你们熟悉吗？

生：熟悉（不熟悉）。

师：有人熟悉，有人不熟悉，没关系，看了这个，你们立刻会把它想起来的。（出示古诗）

生：羌笛何须怨杨柳，春风不度玉门关。

生：劝君更尽一杯酒，西出阳关无故人。

师：你感受到这两个地方的地理位置和自然条件如何了吗？

生：非常偏僻。

生：很冷。

生：那里的条件比较不好。

师：不好体现在哪里？

生：就是……

师：连春风都吹不到那里，可见那里的自然条件很差。

生：非常干旱。

师：的确，我们还要穿过塔克拉玛干沙漠，非常干旱。

师：从这两句诗中我们可以感受到当时的丝绸之路自然条件确实是非常艰苦的，环境也很恶劣。我们行走在丝绸之路上必须翻过喜马拉雅山、帕米尔高原、昆仑山以及天山山脉，要穿过塔克拉玛干大沙漠，这一路上环境非常恶劣。你们来想象一下，如果我们骑着骆驼行走在这条路上，可能会遇到哪些困难？

生：可能会遇到暴风雪。

生：可能会遇到沙尘暴。

师：沙漠上昼夜温差非常大。

生：在晌午可能会中暑。

生：有可能缺水。

师：中午非常热，可能会中暑，而晚上很冷，有可能会被冻伤。

生：干粮可能会吃完。

师：对，那里荒无人烟，没有地方补给干粮。

生：如果骆驼的脚受伤就没法骑了。

师：同学们，你们的想象力太丰富了。这一路上我们可能会遇到非常多的困难，那么张骞和他的队伍出使西域的时候，难道不知道这一路上困难和危险重重吗?

生：知道。

师：他们难道不知道连春风都不度玉门关，西出阳关就再也无故人吗?

生：知道。

师：对，他们都知道，但是他们还是不惧千难万险，坚强地行走在这条路上，他们真是非常了不起。

师：经过努力，我们终于克服了各种困难，来到了当时一个重要的中转站——敦煌。现在，老师就请你们发挥想象力，用集体的智慧再现一下当时来自各地的人们汇聚在敦煌这个大都市，交换商品的情形。

师：大家看探究提示，想象你们是当时的商人，两个同学扮演中原的商人，两个同学扮演西域的商人，请你们模拟他们在敦煌交易的情境。根据你们模拟的角色设计对白。老师这有些商品，请你们认领属于你们这个角色的商品。

(生小组合作挑选商品，模拟情境。)

师：先为大家展示一下你们的商品。

(小组展示认领到的商品。生1、生2代表中原商人：丝绸、铁器、瓷器、茶叶；生3、生4代表西域商人：良种马、葡萄、香料、珠宝。)

(开始表演。)

生3：这么多人呀！好热闹。

生4：你好，你们这里卖的是什么东西?

生1：丝绸、铁器、瓷器、茶叶。

生4：铁器是什么东西呀?

生2：这个很好用，是收割庄稼用的，也可以做武器。

生 3：可以试试吗？（试用）真好用，这个怎么卖？

生 1：20 个铜板。

生 3：我们没有铜板，我用我的商品和你换吧。

（生 1、生 2 商量。）

生 1：好的。

生 1：我看你这马不错。

生 3：我们这可是良种马，日行千里。

生 1：那用我的铁器换你的良种马可以吗？

生 3：成交。（交换物品）

生 3：这个真漂亮，这是什么东西？

生 2：这是丝绸，可以做衣服，不但漂亮，穿起来还特别舒服。

生 4：我用我的香料和你换吧？

生 1：这个丝绸很贵的。

生 4：我这儿还有珠宝。

生 2：哇，不错不错。（交换物品）

生 1：我们还带来了茶叶，很好喝的。

生 3：这个我喝过，也不错，我拿葡萄和你换。

生 1：葡萄是什么东西？

生 4：是种能吃的水果，味道酸酸甜甜的。

生 2：可以尝尝吗？

生 4：可以。

生 1、生 2：（品尝葡萄）真好吃，就拿我们的茶叶和你交换吧。

生 3：好的。

生 1：这里还有一套泡茶的瓷器，你要不要看看？

生 4：这个真漂亮，这是贵族才能使用的吧？

生 3：我这里还有一颗西域的夜明珠，和你换吧！

生 2：（观看夜明珠）这个真好看，带回去一定可以卖个好价钱，那就换吧。

生 1、生 2、生 3、生 4：合作愉快！

师：看来大家的收获都很大啊。在敦煌这个地方，人们互通有无，交换商品，传播文化，可谓热闹非凡。

四、小结

师：在大家的努力下我们已经顺利完成了丝绸之路之旅，现在大家对丝绸之路是不是有了新的认识呢？谁能用一句话来说说，丝绸之路是一条怎样的路？

[课件出示：丝绸之路是一条（ ）。]

生：丝绸之路是一条通往世界的路。

生：丝绸之路是一条联络中国和外国的友谊之路。

生：丝绸之路是一条商贸交流的路。

生：丝绸之路是一条遥远的路。

生：丝绸之路是一条传播文化和友谊的路。

师：你感受到了它的文化气息。

生：丝绸之路是一条传播幸福的路。

师：你体会到了幸福。

生：丝绸之路是一条艰辛的路。

师：一路上困难重重，环境恶劣。

生：丝绸之路是一条财富之路。

师：你感受到了财富。是啊，让我们来看一下。（课件出示）

生（齐）：丝绸之路是一条漫长而久远的路，丝绸之路是一条承载了无数的骆驼与商旅的路，丝绸之路是一条将远隔千里的欧、亚、非三大洲联系在一起的路，丝绸之路是一条各国人民彼此学习、礼尚往来的路！从这里，中国的古老文明走向世界；经这里，我们迎接着世界各地的朋友。这条路，传承了东西方的友谊与文明，促进了人类的进步。

师：对于丝绸之路，大家还有千言万语。张骞开辟了丝绸之路后，丝绸之路仍然在不断发展、延伸，最远通到了欧洲。在经济全球化发展的今天，我们还建立了一条被称为现代“丝绸之路”的新欧亚大陆桥，它东起中国的连云港，西到荷兰的鹿特丹。火车和轻轨代替了昔日缓缓行进在茫茫戈壁滩上的骆驼队，日益便捷的交通将各国之间的经贸往来带入了一个新的时代。

师：另外，老师还想告诉大家的是，在我国古代历史上还有一条海上“丝绸之路”，刚才有同学已经说到了，但是由于时间有限，我们没有办法一一探究，感兴趣的同学可以在课下继续探究、了解它们。

【教学反思】

统观本课的活动过程，有亮点，也有不足。

1. 教学目标基本达成，重难点设置科学合理

我根据四年级学生的实际情况，结合学科特点制订了本课的教学目标。品德与社会新课标中要求学生通过本主题的学习了解我国的交通发展状况，感受交通在人们生活中的重要作用。因此，我不仅引导学生通过活动认识和了解历史上著名的“丝绸之路”，而且引导学生感受我国悠久灿烂的历史文化，了解源远流长的中华文明，使他们萌发爱国主义情感和民族自豪感。

2. 教学策略实用有效，教学环节清晰可行

课前，我针对本课的教学目标合理制订教学策略，将“探究”与“体验”作为本课重点。在探究活动中，我做到了以下两点。

(1) 关注学生的亲身体验、感受和个性化的创造性表现，使学生在活动中获得了亲身参与探究的真实体验。

(2) 培养学生的探究能力，培养学生发现问题和解决问题的能力，在活动中提高了学生分析、利用、交流信息的能力，增强了学生分享与合作的意识。

3. 巧设活动，引导学生在实践中体验

四年级的学生喜欢游戏与任务挑战，喜欢情境体验，有初步的团队合作意识，因此，我设计了“来自丝绸之路的神秘信件”“揭开丝绸之路的神秘面纱”“模拟敦煌商品交易”等活动优化教学环境，学生乐于参与。在开放的活动中，学生主动参与，积极探究，获得了真实的活动体验。

4. 尊重、倾听学生需求，以学定教增强实效

在课的开始，我先关注了学生想要了解的问题，而后根据学生的需求设计探究活动。在整个活动过程中，学生根据自己的学习需求选择探究的主题、探究的方式和汇报的形式，而我只是学生探究活动的引导者、组织者，没有用条条框框去束缚学生的创造力，更没有将自己的想法强加给学生。学生在宽松、愉悦的氛围中主动发现，积极探究，敢于想，敢于说，教学效果良好。

执教与文字整理：福建省厦门市康乐第二小学　张欣

一起采集民族之花（一）

【教材分析】

“一起采集民族之花”是品德与社会五年级上册第三单元“我们同有一个家”主题一“走进民族大家庭”中的内容。“一起采集民族之花”一课在本单元起着统领作用，能为后面的学习做铺垫，使学生总体感知中国是一个多民族的国家，各民族都有自己独特的传统文化、风俗习惯，它们共同组成了中华民族的文化宝库。

【学情分析】

五年级的学生具备收集与整理资料的能力，他们乐于将自己收集的资料与同学分享，因此我在课前让学生收集感兴趣的少数民族资料，并将资料做成“民族风情卡”。我校是一所民族学校，有多个民族的学生就读，因此学生收集的民族资料多种多样，且学生乐于将本民族的传统文化、风俗习惯等进行展示。

【教学目标】

1. 知道我国是一个拥有 56 个民族的大家庭，各民族都拥有自己的民族特色。

2. 自主学习，提高收集与整理资料的能力、语言表达能力和合作能力。

3. 尊重各民族的风俗习惯。

【教学重难点】

1. 收集资料，知道我国是一个拥有 56 个民族的大家庭，各民族都拥有自己的民族特色。

2. 尊重各民族的风俗习惯。

【教学准备】

学生课前收集各民族的相关资料，完成“民族风情卡”。

【设计思路】

首先，以校名导入课题，激发学生的学习兴趣；其次，让学生交流自己收集的民族资料，给学生提供展示、锻炼的平台，使学生在轻松愉快的氛围中学有所获；再次，开展知识竞赛，充分调动学生的学习积极性，使学生主动参与到教学活动中来；最后，让学生畅谈所获，回归主题，升华情感。

【教学过程】

一、激趣导入

师：同学们，我们学校校名是什么？

生（齐）：钟宅民族小学。

师：是的，我们是民族小学的学生。说到民族，你知道我国有多少个民族吗？（56个）你能说出几个民族的名字呢？我们来比一比，看谁说得最多！

（生说知道的民族。）

师：有人将我国的56个民族编成了一首歌谣，我们一起来读一读吧！（出示《中华民族歌》）

（播放歌曲《爱我中华》。）

师：今天就让我们一起走进这56个民族，一起漫步民族大花园，去寻找中华民族大家庭的56个兄弟姐妹，一起采集这些民族之花吧！（贴标题）

【设计意图】从校名导入，引导学生发现原来我们身边有这么多的民族，激发学生探究的兴趣。朗诵《中华民族歌》让学生对56个民族产生基本的认识。

二、小组交流资料

师：你最感兴趣的是哪个民族的什么方面呢？

生：回族的饮食、苗族的著名景点……

师：看来我们班同学想了解的知识有很多，我们可以通过什么方式来了解这些知识呢？

（上网查找资料，查阅相关书籍，向长辈请教……）

师：看来同学们懂得很多解决问题的方法，在上课之前，老师布置同学们去查找自己感兴趣的民族的相关资料，现在先小组交流你了解到的内容吧！

（生小组交流。）

师：同学们都很积极，看来你们手上的资料都非常吸引人。我们学校位于钟宅，这是哪个少数民族的聚居地？（畲族）没错，是畲族，我们班有几位畲族同胞？请举手！（生举手）那就先请查找畲族资料的同学来给我们介绍吧！

【设计意图】在上课前，学生已经收集了自己感兴趣的民族的相关资料，让学生先在小组内交流，能够使学生获取更多的民族知识，充分调动学生学习的积极性，这为后面的汇报奠定了基础。

三、汇报展示多彩民族

1. 畲族的服饰

生：大家好，我要介绍的是畲族的服饰。畲族妇女的服饰别具一格，其中以“凤凰装”最具特色……

师：谢谢这位同学的分享，你们见过凤凰装吗？（出示穿凤凰装演出的照片）

师：你知道畲族的吉祥物是什么吗？（凤凰）（出示学校的校标）你们知道这是什么吗？（校标）同学们注意观察一下，我们的校标有几种颜色？（5种）有什么寓意呢？

校标设计理念：（1）凤凰是畲族的吉祥物，凤凰文化崇尚和谐，强调以德服人、和谐共赢、平等开放、自我完善，恰与我们学校以德为美、以和为贵的校训文化相交融；（2）凤凰身上的“五色”象征德、义、礼、智、信五条伦礼，同时可以理解为“五缘”，谐音“五圆”，寓意日圆、月圆、天圆、地圆、人圆，还代表着我校来自不同民族（汉、畲、土、苗、侗、回、水等民族）的师生。（请生念）

师：老师希望同学们能记住我校校标的寓意，课后向更多的人宣传。

2. 回族的饮食

师：同学们在学校里快乐成长，知道老师最羡慕你们什么吗？羡慕你们每天上午第二节课下课后都有点心吃，老师上学时都没有！不过，老师发现我们班有个同学特别挑食，从来不吃点心，他是谁呀？

师：为什么你不吃点心呢？

生：因为我是回族人，不能吃猪肉，而食堂做的点心都有猪肉。

师：哦，原来如此啊，那回族同胞爱吃什么？

生：油炸馓子、油香……

师：你今天有没有带来你们家乡的美食？（有）能让大家品尝一下吗？（生拿出来分享。）

师：这是什么，油饼吗？

生：不是，它的名字叫油香。

师：听名字都觉得香，有些同学已经迫不及待了，现在可以吃了吗？

生：不行，请同学们等一下，别急着吃。我们回族吃油香是很有讲究的，要将油香拿在手里，顺着刀口掰着吃，不能一口一口咬着吃，掰着吃寓意与别人分享。

师：哦，这种懂得与人分享的优秀品质我们应该学习，大家把油香掰着吃吧。

生：油香是回族的传统食品。关于油香还有一个美丽的传说，请同学们边品尝油香，边听我介绍。

生：（略油香的传说）油香象征着团结、友谊和幸福。

师：你品尝完油香以后有什么想说的？

生：好吃，谢谢。

师：你知道油香是用什么做的吗？

生：是用面粉做的。

师：是的，面食是回族的传统主食。从总体上看，回族的食品有如下特点：一是主食中面食多于米食；二是甜食占有一定的地位，回族的著名菜肴中，有不少是甜菜，如它似蜜、糖醋里脊、八宝甜盘子、切糕等；三是在菜肴中牛、羊肉菜比重很大。回族人特别爱干净，如果是自己死掉的动物他们都不食用。如果有人请回族同胞到家里吃饭，能不能用猪肉招待他？（不行）回族人是不吃猪肉的，我们要尊重他们的习俗。

师：怎么样，老师对你们回族的饮食还是挺了解的吧。好，谢谢这位同学的分享，也谢谢他给我们准备了这么美味的油香。

3. 苗族的风景

师：据我所知，我们班还有一对少数民族双胞胎，她们是谁呀？

生：鲁若兰、鲁若雨。

师：知道她们是哪个少数民族的吗？（苗族）我们的少数民族姐妹花准备给我们的民族大花园添上什么呢？

生1：大家好，我是鲁若兰，她是我的姐姐鲁若雨，今天我们两个就当一回小导游，带同学们领略一下我们家乡的美丽风景。（介绍贵州天然公园）

生2：到了贵州，你除了要看看黄果树瀑布，还要看看苗族人民特殊的住房。看，（出示图片）这个房子有什么特点？

（生说。）

生2：这是苗族最具特色的楼房——吊脚楼。（具体介绍吊脚楼）

生1：我来考考同学们，吊脚楼第一层是用来干吗的？（饲养家禽，放置农具和重物）为什么不住人呢？

生2：吊脚楼依山而建，因山上地势凹凸不平，且气候潮湿多雨，导致吊脚楼底层特别潮湿，且蚊子和蛇较多，所以第一层不适合居住。

师：哇，苗族人好聪明。各族人民利用自己的聪明才智，根据当地的自然环境，建造了各具特色的住房。（出示图片）如藏族同胞以放牧为主，所以就有了冬暖夏凉、便于拆迁的帐篷；大兴安岭鄂伦春族是狩猎民族，他们游猎时就搭盖一种叫“仙人柱”的住所。另外，云南哈尼族有蘑菇房，海南黎族有船型屋等。

师：我们来回忆一下，刚才三组同学给我们民族花园里增添了什么？

生：畲族的服饰、回族的饮食、苗族的风景。

师：谢谢他们的分享，在生活中，少数民族是不是离我们很远呢？

生：不是。生活中我们经常会接触其他民族的东西，如新疆维吾尔族的葡萄干……

师：在同学们收集的资料里，我发现了一份特殊的资料，我们请他来给我们讲讲吧。

4. 人民币上的民族常识

生：大家看，这是我们现在使用的第五套人民币中的50元，我发现它背面的图案是布达拉宫，在它的右上角除了有“中国人民银行”的汉语拼音，还有用蒙古文、藏文、维吾尔文、壮文四种少数民族文字书写的“中国人民银行”字样。藏族人民热情好客，如果有客人到他们家去，他们都会敬献哈达。（介绍敬献哈达的礼节）

（生献哈达。）

【设计意图】让学生交流展示，充分调动了学生的积极性，真正体现了学生是课堂的主人，为学生的自主学习提供了充分的空间。学生通过介绍本民族的风土人情（畲族服饰、回族饮食、苗族风景、藏族风俗），能学会与他人平等交流，其他学生也能因此了解到各民族的特色文化。

四、民族知识大竞猜

师：今天每个同学都做了准备，老师也不落后，也做了很多准备，下面我们来进行民族知识大竞猜，大家敢不敢接受老师的挑战？

1. 看人偶猜民族

师：（出示人偶）请问他是哪个少数民族的？这个少数民族的人常常把一只袖子脱下来。（藏族）

师：（出示人偶）这个少数民族的冷面和泡菜特别有名，他们居住的地方是我国北方有名的“水稻之乡”。（朝鲜族）

2. 听歌猜民族

师：（播放歌曲《吉祥三宝》）这是哪个少数民族的歌曲？（蒙古族）

师：（播放视频《打竹舞》）这是哪个少数民族的舞蹈？（黎族）

3. 看图猜民族

师：（出示泼水节图片）这是哪个少数民族的节日？（傣族）

师：（出示火把节图片）哪些少数民族过火把节？（彝族、白族、纳西族）

4. 猜纳西族文字

师：在1000多年前，他们就创造了属于自己的文化，创造了流传于今的象形文字，并写成了一本名为《东巴经》的典籍，它是哪个民族？（纳西族）

（出示纳西族文字，生猜意思。）

【设计意图】设置的问题内容多是书本里的知识，是对书本知识的概括。以竞答的形式检测学生的阅读情况，学生参与热情较高。

五、课堂总结

师：同学们，这节课我们在民族大花园里采集了一朵又一朵民族之花，它们散发着自己的魅力和芬芳。你有什么收获，来跟我们说一说。

（生说收获。）

师：因为时间关系，我们今天只讲了几个少数民族，56个民族有许多内容值得我们去探究，课后我们可以把民族风情卡整理成一本属于我们班的《民族风情集》，这样你们就可以继续来了解、采集更多的民族之花了。

【设计意图】通过前面的学习，学生已经领略到了各民族的灿烂文化。这部分内容是对全课的总结概括，让学生懂得各民族之间要相互了解和尊重。

【教学反思】

本节课的教学重点是引导学生从不同的角度认识和了解中华民族，使学生知道中华民族是一个拥有56个民族的大家庭，各民族都拥有自己的特色，帮助学生形成各民族间要相互了解、相互尊重、团结友爱的情感和态度。

在本节课的教学中，我还注重从学生身边的事、身边的人入手，引导学生了解各民族的文化，激发学生的学习兴趣。如在课的开始，由校名导入，激发了学生探究的兴趣。

在教学过程中，我有意识地培养学生收集资料的能力和语言表达能力。课前布置作业，让学生收集自己感兴趣的关于各民族的资料，课上让学生展示交流，学生不仅展示了大量图片，甚至还带来了实物——油香，这充分调动了学生学习的积极性，培养了学生收集资料的能力及语言表达能力，同时使学生形成了积极、愉快的体验。

通过小组合作，让每位学生都参与其中，为最后小组的汇报展示添一份力，使小组合作学习真正落到了实处。为了检测学生对教材的阅读情况以及对知识的掌握情况，我设计了“民族知识大竞猜”活动，通过民族知识竞猜，不仅使学生了解了各民族的文化，还使学生对各民族有了更多更深的认识。

就本课教学而言，还有许多不足之处。如对学生的评价不是十分到位，没有及时给予学生鼓励，在今后的课堂上，需要努力改进。

执教与文字整理：福建省厦门市钟宅民族小学　陈月凤

指导教师：福建省厦门市湖里区教师进修学校　朱淑秀

一起采集民族之花（二）

【教材分析】

“一起采集民族之花”是品德与社会五年级上册第三单元“我们同有一个家”主题一“走进民族大家庭”中的内容。纵观本册教材，上一个单元已经为学生介绍了我国的概况，本单元设计了两个主题，旨在引导学生从不同的角度认识和了解中华民族，使学生从整体感知中国是一个多民族的国家，各民族都有自己独特的文化。

【学情分析】

本班学生学习兴趣浓厚，在灵活开放的课堂中，学生们乐于合作交流，课上表现活跃，语言表达能力较强，十分愿意发表自己的意见，同时对了解各民族独特而灿烂的文化也很感兴趣。由于在导入课中，学生已经了解了中华民族大家庭的组成，因此我在本节课上课前让学生收集自己感兴趣的少数民族的资料，从服饰特点、饮食习惯、风土人情、传统节日、历史故事等方面来了解我国各民族。

【教学目标】

1. 形成各民族间要相互了解、相互尊重、团结友爱的情感和态度。

2. 进一步提高收集资料的能力、语言表达能力和合作能力。

3. 知道我国是一个拥有56个民族的大家庭，各民族拥有的绚丽多彩的文化，共同组成了中华民族的文化宝库。

【教学重难点】

1. 知道一些少数民族的风俗习惯。

2. 形成各民族间要相互了解、相互尊重、团结友爱的情感和态度。

【教学准备】

1. 有关少数民族的资料，包括文字资料、图片资料等。

2. 歌曲《爱我中华》《掀起你的盖头来》。

3. 民族风情卡。

民族风情卡

学校：＿＿＿＿＿＿ 班级：＿＿＿＿＿＿ 姓名：＿＿＿＿＿＿

民族名称	
人口	
饮食	
服饰	
宗教信仰	
节日风俗	
补充资料	

【设计思路】

“授人以鱼，不如授人以渔。”因此，在本课的教学中，我主要培养学生收集资料的能力、语言表达的能力、小组合作探究学习的能力。在分析本班学生的情况的基础上，从学生的年龄特点出发，设计学生感兴趣的教学环节，培养学生自主参与的意识，使学生变被动学习为主动学习，让学生的学习成为愉快的体验成功的过程。

【教学过程】

一、歌曲导入，激发兴趣

（师播放歌曲《爱我中华》，并带领学生一起拍手歌唱。）

师：一听到“五十六个星座，五十六枝花”这首欢快的歌，我们都会想到风采各异的少数民族。同学们，在二年级下册的品德与生活课上我们已经学习了一些关于少数民族的知识。你们还记得哪些呢？老师来考考你们！

师：我国有多少个民族？

生：56个。

师：哪个民族的人数最多？

生：汉族。

师：我国有多少个少数民族？

生：55个。

师：哪个少数民族的人数最多？

生：壮族。

师：你们认识哪些少数民族？

（生说。）

师：同学们真棒！你们了解的知识可真多！我们这个民族大家庭里的各个民族都有自己的特色，它们就像花儿一样美丽，今天就让我们再次走进民族大家庭，一起来采集美丽的民族之花吧！（板书：民族之花）同学们，有信心吗？

生：有！

【设计意图】《爱我中华》这首歌曲的导入可以很好地让学生置身于民族大家庭中。通过提问，一方面可以掌握学生对民族知识的了解情况，另一方面可以拉近师生之间的距离，调动学生的学习热情。

二、自主探究，了解回族、朝鲜族、黎族、纳西族

师：课前老师让同学们阅读课本，完成阅读的同学请举手。

（很多学生举起了手，老师及时表扬。）

师：现在就请同学们以四人小组为单位交流一下课本上这四个少数民族的情况，说一说你最喜欢哪个少数民族，这个少数民族的哪些方面最吸引你。

（生汇报回族。）

师：回族的风俗习惯最吸引你，还有其他同学也要说说回族吗？

（生补充。）

［师稍加补充：饮食禁忌方面（不吃猪肉），服饰方面（回回帽、盖头等）。］

师：回族之花在刚刚几位同学的共同努力下被顺利采集到了，恭喜同学们！（板书：回族）接下来谁再来说说吸引你的民族之花？

（生汇报朝鲜族。）

师：朝鲜族的能歌善舞和饮食最吸引你。说到朝鲜族，老师想到了一部电视剧《大长今》，同学们看过吗？虽然《大长今》讲述的是韩国的朝鲜族，但我们却从中看出了朝鲜族人民的善良勇敢和多才多艺。现在我们又采集了一朵民族之花，那就是朝鲜族之花！（板书：朝鲜族）

师：你们还喜欢哪个少数民族？

（生汇报黎族。）

师：原来他们的舞蹈最吸引你呀！是呀，我们从图片中可以看出这些跳舞的人们一定非常开心。有谁也喜欢黎族，也来说说这个民族吸引你的地方？

（生说。）

师：老师除了喜欢他们的“打竹舞”，还喜欢他们的历史故事。从那支红色娘子军的故事中，老师感受到了黎族同胞追求自由解放，追求光明的信念！同学们，具有红色传奇色彩的黎族之花也被我们成功采集到了。（板书：黎族）

师：就差一朵了，没有人喜欢它吗？谁来说说？

（生汇报纳西族。）

师：纳西族的文字最吸引你是吗？老师也觉得东巴文特别神秘，为此我还专门研究了一番。老师这里准备了一些东巴文，请同学们来猜一猜这些东巴文是什么意思，好吗？

（教师把提前彩印的东巴文展示出来，并让学生根据上面的文字来摆造型。学生热情高涨，对东巴文充满了兴趣。）

师：同学们，你们看，神秘的纳西族之花也被我们采集到了。（板书：纳西族）

师：我们班的同学可真厉害，不费吹灰之力就采集了四朵民族之花，老师真为你们感到骄傲。其实，这一节课老师已经在高殿中心小学讲过了，这是高殿中心小学的学生在课上完成的几张民族风情卡（展示已经做好的民族风情卡），利用这个难得的机会，老师把他们做的卡片送给我们班的同学们，大家可以把民族风情卡整理成《民族风情集》。不过要完成整本的《民族风情集》，还需要大家共同努力。接下来我们就一起来制作民族风情卡，我相信你们一定完成得很好，对吗？

【设计意图】课本中以四个少数民族拉开了学生了解民族知识的序幕，学生通过课前的预习和课上的交流，自己梳理了各民族的特色。

三、合作探究，了解彝族、藏族、维吾尔族、苗族、畲族、蒙古族

师：老师给你们各个小组都准备了一个信封，信封里有制作“民族风情卡”的资料，当然，如果你们课前也收集了资料的话，也可以用自己收集的资料。在小组活动之前老师提几点要求，请同学们认真听。

1. 组员在小组长的带领下根据老师提供的资料或自己收集的资料来完成民族风情卡。老师建议这样分工：一人负责把需要的资料找出来并画出来，一人负责把资料里的内容写下来并进行装饰，一人负责剪图片，一人负责把图片贴好。当然，你们可以自己分工，注意分工一定要合理。

2. 小组完成民族风情卡之后，交流你们探究的民族中最有特色的地方，稍后派代表上台汇报。

3. 汇报完后张贴在黑板上，没来得及汇报的小组，完成后直接张贴在黑板上。

4. 活动时要安静有序，不可大声喧哗。

5. 小心使用剪刀，注意安全。

（生小组活动，师巡视指导。）

（小组汇报，师及时评价。）

第一小组：我们小组合作完成了彝族的风情卡。（介绍彝族）

师：谢谢你们小组的精彩汇报，通过你们的汇报我们更好地了解了彝族的分布地、节日、风俗、饮食、服饰等。希望你们下次汇报时声音能再响亮些。由于时间关系，没办法请其他小组一一上台汇报，不过老师相信你们的表现一定也很出色，请各小组把完成的“民族风情卡”张贴到黑板上吧！

（生完成的民族风情卡包括彝族的、藏族的、维吾尔族的、苗族的、畲族的、蒙古族的等。）

师：同学们，今天我们一起采集了这么多的民族之花，老师相信你们的收获一定不少。接下来我们进行民族知识大比拼，答对有奖。

【设计意图】有关56个民族的知识，学生也许有所了解，但是让他们进行比较具体的描述，对他们来说是有一定难度的，而且课堂时间有限，不能对56个民族逐一介绍，所以选择让学生根据自己在课前收集的资料和教师准备的资料，通过小组合作探究的形式，了解各民族独特的文化。

四、民族知识大比拼

1. 问答题

（1）冷面和泡菜是哪个少数民族的主要饮食？（朝鲜族）

（2）黎族最具特色的民间舞蹈是什么？（打竹舞）

（3）东巴文是哪个少数民族的文字？（纳西族）

2. 看图猜少数民族

（1）苗族；（2）藏族；（3）畲族。

3. 听歌猜少数民族

（1）《阿里郎》（朝鲜族）；（2）《掀起你的盖头来》（维吾尔族）。

【设计意图】根据学生的心理特征，让学生充分体验比赛带来的快乐，课堂气氛十分活跃。设计“民族知识大比拼”环节有两个意图：其一，将本课需要掌握的知识点融入比赛中，调动学生参与学习的积极性；其二，赛题都是课上学过的民族知识，以此来检测学生的学习情况。

五、总结延伸

师：同学们，这节课大家的表现都很棒，在你们的共同努力下，我们了解了好多民族之花，希望同学们在课余时间继续采集自己喜欢的民族之花。

【教学反思】

在开展“一起采集民族之花”这一主题活动的过程中，我充分发挥学生学习的自主性，鼓励学生充分利用各种资源开展小组探究活动。学生在探究过程中获得了大量的知识，并知道了各民族间必须相互尊重，相互学习，团结互助，共同发展。学生在学习过程中学会了与人交往、取长补短，提高了运用和处理信息的能力。在“一起制作民族风情卡”的活动中，需要学生分工合作完成民族风情卡，这使小组合作学习真正落到了实处。考虑到学生探究的少数民族的风土人情不够充分，我准备了“民族知识大比拼”这个环节，充分调动了学生学习的积极性，让学生对各民族的文化、民俗风情有了更多更深的了解。

我在教学时以尊重学生的主体地位为前提，以学生自主探究为形式，把学习的主动权还给学生，给学生充足的自主学习、自主探究、自主感知的时间和空间，使学生成为课堂的主人。

教学永远是一门遗憾的艺术。就本课而言，也留下了一些遗憾。如对时间的把握不够好，以至于学生汇报的时间短，对学生汇报的内容的正确性、表述的准确性无法及时指出；评价只是蜻蜓点水式的，没有给学生一个明确的导向；虽然设定的教学环节能使学生积极参与，但感觉学生还没有完全放开，以致课堂生成较少。

执教与文字整理：福建省厦门市高殿中心小学 郭璐茜

走访遗迹看历史

【教材分析】

“走访遗迹看历史”是品德与社会五年级下册第六单元“向人民英雄致敬”主题一“勿忘国耻”中的内容。本课内容主要是走访圆明园，教材通过圆明园今昔图片的对比和小学生凭吊圆明园的日记，带领学生走进圆明园被毁灭这段屈辱的历史，让学生了解圆明园盛与毁的情况，激发学生的爱国主义情感以及民族责任感和使命感。

【学情分析】

五年级的学生对历史有一定的兴趣，只是还无法理解历史与现在的关系。他们已经初步具备通过不同的渠道收集信息并进行初步分析的能力。从儿童心理学来分析，小学高年级学生的情感生活不断丰富，随着对祖国历史的学习的深入，他们能产生爱国主义情感，因此，历史中的情感教育或许会给他们留下一生的烙印。虽然没有学生到圆明园遗址游览过，不过在信息技术“浏览网页”一课中，学生浏览了大量有关园林的图片和文章，在小学语文五年级上册，学生已经学习了课文《圆明园的毁灭》，对这段历史已有一定的了解。

【教学目标】

1. 了解圆明园曾有的辉煌和被毁灭的历史事实，培养为中国富强而努力的爱国主义情感。

2. 查阅资料，能用自己喜欢的方式整理资料。

3. 与同学交流，分享对圆明园被毁灭这段历史的观点和看法。

【教学重难点】

了解圆明园被毁灭这一历史事实，与同学分享体会、观点和看法。

【教学准备】

1. 教师准备

（1）查阅、收集圆明园被毁灭前后的相关资料，包括图片、文字资料，放在资料区。

① 圆明园遗址公园简介。

② 圆明园曾经的辉煌：《圆明园 3D 复原图》《透过〈圆明园四十景图〉“九州清晏”图看植物造景艺术》《再现·圆明园——坦坦荡荡》《圆明园、长春园、绮春园杂祠建筑一览表》。

③ 圆明园的毁灭及原因：王道成在《世纪大讲坛》讲《火烧圆明园》的文字记录，以及《圆明园百年之痛》《说不完的圆明园》《游圆明园遗址》《听，兽首在诉说》《圆明园，我的中国画》。

（2）视频《追寻消逝的圆明园》。

（3）与信息技术老师沟通，在信息技术“浏览网页”一课中，让学生浏览“中国园林建筑”。

（4）复印小学语文五年级上册课文《圆明园的毁灭》及学生学习记录单。

2. 学生准备

（1）在信息技术课上浏览有关中国园林建筑的资料。

（2）复习小学语文五年级上册课文《圆明园的毁灭》，学有余力的学生进一步收集有关圆明园的资料。

【设计思路】

本课以有效整合资源，培养学习能力，激发爱国情感为主线，引入学生在语文和信息技术课中学到的相关知识，并引导学生用语文课上概括课文主要内容的方法来整理信息，使学生既能应用其他学科的学习方法来掌握本课知识，又能提高学习能力。同时，在教学中抓住学生的情感触发点，以圆明园曾经的辉煌与圆明园的毁灭这一对比为主线，通过小组学习、图片展示和播放视频以及教师的激情述说等，来激发学生的情感，深化学生的体验，激起学生的民族责任感和使命感。

【教学过程】

一、导入新课，提出学习任务

师：上课！同学们好！

生：老师好！

师：请坐！同学们，之前你们已经在信息技术课上欣赏了中国的园林建筑，你们觉得中国园林怎么样？

生：非常漂亮。

生：非常壮观。

生：非常宏伟。

师：是的，中国园林是秀美的，是精致的，是宏伟的，是千姿百态的。它是中国文化的血脉，是劳动人民智慧的象征。同学们，在我国有这样一座园林，它集园林建筑精华于一身，是艺术的典范，它就是——

生：圆明园。

师：是的，同学们已经了解了圆明园，今天，让我们一起再次走进圆明园，了解它的历史。同学们想了解什么问题呢？

生：圆明园里有哪些建筑？

生：圆明园在哪里？

师：还有吗？

生：圆明园建于什么时候？

生：圆明园为什么成了现在这个样子？

生：圆明园有多大？

……

师：老师把你们想了解的这些问题分为以下两个主题：第一，圆明园曾经的辉煌，即昔日的圆明园有什么特点；第二，圆明园的毁灭，即它是怎样被毁灭的，是被谁毁灭的，为什么会被毁灭，它给我们带来什么启示。

二、阅读资料，小组学习

师：下面我们以四人为一个小组开展学习活动，请各小组先确定一下你们要研究哪一个主题。

（小组商量要研究与学习的主题。）

师：好的，老师来了解一下，想研究“圆明园曾经的辉煌”这个主题的小组请举手，1，2，3，好，三个小组，那其他小组都研究“圆明园的毁灭”是吗？

师：那好，小组学习有几个要求：第一个要求，先认真阅读两份资料，第一份是课本第59页的文章和插图，第二份是同学们上学期学的语文课文《圆明园的毁灭》。要把学习收获写在学习记录单里。待会儿组长来老师这儿拿学习记录单。你们记录学习收获时还可以用上语文老师教的方法，有什么方法呀？（列提纲、列表格）第二个要求，小组交流，用自己的话汇报学习收获，然后推荐一名同学向全班同学汇报。如果时间允许，组长还可以到资料区选取选学资料。这些要求听明白了吗？

生：明白了。

师：小组学习的时间为八分钟，看看哪个小组的收获最多。

（组长领取学习记录单。）

（生进行小组学习：学生先独立学习，认真阅读资料，有的边读边画，有的向老师问一些问题，有的边看资料边做摘记，有的在列表格。教师巡视，或观察学生学习，或做记录，或询问，或指导。约四分钟后，已经有小组到资料区选取选学资料了。）

师：记录不完整没有关系，独立学习后，就可以进行小组交流了。

（生进行小组交流。）

三、感受圆明园曾经的辉煌

师：好，没写完或还没交流完的暂时停下。我们这节课的主要任务是全班同学一起来研究这些内容。刚才老师了解了各个小组的交流情况，发现同学们写得很认真，有些小组表现得很好，组长很早就组织大家交流了，有的同学学习习惯很不错，边读书边做批注，并把关键字词标了出来。用列提纲和列表格来整理资料的方法，你们今后还要进一步练习。

师：现在，让我们先来走进圆明园曾经的辉煌，请选择这个主题的小组向大家汇报。

生：我们小组研究的主题是“圆明园曾经的辉煌”，我们从这几处词句中感受到圆明园曾经真的特别辉煌：“举世闻名”“前后修建了150年”“中国园林的精华”“世界建筑史上的杰作”“漫步园内，有如漫游在天南海北，饱览着中外风景名胜；流连其间，仿佛置身在幻想的境界里”。从这几处描写我们可以联想到圆明园当时是多么宏伟，多么引人注目，它不愧为“万园之园”。

师：是的，多么宏伟的圆明园！请坐，其他小组有补充的吗？

生：我们小组也研究的“圆明园曾经的辉煌”。圆明园的建筑非常宏伟，里面有很多仿照各地名胜建造的景观；它也是当时世界上最大的博物馆、艺术馆，里面收藏着很多文物和奇珍异宝。由此我们可以感受到，当时的圆明园真的是一座壮观华丽的园林和珍贵的宝库。

师：是的，它不但是一座宏伟的园林，还是一座珍贵的宝库。还有补充的吗？

生：我们小组还将圆明园中的景物列了一张表格，请看（生出示表格），金碧辉煌的殿堂，玲珑剔透的亭台楼阁，象征着田园风光的山乡村野，象征着热闹街市的“买卖街”，还有海宁的安澜园，苏州的狮子林，杭州西湖的平湖秋月、雷峰夕照等，从这个表格中我们可以看出，圆明园的每一处景点都是经过精心设计的。

师：好的，请坐。用列表格学习的方法非常好。刚刚听了同学们的汇报，我们充分感受到了圆明园的辉煌和宏伟。圆明园有多大？它有300多万平方米。据老师了解，我们学校的面积约2万平方米，同学们算一算，300多万平方米是2万平方米的多少倍呢？哪个同学算得最快？

（生计算。）

生：约150倍。

师：老师从网上收集了一些关于圆明园的图片，请同学们看大屏幕。下面请两位同学对照着我收集的相关图片来朗诵课文《圆明园的毁灭》的第三自然段。

生：（朗诵）圆明园中，有金碧辉煌的殿堂，也有玲珑剔透的亭台楼阁；有象征着热闹街市的“买卖街”，也有象征着田园风光的山乡村野。

师：同学们可以边看大屏幕，边跟着诵读。

生：园中许多景物都是仿照各地名胜建造的，如，海宁的安澜园，苏州的狮子林，杭州西湖的平湖秋月、雷峰夕照；还有很多景物是根据古代诗人的诗情画意建造的，如，蓬莱瑶台，武陵春色。园中不仅有民族建筑，还有西洋景观。漫步园内，有如漫游在天南海北，饱览着中外风景名胜；流连其间，仿佛置身在幻想的境界里。

师：同学们，听了汇报，复习了课文，看了这些图片之后，你们觉得这是一座怎样的园林?

生：圆明园真是一座宝库！圆明园实在令人惊叹！

师：同学们，圆明园以其宏大的地域规模、杰出的营造技艺、精美的建筑群和丰富的收藏而闻名于世，它用北方雄健的自然景观抒写江南柔美之情，同时融西方的挺拔明朗于东方的诗情画意之中，将古今、南北、中西建筑之美和谐地集于一身，被誉为“万园之园”。

四、感受圆明园的毁灭

师：（课件出示圆明园遗址图片）令人痛惜的是，这座“万园之园”一去不复返，只留下了残垣断壁。是谁毁灭了圆明园?他们是怎样毁灭圆明园的?

师：请探究这个主题的小组跟大家汇报一下。注意要用自己的话简要地说。

生：我们小组探究的主题是“圆明园的毁灭”。1860 年 10 月 6 日，英法联军闯进圆明园，进行大肆掠夺，之后又放了一把火，圆明园连续烧了三天三夜，就这样毁灭了。我觉得虽然今天我们国家强盛了，但我们也不能忘记过去的屈辱。

师：能用自己的话概括学到的内容，很好。

生：我还要补充。虽然现在我们中国强盛了，但是我们要记住落后就要挨打这一教训。

师：我们不要忘记落后就要挨打这个惨痛的历史教训。还有同学要补充吗?

生：1860 年 10 月 6 日，英法联军侵入北京，闯进圆明园，他们还讨论怎样分配财宝，法军司令还让大家专门抢值钱的物品。

师：你是从哪里了解到这些资料的?

生：上网找到的。

师：好的。你能够通过网络收集资料，并把资料记录下来，再用自己的话说出来，非常棒。

（师展示课件，板书：圆明园被破坏的时间、历史事件。）

师：从1840年的鸦片战争开始，列强无耻地对中国进行侵略和掠夺。1860年，英法联军抢、掠、火烧圆明园，在这样的情况下，清政府还和他们签订丧权辱国的《北京条约》，割让土地，赔偿银两，这是一段怎样的历史呀！

师：今天老师给大家带来了一段视频。（播放视频《追寻消逝的圆明园》片段）

师：同学们，看了这段视频，你有什么感受？

生：我感觉英法联军真的很霸道，他们就像强盗一样。

生：我感觉英法联军很可恶，他们竟然来掠夺我们的东西。

生：我为圆明园昔日的辉煌感到骄傲，同时对英法联军的强盗行为感到气愤。

生：我可以感受到中国当时是多么落魄。

生：我感到清政府很无能，侵略者火烧圆明园时都不敢去阻止。

生：看完视频我感到很沉重，我觉得他们根本就是强盗，就像雨果写的“两个强盗闯进了圆明园。一个强盗洗劫，另一个强盗放火”。

生：圆明园以前是多么的辉煌，可是现在却变成了一片废墟。

生：我为圆明园的毁灭而惋惜，我想这不仅仅只是物质上的损失，它还刺痛了我们中国人的心。

生：为什么他们可以在我们的国土上为所欲为，而当时的清政府却无能为力？

师：其实，刚才同学们在交流的时候已经把答案告诉大家了，是因为清政府的无能，是因为当时我们国家的落后，鸦片战争以后，士兵们的战斗能力削弱了。当然，我们中国也有很多志士英勇善战，如前段时间我们学到的林则徐。

五、总结，升华情感

（师出示圆明园遗址图片。）

师：（惋惜、感慨）圆明园曾经那么辉煌，它是“万园之园”，是中国文化史上的瑰宝，是世界文化史上的圣殿。可是，它一去不复返了。如今我们只能看到它的废墟横亘在中国大地上，年复一年，没有声息，但谁都可以听到它至今仍在仰天长叹，它在叹什么呢？

生：我觉得它在叹为什么当时的清政府那么无能，让它被毁掉了。

生：它在叹为什么清政府那么腐败。当时清政府如果出来阻止的话，圆明园现在也许就不是一片废墟了。

师：还有吗？请还没有发言的同学来说说。

（生说。）

师：是的，圆明园有很多很多的感叹，同学们也有很多很多的感叹。请同学们齐读这一段话。

生：（沉痛地诵读）它叹英法侵略者的野蛮行径、贪婪之心；它叹祖国曾经的落后；它叹清政府统治者懦弱无能，故步自封，逃避责任，思想意识落后；它叹大臣们贪生怕死、卑躬屈膝；它叹民众的无知、文物保护意识的缺失；它叹那些瑰宝流离失所……

师：同学们，在国家强盛的时候，我们有能力创造一个建筑的奇迹。在国家衰败的时候，我们连保护它的能力也丧失了。国家的兴衰关系到民族的兴衰，关系到祖国文化、财富的命运，关系到我们每一个人的生活。

（课件呈现回归的圆明园流失文物的图片。）

师：假如历史给我们一次机会，让我们回到那个时代，我们要怎样做才能让圆明园免于被毁灭的命运呢？关于圆明园是否应该重建，如何让流失的圆明园的文物回归，不少仁人志士提出了不同的看法。课后同学们如果有兴趣，可以继续探索圆明园以及那些文物的命运。

【教学反思】

鲁迅先生说过："悲剧将人生有价值的东西毁灭给人看。"悲剧容易触动人的灵魂，而圆明园就是一部历史的悲剧！

"走访遗迹看历史"是品德与社会五年级下册第六单元"向人民英雄致敬"第一个主题"勿忘国耻"中的内容，上好这一课是让学生了解近代列强侵华知识的关键。

我在本节课就如何有效整合资源，培养学生学习能力，激发学生爱国情感进行了尝试，取得了较好的效果，主要体现在以下几个方面。

1. 信息技术课的学习，丰富了学生对中国园林的直观体验

课前，我和信息技术学科的陈老师一起备课，选取"园林"主题进行整合。在陈老师的信息技术课上，学生通过网络浏览关于中国园林建筑的资料。于是，在本课的导入中，我直接引导学生概述对中国园林的总体印

象。接着，我用深情的述说，引出本课要探讨的主题——圆明园。这样的导入贴近学生的学习生活，同时让学生丰富了对中国园林的直观体验。

2. 复习语文课文，深化学生对圆明园曾有辉煌的认识

小学语文五年级上册课文《圆明园的毁灭》，虽写毁灭，却对圆明园曾经的辉煌进行了重点描写，这样的描写就是为了通过对比，激起学生对圆明园被毁灭的痛惜以及对侵华列强的愤慨之情，教材的编写者可谓煞费苦心，所以我充分利用了这一资源。《圆明园的毁灭》这一课的学习已经过了一学期了，学生虽有印象，但还需教师引导他们回忆，所以我利用大量的图片来重现课文内容，同时请本班朗诵比较好的两个学生带领大家边看课件播放的图片边诵读，使学生再次走进辉煌的圆明园，感受它宏大的地域规模、杰出的营造技艺、精美的建筑群、丰富的收藏。

3. 引导学习方法，培养学生的学习能力

学生学习能力的培养需要在每个学科中进行，各学科教师需要加强沟通和交流，只有这样，才能形成教育的合力。为了了解这个班学生的学习情况，我特意听了该班其他学科的课。其中，在语文课上，语文教师这段时间在引导学生学习概括课文主要内容的方法，如阅读摘记、列表格、列提纲、抓住重点词语等，这些方法同样可以在品德与社会课上运用。在品德与社会课上，学生需要用自己的话来概括所收集的资料，因此，在小组学习时，我让学生利用语文课上概括课文主要内容的方法来整理信息，在巡视时关注他们的学习过程，在交流汇报时关注他们是否能恰当运用这些方法。从本节课的教学效果来看，学生对阅读摘记、批注等方法的运用比较纯熟，通过列表格、列提纲来概括主要内容的能力还有待提高。

当然，这节课也存在不足之处：在教学中，我的理答不够机智，教学语言的速度偏慢了些，个别学生发言次数偏多了些，在这些方面还需进一步纠正与完善。教学永远是一门遗憾的艺术，需要我们不断实践，不断追求，寻找更佳的境界。

执教与文字整理：福建省厦门市湖里区教师进修学校　朱淑秀

从小渔村到大都市

【教材分析】

“从小渔村到大都市”是品德与社会六年级上册第三单元“腾飞的中国”主题一“春天的故事”中的内容。本单元旨在通过呈现改革开放三十多年来我国在经济、政治、外交、社会生活等方面的成就，激发学生的爱国主义情感，培养学生的民族自豪感。学生通过收集资料与体验探究等活动初步了解我国实施改革开放政策以来，中国共产党领导下的社会物质文明和精神文明建设的进步，进一步增强民族认同感和归属感。

【学情分析】

对六年级的学生而言，他们在前面的学习中已经对改革开放有所了解，但是对经济特区还不是很了解，仅知道我国几个经济特区的名称，却不知道经济特区的含义，以及经济特区成立后给当地以及我国经济带来的巨大影响。这也是本课教学要突破的难点。另外，六年级的学生有一定的收集和整理资料的能力，这为他们自主了解和认识经济特区奠定了基础。

【教学目标】

1. 发现经济特区的巨变，认识我国的经济特区，知道邓小平爷爷是改革开放的总设计师。

2. 通过收集和整理资料，了解厦门、深圳等经济特区的变化发展。

3. 学习经济特区建设者开拓创新、与时俱进、拼搏进取的精神。

【教学重难点】

1. 认识我国主要的经济特区，知道经济特区的含义及改革开放的总设计师——邓小平。

2. 学习经济特区建设者开拓创新、与时俱进、拼搏进取的精神。

3. 通过收集和整理资料，了解厦门、深圳等经济特区的变化发展。

【教学准备】

教师：制作教学课件。

学生：收集有关厦门、深圳等经济特区变化发展的资料。

【教学过程】

一、视频导入，激发兴趣

师：同学们，你们知道深圳吗？

生：知道。

生：不知道。

师：有的同学不知道，有的同学可能听说过。大家了解深圳吗？

生：不了解。

师：没关系，接下来，我们将通过一段视频来了解今天的深圳。（播放视频《深圳城市宣传片》）

师：现在谁能说说，今天的深圳是什么样子的？

生：是个繁荣的大都市。

师：是个繁荣的大都市，这是你从视频中看到的。还有哪位同学来谈一谈你看到的？

生：深圳的经济很发达。

师：还有吗？

生：深圳港口聚集，很多家企业在这里投资。

师：你从刚才的视频中看到深圳是一幅什么样的景象？

生：深圳经济繁荣，交通发达，建筑雄伟，有很多知名企业，而且这里的人们十分富有。

师：是的，可以看出这里的人们非常富有。从刚才的视频中我们了解到，深圳是一座高楼林立、车水马龙、与香港比肩而立的国际化大都市，同时，它还是我国最具竞争力的城市之一，是中国第一个经济特区。

师：可是，你们知道三十多年前的深圳是什么样子的吗？让我们一起来看一看。过去的深圳只是我国南海边陲的一个小渔村。（出示早年拍摄的照片）这张照片拍摄于1978年，这是深圳的盐田港。从照片中，我们可以看出人们主要从事的是什么行业呢？

生：捕鱼业。

师：当时的人们以打鱼为生，这样一个普普通通的小渔村，是如何变成现在繁荣的大都市的？

【设计意图】通过播放视频，直观地导入课题，能够使学生对深圳有较为全面的了解。

二、探寻原因，认识经济特区

师：小渔村变成大都市的传奇故事还得从一首歌讲起。请同学们认真聆听下面的歌曲，想一想，歌曲中唱到的老人指的是谁？南海边画的这个圈指的又是哪里？

（播放歌曲《春天的故事》。）

师：大家熟悉这首歌吗？有没有同学知道歌曲的名字？

生：《春天的故事》。

师：是的，《春天的故事》。这首歌中唱到的老人是谁？

生：他是邓小平爷爷。

师：是的，是邓小平爷爷，同学们都非常熟悉他的名字，知道他是我国的主要领导人之一，但同学们知道吗，他还是我国改革开放的总设计师。

师：歌曲中唱到邓小平爷爷“在中国的南海边画了一个圈”，有没有同学知道这个圈指哪里呢？

生：深圳。

师：邓小平爷爷在深圳画的这个圈是历史性的一笔，他的这一笔正式将深圳定为我国第一个经济特区。有没有同学知道什么是经济特区？

师：接下来让我们看看课本中对经济特区是如何定义的，边看边把这个定义画出来，大家一起读一下。

生：经济特区是指国家自实行对外开放政策以来，为发展对外贸易、开展对外经济合作和技术交流、吸引外资设立的特定的经济区域。在这些区域中，实行更加灵活开放的经济政策。经济特区是我国对外开放的前沿。

师：经济特区是我国对外开放的前沿，也就是说经济特区拥有更为宽松的、灵活的经济政策，这有效地促进了经济特区社会和经济的发展。

师：同学们知道目前我国有几个经济特区吗？它们分别是哪些地方呢？

生：厦门经济特区、深圳经济特区，还有香港经济特区。

师：还有吗？

生：还有汕头经济特区。

师：他回答对了三个经济特区。香港是吗？

生：不是，它是我国的特别行政区。

师：名字非常相似，不要弄混了。还有谁要补充？

生：还有珠海经济特区。

师：很好。还有呢？

生：还有上海。

师：上海是吗？有没有同学有不同意见？看来同学们都产生了疑问。接下来，让我们看一看1980年我国成立的首批经济特区有哪些？（出示课件）

生（齐）：深圳、珠海、厦门、汕头。

师：1988年，海南成为我国第五个经济特区。2010年，新疆维吾尔自治区的喀什成为我国第六个经济特区。

师：为什么我国的经济特区能够拥有比其他地区更为特殊的经济政策呢？（出示地图）接下来让我们一起看一下经济特区的地理位置。东部，由北至南有厦门、汕头、深圳、珠海、海南，西部有喀什。从地图上看，经济特区在地理位置的分布上有什么特点？

生：较为靠近祖国的边缘地带。

师：我们学过一个词，这些地方又叫什么？

生：边疆。

师：还叫作什么？

生：沿海。

师：我们看到前五个经济特区主要分布在沿海，“边疆”也叫作什么？

生：边境。

师：很好，经济特区主要分布在我国的边境，能够很好地与其他国家进行交流和贸易，得天独厚的地理位置，使它们成为我国的经济特区。接下来，让我们看一看，经济特区在建设过程中展现出的新面貌。让我们一起领略这六个经济特区的风采。（出示图片）

师：大家看到这些景象，觉得怎么样？

生：很美。

师：通过这些图片，可以看出这些地方非常富饶。兴办经济特区是党和国家为推进我国改革开放做出的一项重大决策，而实践证明，这些经济特区的兴建是成功的，尤其是深圳经济特区取得了巨大的发展，因此它成为我国改革开放的一个重要“窗口”。

师：下面我们来重点看看厦门经济特区。我们所生活的厦门也是经济特区之一，它既与深圳有相似之处，又有自己的特色。

【设计意图】本环节主要介绍经济特区的内涵，着重让学生认识经济特区的经济特色，凸显经济特区为改革开放的重要“窗口”。

三、探究实践，发现变化

师：厦门与深圳相似，原本也是一个小渔村，现在已发展成为全国著名的花园城市。（出示图片）这就是现在厦门的景象，这个地方熟悉吗？

生：环岛路。

师：美丽的环岛路是厦门著名的旅游景点之一。厦门成为经济特区后，又有哪些突出而富有特色的变化呢？

师：课前老师请同学们走访了厦门经济特区纪念馆，进行了一个小小的调查，也请同学们通过网络、书籍等查找了相关的资料。现在，请同学们将收集的资料拿出来，先在小组内进行交流，然后各小组派一名代表进行全班汇报。

（生小组交流，师巡视。）

师：课前老师请大家查找有关厦门经济特区三十多年来某一领域的变化的资料，并谈一谈你对厦门巨变的感受。通过同学们刚才的交流，我发现你们收集了很多资料，请选取其中一个方面来为我们做介绍。

生：大家好，我是港口组派出的代表，今天我汇报的是厦门港的变化。现在，让我们一起走进厦门，了解厦门港的变化吧。厦门港，是我国东南沿海的天然深水良港，地处上海与广州之间，福建省东南的金门湾内，九龙江入海口。厦门港岸线总长 154 千米，其中可用于建港的岸线长 31.6 千米。2012 年，全港建成生产性泊位 139 个，其中万吨级以上泊位 62 个。港内航运条件优良，并配备了完善的水上船舶交通管理系统 。

生：大家来欣赏以前的图片，（出示图片）2006 年，原漳州港部分港区并入厦门港，厦漳两地港口资源整合从此开启。2010 年，东山湾内又有四个港区并入厦门港，厦门港“环两湾辖十区”的新格局正式形成。大家再来看这是现在的图片。

生：厦门港交通发达，形成了海、陆、空立体交通网络。其中，水运航线可通我国沿海、长江中下游和世界各港，内河可通九龙江干支流和乡镇码头。通过查找资料我们了解到了厦门港的巨大变化，知道了厦门港在不断扩大，它为厦门经济的发展发挥了重要作用。

师：掌声感谢他们的汇报，介绍得非常完整，还加上了自己的感想。那么他们刚才介绍的是厦门的什么地方？

生：港口。

师：厦门港和码头。接下来汇报的小组能不能介绍一下厦门其他方面的变化呢？

生：我们汇报的是改革开放前后厦门的交通变化。改革开放前，人们出门基本靠步行，较富裕的家庭有一辆自行车。改革开放后，自行车多起来，孩子们都开始骑自行车上学了。近年来，变化更大。一是火车提速，尤其是动车组的开通，极大地缩短了人们出行的时间，提高了出行效率。卧铺、软座、空调列车越来越多，使得人们出行的舒适度也大大提高了。二是飞机成为人们日常出行的交通工具，打折的机票对远途出行的人来说很有吸引力。三是电动车、小汽车已经越来越多地进入普通家庭，节假日全家开车出去旅游成为一种风尚。

师：他们收集的资料非常贴近我们的生活，与我们息息相关，让我们看到了改革开放后厦门的巨大变化。接下来，还有哪个小组要为我们介绍？

（生介绍海沧大桥。）

师：我听说你家住在海沧区，你对海沧大桥一定非常了解。这座大桥建成通车后，给你的生活带来了什么好处或提供了哪些便利？

生：海沧大桥通车后，大大缩短了我们出行的距离和时间。

（生介绍集美大桥。）

师：刚才这个小组为我们介绍了厦门哪两座著名的大桥？

生：一座是海沧大桥，一座是集美大桥。

师：这些桥梁沟通了我们的岛内与岛外，大大方便了厦门岛内与岛外的联系。刚才的小组介绍的是厦门交通的变化，有没有小组要为我们介绍厦门建筑的变化？

（生介绍厦门建筑的变化。）

师：再次感谢这些小组的介绍。接下来，请同学们来看一组图片，全面地了解一下厦门三十多年来的变化。（出示图片）

师：改革开放后的厦门，正努力成为一个国际性港口风景旅游城市和海峡西岸重要中心城市。自改革开放以来，厦门的产业结构不断优化，工业化进程不断推进，外向型经济迅速发展，综合经济实力显著增强。厦门大力实施“以港立市”战略，构建了海、陆、空立体交通网络。目前，正在建设的厦门地铁，将帮助厦门构建更加全面的交通网络。关注新闻的同学们可能发现了，现在厦门与深圳的联系更加紧密了，因为我们建成了厦深铁路，往返两地的动车已经通车了，这大大方便了沿海城市之间的联系。

【设计意图】第三个环节主要从港口、交通、建筑等方面让学生发现所生活的厦门经济特区在各个领域的重大变化。在这一环节，让学生根据自己收集的资料进行交流与汇报，而不是空谈厦门的变化，提高了学生收集、整理资料的能力及语言表达能力。

四、联系实际，学特区精神

师：为什么短短三十几年的时间，无论是深圳还是厦门，都会有如此大的变化呢？请认真阅读课本内容，思考这一问题。可以把你找到的关键信息画出来。

生：因为有大批建设者从外地赶来建设我们祖国的经济特区。

师：越来越多的建设者在为经济特区的发展努力。还有呢？

生：因为实行了改革开放政策。

师：我们厦门也是因为这项政策成为经济特区的。经济特区拥有更加宽松和灵活的经济政策，所以发展得很快。

生：深圳和厦门都利用了自己的地理优势——地处沿海，通过出口和进口发展经济。

师：说得太好了，掌声送给他。经济特区发挥了自己的地域优势，不断扩充经济实力。不过，除了有优厚的经济政策、优越的地理位置外，我们还离不开经济特区建设者的辛勤努力。经济特区建设者身上一定具有一些可贵的精神品质，那么我们可以学习他们身上的哪些精神品质呢？他们凭借怎样的精神把我们的经济特区建设得如此富饶、美丽呢？

生：他们是凭借着勤奋和迎难而上的精神把我们的经济特区建设得这么好的，因为要把小渔村变成大都市，其中一定会经历很多的困难，如果没有他们这种勤奋和迎难而上的精神，就不会有我们现在舒适的生活。

师：还有吗？

生：还有他们吃苦耐劳的精神。

师：吃苦耐劳怎么体现？

生：以前我们这儿是小渔村，房屋比较破旧，而现在这里建起了林立的高楼大厦，在建设过程中，条件肯定很艰苦，可这些建设者都坚持了下来，可见他们都具有吃苦耐劳的精神。

生：经济特区建设者身上还有一种精神就是勇于实践。前面我们学过，安徽省凤阳县小岗村的党员干部看到村民过着贫困的生活，于是将集体耕地承包到户搞起了大包干，使小岗村变成了一个富饶的村庄。同样，我们厦门经济特区的建设者也是非常勇于实践的，所以才能把小渔村变成大都市。

生：他们还拥有智慧，拥有创新精神。

生：他们还有勇于奉献的精神，比如，他们有些人为了建设经济特区而离开了自己的家园，牺牲了自己的幸福。

师：为了祖国的发展可能会牺牲一些自己的利益，对不对？但是我们想想最后换来的是什么？

生：换来的是社会的进步，是大家的幸福生活。

师：我们来看看现在的厦门，（出示图片）大家觉得怎么样？

生：非常发达、美丽。

师：这些都得益于经济特区建设者们的努力。让我们来看看，课本中是不是有一头象征着深圳精神的“拓荒牛”？它虽然是深圳精神的象征，但不仅在深圳，在福建，全国其他地方也有这头“拓荒牛”，为什么人们愿意把它摆出来呢？因为它是深圳开拓精神的象征，将它摆出来能不断激励人们前进。我们讲到的这些精神，都可以称作什么？

生：特区精神。

师：特区精神有哪些？（生回答）这些都是我们的特区精神，非常值得我们学习。

师：上学期，我们参加了学校大队部组织的“学特区精神　做四好少年”主题活动，大家还记得吗？我想问问同学们，特区精神与我们有什么关系？作为小学生，我们应该如何发扬特区精神？

生：勤奋，迎难而上。

师：你说的这些是我们刚刚概括出来的特区精神，我们可以在哪些方面发扬这些特区精神呢？

生：在遇到难题的时候。

师：你能举一个具体的例子吗？

生：在做数学难题时。

师：这位同学觉得在攻克数学难题时可以发扬这样的精神。

（生纷纷发表自己的看法。）

师：说得很好。希望同学们能发扬特区精神，将厦门建设得更美好，使我们的未来更精彩。

【设计意图】让学生联系生活实际谈感受，使学生对特区精神的理解更加深刻了，情感得到了升华。

【教学反思】

“从小渔村到大都市”一课是我充满兴趣的一课，我觉得这节课所讲的历史事件虽已过去，但经济特区的建设仍在进行，而且这个话题离我们的生活很近，因为我们的学生就生活在经济特区。

本节课最重要的一个环节是让学生展示厦门经济特区三十多年来的变化，如何让学生从纷繁复杂的材料中选取有用的信息，是一个重点问题。因此，课前我引导学生关注身边的变化，因为我们都生活在经济特区，让学生从身边出发，发现经济特区三十多年来的变化，会使他们更有感触，更有话可说。我让学生对厦门经济特区三十多年来某一方面的变化进行调查，还引导学生进行分工，让他们把收集的材料进行整理。但在课堂上，由于我没有按照学生课前的分组安排座位，导致课堂的交流不够充分，体现不出小组的分工与合作。不过，由于课前学生进行了比较充分的准备，所以展示环节还是比较顺利的。

另外，学生精彩的发言是本节课的一大亮点，课堂中发言的学生语言表达能力较强，知识面比较广，思路清晰，声音响亮，活跃了课堂气氛。但是我对全体学生的关注还不够，今后需要在问题设计上多考虑不同层次的学生，多关注学困生。

执教与文字整理：福建省厦门市华昌小学　原诗

净化空气，保护环境

【教材分析】

本课是品德与社会六年级下册第五单元“地球真美丽”主题三“做一名地球卫士”中的内容，教材先出示环境保护常识小测验，让学生初步感知空气质量的决定因素是什么，空气污染的污染源主要是什么。然后用两个小故事“马斯河谷烟雾事件”和“洛杉矶化学烟雾事件”加深学生对空气污染的认识。紧接着让学生阅读资料，通过事例和数据了解污染源。最后以“豆博士”的话引出科技进步带来的问题，让学生形成辩证的思维，知道发展和进步必然带来各种问题，但人类是充满智慧的，我们可以想办法来控制、处理这些问题。

【学情分析】

六年级的学生已经初步具备了收集、整理和分析各种信息的能力。由于毕业班学生对本学科的投入精力有限，所以在进行教学设计时，如何有效地提高课堂教学效率，吸引学生的注意力，激发学生的学习热情，是必须考虑的问题。

【教学目标】

1. 了解有关空气质量的知识，知道空气污染的原因和人们的生活息息相关，树立净化空气，保护环境的观念。

2. 提高辩证思维的能力，学会从不同的角度看待问题和思考问题。

3. 初步形成可持续发展的思想。

【教学重难点】

1. 了解有关空气质量的知识，知道空气污染的原因和人们的生活息息相关，树立净化空气，保护环境的观念。

2. 学会从不同的角度看待问题和思考问题，形成可持续发展的思想。

【教学准备】

教师：课件、报纸。

学生：采访气象台的工作人员并录制视频、拍摄照片。

【教学过程】

一、导入课题

师：同学们，老师去北京旅游时拍了一张照片，请大家看大屏幕，猜一猜为什么照片中的人们要戴着口罩？

生：天气冷，起防寒作用。

生：感冒了，防止传染。

生：天灰蒙蒙的，戴口罩可能是为了防雾霾。

师：你观察得真仔细。从2月份开始，我国五分之一的国土都遭遇了雾霾，空气质量严重下降，严重影响了人们的健康。今天我们一起来学习“净化空气，保护环境”。（板书课题）

【设计意图】提供去北京旅游时拍的照片，能激起学生的兴趣，水到渠成地揭示课题。

二、合作探究

1. 雾霾的危害

师：你们知道雾霾有什么危害吗？

生：影响心情。

师：雾霾天天气阴沉，心情容易沉闷、压抑，长期这样下去还会影响心理健康。

生：这种天气容易发生交通事故。

师：你真是生活的有心人，雾霾天气能见度低，容易发生交通事故。

生：雾霾对人的健康有很大危害。

师：雾霾天，空气中含有大量对人体有害的可吸入颗粒物，会危害我们的身体健康，而且不利于我们成长。另外，雾霾天日照减少不利于钙的吸收。大家的课外知识真丰富。

2. 雾霾天气的污染物及来源

师：雾霾给我们的生活带来了不便，对我们的健康产生了危害，那你们知道污染物主要是什么吗？

生：二氧化硫、灰尘……

师：除了这些，空气污染的主要污染物还有臭氧、二氧化氮等。下面请大家翻到课本第62页，小组一起根据课前收集的资料完成表格，一会儿派一个代表来跟大家汇报好吗？

（师总结小组讨论情况，并请小组代表汇报。）

（第一组汇报。）

师：这组同学给我们带来了他们采访气象台工作人员的视频，大家从中知道了什么？

生：可吸入颗粒物是漂浮在空气中的极其复杂的混合物。

（师板书：可吸入颗粒物。）

师：你听得很认真，还有谁补充？

生：可吸入颗粒物很容易进入我们的身体，大量的证据证明，90%以上的肺癌患者是由可吸入颗粒物造成的。

师：看来可吸入颗粒物已经严重威胁到我们的健康了，我们一起来看这则新闻报道，看完谈谈你的感受。

（出示关于“马斯河谷烟雾事件”的新闻报道。）

生：没想到粉尘会让人死亡，短短的时间内竟然死了 60 多人。

生：原来这就是震惊世界的“马斯河谷烟雾事件”，这是工业革命以来空气污染向人类发起的第一次强大攻势。

师：看到了吧，空气污染已经严重威胁到我们的生存了，我们继续来了解这些污染物到底来源于哪里？有请第二小组的同学向大家汇报。

（第二组汇报。）

师：这组同学给我们带来了他们拍摄的照片，从这些照片中你们看到了什么？

生：我们学校外的马路上车水马龙。

生：工厂浓烟滚滚。

生：二氧化硫的主要来源就是工厂的废气排放和汽车尾气。

（师板书：二氧化硫。）

生：无论是工业生产还是发电，使用的主要是煤炭资源，每年燃煤向天空排放的二氧化硫在数万吨以上，已成为我国空气污染的首要祸根。

师：原来污染源就在我们身边。我们再来看一则新闻报道，从中你读懂了什么？（出示关于“洛杉矶化学烟雾事件”的新闻报道）

生：全市 400 多位 60 岁以上的老人死亡。

师：是什么造成的？

生：汽车尾气。

生：离市区 100 公里的森林成片成片地死亡。

师：是什么造成的？

生：汽车尾气。

生：当年水果减产一半以上。

师：是什么造成的？

生：还是汽车尾气。

师：汽车尾气的污染多么严重啊！厦门的汽车尾气污染也非常严重，净化空气刻不容缓。

（第三组汇报。）

师：第三组同学通过数据告诉了我们，二氧化氮主要来源于机动车尾气、发电厂废气的排放等。

（师板书：二氧化氮。）

3. 辩论会

师：二氧化氮的主要来源之一是机动车尾气排放，老师想做个小调查，请家里有汽车的同学举手。

（三分之二的学生都举起了手。）

师：汽车为我们的出行带来了方便，但也对环境造成了污染，影响了我们的身体健康，怎么办呢？让我们运用自己的智慧，探讨一下这个问题。以该不该购买私家车为题，全班进行辩论。正方观点：应该购买私家车；反方观点：不应该购买私家车。

（双方开展激烈的辩论。）

师：科技发展、进步必然带来各种问题，但人类是充满智慧的，我们可以想办法来控制、处理这些问题，对地球怀有珍惜和感恩之心，爱护环境，保护环境才会实现人类社会的可持续发展。

三、我来支招

师：我们该如何来净化空气，保护环境？大家说说你有什么金点子？

生：多植树造林，空调温度调到 26℃以上，使用清洁能源，尽量选择公共汽车出行……

师：这么多呀，请大家把你想到的金点子写在老师准备的书签上，送给你的小伙伴或家人，大家一起做“环保小卫士”吧。

四、课堂总结

师：每年的 6 月 5 日是世界环境日。联合国开发计划署曾发布了一部公益动画短片《绿》，最后就让我们在这部公益动画短片中结束今天的课吧，希望大家能通过这个短片学到更多净化空气，保护环境的方法。

【教学反思】

本课主要有三个亮点。

1. 导入自然巧妙，不着痕迹。通过出示我去北京游玩时拍摄的大街上行人戴口罩的照片，吸引学生的注意力，让学生很自然地发现问题，然后我顺着学生的思路来揭示课题。

2. 在书签上写金点子，活动新颖，并将教学延伸至课外。很多学生在课堂上的思考如果仅限于口头表述，很容易被遗忘。本课先让学生说，然后让学生把自己想到的金点子写在准备好的书签上，美丽的书签让学生有了更强烈的表达欲望，能使学生把课堂所学带到生活中去，真正做到从生活中来，到生活中去。

3. 以观看公益动画短片《绿》结束教学，引发了学生的思考，使学生树立了净化空气，保护环境的观念。

执教与文字整理：福建省厦门市康乐第二小学　黄宝妮

孝亲敬长我本分

【教材分析】

本课为思想品德七年级上册第三单元“学会交往”主题一“我和父母”中的内容。父母是学生最熟悉、接触最多、关系最密切的人，能否顺利与父母进行良好的沟通，对学生有重要的现实意义。

另外，在学习本课题之前，学生已经学习了第二单元“认识自我”，本单元是第二单元的升华，在学生认识和了解自己的基础上，帮助学生进一步掌握与父母相处的艺术和技巧。同时，本课也是为下一主题“师生情谊”中关于师生交往、相处的艺术和技巧的教学做铺垫。可见，本课处于十分关键的地位。

本节课拟从父母对孩子成长、进步的作用的角度让学生充分认识到父母赋予我们生命，父母在我们的一生中起的作用不可替代，培养学生对父母的感激之情，使学生懂得接受爱，回报爱。

【学情分析】

随着年龄的增长，七年级学生的社会交往逐渐增多，与父母的关系有了一些微妙的变化，他们长大了，对父母的依赖降低了，他们希望得到父母的理解和尊重。我校学生大部分为外来务工人员子女，家庭条件比较差，大部分学生与父母相处的机会少，学生和父母之间缺少沟通。他们有比较明显的逆反心理，生理、心理和智力不成熟，使他们常常忽略父母的爱，常常身在福中不知福，不懂得如何孝敬父母。本节课教学，旨在通过感悟爱、认知孝、践行孝等活动，促进学生健康成长，使他们懂得如何孝敬父母。

【教学目标】

1. 学会爱，学会理解，学会感恩；尽自己所能孝敬父母，并能够体验其中的快乐；增强履行家庭义务的责任感。

2. 通过爱的感悟、爱的分享等环节，体会父母的爱。

3. 懂得孝敬父母；知道孝敬父母是中华民族的传统美德，也是社会的基本道德要求；知道孝敬父母体现在日常生活的方方面面。

【教学重难点】

1. 学会爱，学会理解，学会感恩；尽自己所能孝敬父母，并能够体验其中的快乐；增强履行家庭义务的责任感。

2. 懂得孝敬父母；知道孝敬父母是中华民族的传统美德，也是社会的基本道德要求；知道孝敬父母体现在日常生活的方方面面。

【教学准备】

多媒体课件；引导学生课前收集歌颂父爱和母爱的诗歌、名言，以及教育世人孝亲敬长的警句、故事等。

【教学过程】

一、导入

师：我们今天所讲的主题是“孝亲敬长我本分”。有哪位同学可以告诉我，这里的“亲”和“长”指的是什么？

生：“亲”和“长”指的应该是亲人和长辈。

二、感悟爱

师：很好，请坐。在讲这个主题之前，老师想先跟同学们分享一段视频。在看的过程中请同学们思考两个问题：(1) 父母对孩子的爱有什么特点？(2) 在成长过程中，最令你难忘的一件有关父母或其他长辈给予你关爱的事是什么？

(播放视频。)

师：视频中，虽然母亲在地震中失去了生命，但母亲与孩子之间有一个约定——来生还要一起走！通过这个视频，你们能感受到母爱有什么样的特点吗？

生：为了让孩子活下去，不惜牺牲自己的生命。

师：为了让孩子活下去，不惜牺牲自己的生命。很好。还有其他同学要补充吗？

生：母爱是无私的。

师：很好。母亲在给予我们生命的同时，也给了我们无微不至的爱，甚至不惜付出他们的生命。为什么要孝亲敬长呢？首先是为了回报父母对我们的养育之恩。

（师板书：回报父母的养育之恩。）

师：请你们回忆一下，在你的成长过程中，令你最难忘的一件有关父母或其他长辈给予你关爱的事是什么？

生：在台风天爸爸送我上学。

师：在台风天、暴雨天父母送你上学。非常好。还有其他同学要发言吗？一件平常的事情，如一次接送，一次生病时的照顾……都能体现父母对我们的关爱。

生：有一天很冷，爸爸从很远的地方给我送来了他的外套。

师：外套是他的，对吗？匆忙回家去取衣服都来不及，可以看出父亲这种焦急的心情。这两位同学说到的都是他们的父亲，借这个机会，让我们把掌声送给默默关爱着我们的父亲。

（全班鼓掌。）

师：有没有其他同学跟我们分享一下母亲的爱呢？

生：我妈妈每天都接送我上下学。

师：好，这虽然是平常的接送，但贵在母亲的持之以恒。还有没有其他同学跟我们分享母亲的爱？

生：我晚上睡觉总爱踢被子，妈妈经常半夜起来给我盖被子。

师：这让我想起了前两天看到的一段话：这个世界上有一份工作，需要 24 小时上班，没有假期，没有薪水，这个职业就是——妈妈。下面让我们把掌声送给默默奉献着的母亲。

（全班鼓掌。）

师：父母对我们的爱，是说不尽的。世界上有一个天平，天平的一边装着父母对我们的爱，天平的另一边理所当然应该装上我们对父母的——

生（齐）：爱。

三、认知孝

师：除了装上我们对父母的爱还应装上我们对父母的孝。接下来，我们将围绕“孝”进行知识抢答。请同学们做好准备，看哪个小组先举手，举手最踊跃，举手人数最多的小组获得答题机会。开始！

师：非常好！我们请这一组学生来回答，小组可以通力合作。你选择哪道题？

生：第三题。

师：祝你好运！

（课件出示第三题。）

师：请说出与孝敬长辈相关的两条法律规定。

（小组同学合作，讨论一分钟。）

生：第一是要孝敬父母，长大后要照顾父母，不能不管父母，要赡养父母。

师：这里有个关键词听出来了没有？

生：赡养。

师：法律规定成年子女有赡养父母的义务。还有一条法律规定呢？

生：当我们长大成人后要承担抚养父母的义务。

师：用“抚养”这个词对不对？

生：“抚养”这个词是错的，用“赡养”这个词才对。“抚养”是父母对子女的，“赡养”才是子女对父母的。

师：这同上一条法律规定是一样的“子女对父母有赡养扶助的义务”（《中华人民共和国婚姻法》第21条）。那么，第二条法律规定就由老师跟大家分享吧。《中华人民共和国老年人权益保障法》规定，与老年人分开居住的家庭成员，应当经常看望或者问候老年人。有一首歌歌名叫什么？

生：《常回家看看》。

师：下面请同学们继续抢答。好，我们请这一组同学来回答。这位同学要选哪一道题呢？

生：第一题。

（课件出示第一题。）

师：请说出下面这个典故——亲尝汤药。

生：汉文帝刘恒对他的母亲很孝顺。有一次，他的母亲病了，刘恒天天为母亲煎药，每次煎完，自己总先尝一尝，看看汤药烫不烫，自己觉得差不多了，才给母亲喝。

师：很好，就是这个故事。接下来请这一组的同学来选题（指还未抢答的一组学生），你们只剩下第二题和第四题了，你选哪一道题？

生：第二题。

（课件出示第二题。）

师：好，请看题目。请说出两句与孝有关的名言或者诗句。

生：谁言寸草心，报得三春晖。

师：谁言寸草心，报得三春晖。好，还有吗？

生：百善孝为先。

师：百善孝为先。好，请坐。老师也有几句话要跟大家分享。

（课件出示。）

师：请同学们跟老师一起读好吗？

师生：父母呼，应勿缓；父母命，行勿懒。老吾老以及人之老，幼吾幼以及人之幼。

师：最后一个组的同学，请看你们的题目。

（课件出示第四题。）

师：漫画中儿子的做法有何不妥？为什么？

生：他不让妈妈安居。

师：其实用我们今天的话来说，就是对他父母不孝敬。为什么不孝敬父母是不对的呢？能不能用课本上的知识来回答？

生：在中国传统中，子女回报父母的养育之恩，被视为做人的本分。

师：孝敬父母是做人的本分。还有吗？其他同学可以接着补充。

生：当我们长大成人时，要承担赡养父母的义务。

师：赡养父母属于什么要求？

生：道德要求和法律规定。

师：好，请坐。孝敬长辈不仅是做人的本分，是回报父母的养育之恩，还是基本的道德要求和法律规定。

四、践行孝

师：好，对于“孝”我们就了解到这里。接下来，我们来讨论该如何尽孝？这是老师准备的一张“孝的践行卡”。孝敬父母分别要从看、听、说、做四个方面来践行。不知道同学们做得怎么样？老师来做一个现场小调查。老师随机抽学号，请同学来回答。11 号，你知道爸爸妈妈的饮食习惯吗？如喜欢吃什么菜，不喜欢吃什么菜？

生：我爸妈不挑食，但是不吃海鲜。

师：46 号，你知道父母有什么烦心事吗？

生：不知道。

师：好，请坐。看来有的同学对父母的关心不够。好，第三位同学，26 号，假期你和朋友出去玩，出门时你是怎么和家人说的？

生：我会说“我跟同学出去玩了”。

师：就说“我跟同学出去玩了”这句话，有没有跟父母说再见？放学回家后你和家人有交流吗？

生：很少。

师：好，请坐。通过大家的回答可以看出同学们虽然也知道孝敬长辈，但是不太懂得如何尽孝。19号，你会主动提出陪爸爸妈妈回老家看望爷爷奶奶吗？

生：会的。

师：回去后爷爷奶奶高兴吗？

生：高兴。

师：非常好。爸爸妈妈生病的时候你做了哪些事情？

生：我会帮忙做饭。

师：已经会做饭了，你真棒！还有吗？

（生摇头。）

师：好，请坐。老师现在把刚才提的这些问题发给各小组，各小组按照你们拿到的问题，讨论一下怎样做会让我们的长辈更高兴。

（师分发问题。）

师：各小组讨论一下我们应该怎样做，每个同学写一条建议，然后由组长负责整理，写在一张纸上，完成后贴到黑板上。

（小组讨论，组长整理建议，并贴在黑板上。）

师：我想起一句话“众人拾柴火焰高”。原本平凡无奇的一块黑板瞬间被同学们贴满了精彩，贴满了感动。我现在来分享几条同学们写的建议：“爸爸妈妈的饮食挺奇怪的，妈妈喜欢吃咸的，爸爸喜欢吃淡的，炒菜时，我会炒一盘咸的、一盘淡的。”“我尽量多做一些家务，为父母减轻负担。”“我要尽量节约用钱，好好学习，天天向上。”

师：大家都是我心中的小天使。现在，我们把掌声送给所有在座的小天使！

（全班鼓掌。）

师：最后，老师想跟大家分享一段视频。

（播放视频。）

师：老师希望在今后的日子里，同学们能够把孝心一直延续下去。最后，每个同学都有一张折纸，在折纸上写下今天你最想对爸爸妈妈或其他长辈说的一句心里话，然后将它折成千纸鹤，送给爸爸妈妈或其他长辈，能够做到的同学请高高举起你们的手！

（生举手。）

师：希望同学们能够孝敬父母，尊敬长辈。我们现在来看下课外作业。

五、课堂延伸

（课件出示课外作业。）

师：对父母说一句“爸爸妈妈，我爱你们”；给父母写一封信，字数不用太多，重温你们之间的一次快乐时光；为父母洗一次衣服；拥抱父母。

师：同学们今天的表现都非常棒，记得把今天折的千纸鹤送给你们的父母或者其他长辈。

【教学反思】

本节课选题立足于2013年湖里区重点课题“思想品德课促进外来务工人员子女道德成长的教学策略”的需要，经过本课题组主持人蔡艳娟教研员、核心成员潘贤绘老师以及课题组其他成员的多番研讨，结合外来务工人员子女道德成长的重要品质——孝敬父母，以及外来务工人员子女道德发展实际情况，确定以情境教学为主的思想品德教学策略。

本课重点引导学生体会父母给予我们的爱和为我们付出的辛劳，引导学生学会感恩，懂得用爱和孝敬回报父母，走好人生之路。在教学中，我引导学生从身边的事说起，激发了学生的情感，引起了学生的情感共鸣。

1. 值得发扬的地方

（1）活动紧贴生活。知识源于生活服务于生活。七年级的学生与父母有着很深的感情，因此，我对教材进行了生活化的处理，将教材内容与学生现实生活联系起来，从学生的角度设置问题，如“在你的成长过程中，令你最难忘的一件有关父母或其他长辈给予你关爱的事是什么”。

（2）教学形式服务于教学内容。本节课教学相对感性，但是“法律规定成年子女有赡养父母的义务”这一重要知识点颇为理性，如果按照传统教学方式处理，就会显得生硬，为此我设置了知识抢答活动，巧妙地把这一知识点融了进去。

（3）切合课型特点，注重情境教学。通过视频、音乐、漫画等，激发了学生的情感，使课堂达到了高潮。

2. 不足及需要改进之处

作为教师，要在不断的尝试和反思中进步。课后，结合自己上课的情况和其他教师的评课，我发现自己还有许多要改进的地方。

（1）总结不到位。知识点之间的过渡不够明显，如父母对子女的爱和子女对父母的孝之间的过渡不够明显。最后让学生说出对父母的爱的环节，处理得较生硬，应该呼应开头，或者现场请家长代表与学生互动，让学生能够更真实地体会父母的爱。

（2）没能更好地激发学生的思维和情感。“感悟爱”环节略显沉闷，主要问题在于课前没有充分熟悉、了解学生，导致在课堂互动环节对学生的闪光点挖掘不够，大多数学生是在老师的引导下才分享爱的故事的，缺乏学习的主动性和积极性。

（3）在“感悟爱”环节可以事先让学生自制小视频，然后在课上展示，以使该环节的铺垫效果更明显。可以增设“孝敬父母大观园”，将二十四孝的故事展示给学生，让学生进一步了解中国的孝文化，拓宽学生的视野。

执教与文字整理：福建省厦门市湖里实验中学　张丽芬
指导教师：福建省厦门市湖里区教师进修学校　蔡艳娟

参考文献

[1] 卡罗尔·西蒙·温斯坦，安德鲁·J·米格纳诺著. 小学课堂管理[M]. 梁钫，戴艳萍译. 上海：华东师范大学出版社，2005.

[2] 朱淑秀. 活动教学异化谈[J]. 教学与管理，2011（3）.

[3] 钟启泉，崔允漷，张华. 为了中华民族的复兴　为了每位学生的发展：《基础教育课程改革纲要（试行）》解读[M]. 上海：华东师范大学出版社，2001.

[4] 叶澜. 教育学原理[M]. 北京：人民教育出版社，2007.

[5] 方明. 陶行知教育名篇[M]. 北京：教育科学出版社，2005.

[6] 朱小蔓. 情感德育论[M]. 北京：人民教育出版社，2005.

[7] 乔建中等. 知情交融：教学模式新探[M]. 合肥：安徽人民出版社，2010.

[8] 檀传宝. 德育美学观[M]. 太原：山西教育出版社，1996.

[9] 吴亮奎. 教学德性和有德性的教学[J]. 中小学教师培训，2009（8）.

[10] 朱淑秀. 如何实现教学的"针对性"[J]. 教学与管理，2012（5）.

[11] 沈德立. 发展与教育心理学[M]. 沈阳：辽宁大学出版社，1999.

[12] 孙剑飞等. 课堂观察手把手[M]. 福州：福建教育出版社，2013.

[13] 严育洪. 问诊课堂：教学望问切[M]. 北京：首都师范大学出版社，2010.

[14] 沈毅，崔允漷. 课堂观察：走向专业的听评课[M]. 上海：华东师范大学出版社，2008.

[15] 李坤崇. 教学评估：多种评价工具的设计及应用[M]. 上海：华东师范大学出版社，2011.

[16] 陈瑶. 课堂观察指导[M]. 北京：教育科学出版社，2002.

[17] 武宜娟. 真实——小学品德课堂的追求[J]. 现代中小学教育，

2009（5）.

［18］高德胜．用“生活德育”引领儿童的成长——苏教版《品德与生活》《品德与社会》教材评介［J］．基础教育课程，2006（9）.

［19］鲁洁．回归生活——“品德与生活”“品德与社会”课程与教材探寻［J］．课程·教材·教法，2003（9）．

［20］鲁洁．再论“品德与生活”“品德与社会”向生活世界的回归［J］．教育研究与实验，2004（4）．

［21］刘天娥．真实道德情境——提高道德教育有效性的重要途径［J］．中国民族教育，2008（4）.

［22］牟希君．曲终收拨当心划　余音绕梁久未绝——浅谈思想品德课堂延伸的技巧［J］，新课程研究（下旬刊），2011（5）.

［23］罗儒国．论教学德性［J］．南京师大学报（社会科学版），2010（4）.

［24］赵亚夫．新版课程标准解析与教学指导：品德与社会［M］．北京：北京师范大学出版社，2012.

［25］朱淑秀．把握契机　巧妙理答［J］．福建教育，2011（11）.

［26］朱淑秀．从“隔岸观火”到“身临其境”——对品德与生活（社会）教学中联系学生生活实际的思考［J］．教学与管理，2012（11）.

后 记

这是教师的教学追求，这是来自教学一线的课堂研究，这是指导品德课教学与研究的教师手册。

真实是一种需要，品德课教学以儿童道德品质的养成为主，只有真实的课堂才能达成课程教学目标；真实是一种品质，儿童的心灵是本真的世界，只有真实的课堂才能涵养儿童心灵。追求真实的品德课堂是一种胆量，在教育教学中，只有摒弃顾虑，把真实和常态展现出来，勇于暴露教学中的问题，才能针对现状，启迪儿童智慧，培养儿童健全的人格。

多年来，笔者在追求真实的品德课堂中，在追求真实的教学教研中，积累了丰富的素材，也陆续发表了一些论文，借此机会，在专家引领下，将相关资料进行了系统的整理，形成了《真实的品德课》一书。

这是一本在课题研究的基础上形成的书。笔者主持了福建省中小学教师发展基金立项课题“小学真实品德课堂的研究”，主持了厦门市基础教育课程改革第三批重点课题“小学教师儿童观问题及对策的研究——以品德与生活（社会）课为例”，参加了全国教育科学“十一五”规划教育部规划课题“适于中学普及应用的课堂观察技术研究”，参与了福建省高本光老师主持的课题“品德与社会评价工具设计与应用的研究”，在研究过程中，进行了大量的学习和实践，并有所感悟。

这是一本基于工作室活动而形成的书。笔者是福建省湖里区品德与生活（社会）、综合实践活动课程名师工作室领衔人，工作室有 21 人，每学期有计划地开展研究活动、课堂观察活动、教学观摩研讨活动。在笔者的理论框架和教学主张的引导下，工作室的教师在教学实践和研究实践中积累了丰富的经验。本书正是在此基础上形成的。

在书稿的编写过程中，笔者得到了许多专家、教师的帮助，如成尚荣、高本光、刘家访、李日芳、潘诗求、谢英、柯艳瑜，以及厦门市教育科学研究院、湖里区教师进修学校的领导和同人，湖里区品德与生活（社会）、综合实践活动课程名师工作室的教师们，在此一并表示感谢。另外，笔者参考了大量的文献资料，引用了专家在培训讲座中介绍的案例，这些资料大多一一注明，在此表示感谢。但是由于时间关系，无法联系作者进行咨询和说明，同时难免有遗漏的地方没有备注，在此深表歉意。

由于本人学识浅薄，水平有限，本书难免存在许多问题，敬请各位读者批评指正。

朱淑秀

江苏凤凰教育出版社
《行知工程》系列丛书目录

系列	序号	书　名	主编	定价
精彩课堂系列	1	《真实的品德课》	朱淑秀	30.00
	2	《英语课堂学习共同体——新型的师生交互学习场》	杨延从	30.00
	3	《指导自主学习——初中数学学与教的研究与实践》	刘其武	30.00
	4	《玩出精彩的课堂——小学低年级教与学方式转变研究》	陶红松	30.00
教育管理力系列	5	《缔造唯美教育——延奎小学素质教育实施策略》	易增加	30.00
	6	《让普通学校崛起的 20 个细节 ——“生命为本”教育团队成长密码》	李其玉	30.00
	7	《“走”出教育的精彩：走动式学校管理文化构建》	罗　军	30.00
	8	《校长兵法：学校管理四十六计》	皮大鹏	30.00
教师修炼系列	9	《教育，爱与宽容——教师心灵礼仪修炼》	许力争	30.00
校本研修系列	10	《卓越教师经典研修成长策略》	刘天宝等	30.00
	11	《校本研修资源的开发与利用》	陈朝林	30.00
	12	《校本研修与教师专业成长》	吴积军	30.00
	13	《特色校本课程开发范例解读》	刘永平　李秀伟 张雪梅	30.00
	14	《高效校本研修模型构建艺术》	刘素雁	30.00
	15	《走向实践的教研——中小学教育科研引领与应用》	江　敏	30.00
班级文化系列	16	《活力班级的文化建设》	胡　珏	30.00
	17	《做幸福的班主任》	吕　丽	26.00
教育家核心思想系列	18	《叶圣陶谈阅读》	叶圣陶 著 李怀源 选编	30.00
	19	《多元智能理论的本土化应用》	刘治富	30.00
	20	《大教育家最具施教力的教学思想》	白刚勋	30.00
高效能教学系列	21	《高效能教师的 10 个好习惯（中学卷）》	张　瑾	30.00
	22	《让作文落地生根——提高写作实效的教学策略》	黄桂林	30.00
	23	《高效能作文教学 5 项修炼》	陈步华	30.00
	24	《高效能校长的 10 个好习惯》	张　勤	30.00
	25	《高效能教师的 10 个好习惯（小学卷）》	谢　英	30.00
	26	《高效能语文教学 5 项修炼》	王其华	30.00

系列	序号	书名	主编	定价
新课程探索系列	27	《语文新课程的批判与重建》	蔼桂斌	30.00
美国名师教学译丛	28	《美国名师游戏教学本土化应用：幼儿园》	（美）玛西娅 L. 泰特 著 胡珍 瞿菁 编译	30.00
	29	《美国名师游戏教学本土化应用：小学英语》	（美）玛西娅 L. 泰特 著 杨永华 张心影 编译	30.00
	30	《美国名师游戏教学本土化应用：小学数学》	（美）玛西娅 L. 泰特 著 谢艳红 编译	30.00
	31	《美国名师游戏教学本土化应用：小学科学》	（美）玛西娅 L. 泰特 著 刘丽萍 编译	30.00
	32	《美国名师游戏教学本土化应用：小学社会》	（美）玛西娅 L. 泰特 著 姜梅芳 编译	30.00
	33	《美国名师游戏教学本土化应用：小学音体美》	（美）玛西娅 L. 泰特 著 尹立志 编译	30.00
鲁派名师名校·教育探索者系列	34	《悦读立人——校园阅读文化体系构建策略》	杨世臣	30.00
	35	《教育智慧何处来——一位特级教师的思考手记》	付立金	30.00
	36	《和雅文化——校本课程的创新构建》	汤善香	30.00
	37	《让个性绽放精彩——学校课程体系整合与创生》	谢建伟 徐淑萍	30.00
	38	《让每个学生都幸福——最能润泽生命的学校文化建设》	谢建伟 张新喜	30.00
创新教学探索系列	39	《神奇的阅读教室——带学生踏上美妙的阅读之旅》	李祖文	30.00
	40	《打造有生命力的课堂 ——“两步八环节”教学模式探索与实践》	查联智	30.00
	41	《最能培养学生探究能力的课堂 ——小学科学与信息技术单元整体课程实施与评价》	李怀源	30.00
	42	《最能激发学生运动天赋的课堂 ——小学体育单元整体课程实施与评价》	李怀源	30.00
	43	《最能提升学生艺术素养的课堂 ——小学艺术单元整体课程实施与评价》	李怀源	30.00
	44	《“生命语文”探索——焕发语文生命力的思考与实践》	王自成	30.00
	45	《粘连作文教学：让习作成为有个性的自我建构》	黄瑞夷	30.00
	46	《备学式教学——在体验中建构数学思维》	单广红 范雪梅	30.00
	47	《向着自主进发——自主教育的创新实施智慧》	朱亚红	30.00
	48	《写中学——让学习更有效的学科写作教学》	钟传祎	30.00
	49	《小学科学实验总动员 ——大科学课堂有效提升学生创新力》	江美华	30.00
	50	《小学语文单元整体课程实施与评价》	李怀源	30.00
	51	《小学英语单元整体课程实施与评价》	李怀源	30.00
	52	《小学数学单元整体课程实施与评价》	李怀源	30.00

系列	序号	书名	主编	定价
校园生态化系列	53	《点燃学习的激情——构建校园生态化学习型组织》	杨树岳	30.00
	54	《课改突围——构建学校生态化教学体系》	杨树岳	30.00
教育新思考系列	55	《语文教育向何处去》	王　丛	26.00
	56	《教育，就是做好普通的事》	孙志毅	27.00
	57	《走出语文的偏见——让学生体悟文本的原义》	丛智芳	30.00
	58	《让语文教学更高效——批注式阅读教学探索》	韩中凌	30.00
	59	《读写互促——探寻学以致用的语文教学》	曹　龙	30.00
	60	《跳出数学教数学——用文化融通数学教学》	马建秀	27.00
名师感悟系列	61	《让心灵伴着歌声成长——22位音乐名师的教育智慧》	陈　璞	30.00
	62	《超越自我的教师——32位名师的成长感悟》	李卫东　李秀伟	35.00
	63	《心灵的守护者——19位名班主任的教育智慧》	王晓松　曲文弘	30.00
	64	《名师感悟班主任有效工作艺术90例》	符礼科	30.00
	65	《名师感悟有效教学90例》	林高明　徐玉烟	30.00
信息化教学系列	66	《巧用白板教语文——信息技术与语文教学操作指南》	蒋丽清	30.00
	67	《跨越式实现高效课堂——信息技术与课程整合高效教学方案评析》	陈　玲　刘　禹	30.00
教师必读系列	68	《教师必学的16堂修养课》	武宏伟	30.00
	69	《教师不可不知的教学心理效应》	叶勇军	30.00
	70	《班主任不可不知的管理效应》	奚一琴	30.00
	71	《教师不可不知的教育心理效应》	孙　媛	30.00
	72	《校长不可不知的管理效应》	谢申刚　张金豹	30.00
	73	《成为好教师的7项修炼》	王福强　李维华	30.00
	74	《如何让学生会学习》	龙　冰	30.00
	75	《如何让学生爱学习》	周震宇　许小燕	30.00
核心教学主张系列	76	《新生代语文名师核心教学主张》	许友兰	30.00
学生心理解码系列	77	《孩子问题行为一点通——只有好老师才知道的学生心理谜底》	严育洪	30.00

系列	序号	书　名	主编	定价
教育求索系列	78	《思政教学的人文力量》	戴晓华	30.00
	79	《师道新说——给教育者的30条箴言》	徐　卫	30.00
行思讲坛系列	80	《灵动而朴素地教语文——潘文彬的微格教育生活》	潘文彬	30.00
	81	《师爱无疆——润泽学生心灵的教育故事》	侯忠彦	30.00
	82	《怎样反思更有效——促进教师专业发展的反思策略》	诸贝贝	30.00
	83	《成为高度自觉的教育者——写给后课标时代的数学教师》	许卫兵	30.00
	84	《哲思数学课》	刘全祥	30.00
	85	《把学生教聪明》	严育洪	30.00
	86	《教师最应该规避的教育误区》	杨坤道	30.00
	87	《用语文的方式教语文——潘文彬教学主张与实践智慧》	潘文彬	30.00
	88	《怎样让阅读教学更有效——提升教学能力的十种读诵模式》	汪秀梅	28.00
	89	《让生命在润泽中起舞——当代小学生最需要的主题班会》	吴联星　罗　琳　冯卫东	30.00
	90	《让生命欢快拔节——当代中学生最需要的主题班会》	冯卫东　吴联星	30.00
	91	《课堂因生成而精彩——高效教学的生成智慧》	张文质	30.00
	92	《回到每一个人的生命化教育——张文质二甲中学教育行动录》	张文质	30.00
	93	《智慧数学课——黄爱华教学思维的实践策略》	黄爱华	30.00
中国教育变革之路丛书	94	《百年树人师何为——教师队伍建设困顿与出路》	将丽珠　李玉向	30.00
	95	《入园何时不再难——学前教育困惑与抉择》	曾晓东　范　昕　周　慧	30.00
	96	《三尺书桌何处寻——流动人口子女教育困难与破解》	范先佐	30.00
	97	《苦旅何以得纾解——高考改革困境与突破》	郑若玲	30.00
	98	《择校纠结何时了——择校问题困局与治理》	曾晓东　周文海　曾娅琴	30.00
创新教学思想系列	99	《“大问题”教学的形与神》	黄爱华　张文质	30.00
校长领导力系列	100	《高品质学校生长要素》	王益民	30.00
	101	《校长高校教学领导力提升策略》	徐世贵　郭文哿	30.00
教育漫笔系列	102	《课堂，诗意地栖居》	吴书华	30.00

系列	序号	书名	主编	定价
新思维系列	103	《教育中的“不一定”——打破教育的19种思维惯式》	严育洪	30.00
教学提升系列	104	《有思想地教阅读——让学生学会品读文字真意》	王学东	30.00
教育艺术提升系列	105	《藏在师生体态语言里的教学智慧》	张　宇　廖生波	30.00
教学全手册系列	106	《小学习作教学全手册》	郭家海	30.00
	107	《中学写作教学全手册》	郭家海	30.00
	108	《情境教学操作全手册》	冯卫东	35.00
	109	《合作教学操作全手册》	李春华	35.00
	110	《探究教学操作全手册》	周新桂	35.00
	111	《自主教学操作全手册》	诸葛彪	35.00
	112	《创新教学操作全手册》	王　玮	35.00
	113	《班主任工作全手册》	刘沛华	35.00
	114	《新教师工作全手册》	周震宇	35.00
	115	《学生心理健康教育全手册》	刘海莉　刘春杰	35.00
	116	《高效教学操作全手册》	马友平	35.00
教育思想者系列	117	《教育，一切从孩子出发》	黄　俭	30.00
创新人才培养系列	118	《创新人才培养校园科普精品课程开发与指导——人大附中创新人才培养》	罗　滨	30.00
	119	《创新人才培养特色校本课程开发与创新人才培养——清华附中“国际安全下的科学技术”课程构建与实施》	王殿军　方　研　赵宏雁	30.00
	120	《创新人才培养：学校实验室建设与管理》	刘克文　杨发丽　杨　平	30.00
	121	《创新人才培养：数学探究活动开发与指导》	马云朋　韩继伟	30.00
	122	《创新人才培养：化学研究活动开发与指导》	王　磊	30.00
	123	《创新人才培养：物理探究活动开发与指导》	廖伯琴	30.00
	124	《创新人才培养：地理探究活动开发与指导》	张建珍　陈　澄	30.00
	125	《创新人才培养：生物探究活动开发与指导》	张迎春	30.00
	126	《创新人才培养：理念探索与思维突破》	王晶莹	30.00

系列	序号	书　　名	主编	定价
新生代通派名师系列	127	《简约数学教学》	许卫兵	30.00
	128	《语文教学的本真——情意课堂展现母语之美》	吴建英	30.00
	129	《语文课堂的理想追求——欢快达成三维目标》	董一红	30.00
	130	《阅读教学的真髓——意象构建读出文学的真美》	祝　禧	30.00
	131	《美术教育的真谛——审美人生教育让生命绚丽成长》	陈铁梅	30.00
	132	《语文教学的理想境界——无痕教学润泽生命》	李　凤	30.00
	133	《儿童作文的本义——嬉乐作文让儿童乐并成长着》	王笑梅	30.00
	134	《名师是怎样炼成的》	王建明　王笑君	35.00
幼师成长系列	135	《幼儿行为背后——教师如何读懂幼儿的心思》	吴亚英	30.00
	136	《最具教育力的 22 种幼儿教育思想》	杨　达	30.00
	137	《幼儿教师必知的安全应急措施》	杨　达	30.00
	138	《幼儿教师必备的教育技能》	李　玲	30.00
	139	《卓越园长 21 条幼儿园管理策略》	周　丹　江东秋	30.00